JN492794

三島由紀夫문학과 표절사태

(신경숙)표절사태에서 본 三島由紀夫

三島由紀夫문학과 표절사태

(신경숙)표절사태에서 본 三島由紀夫

인쇄 2017년 3월 27일
발행 2017년 3월 30일

지은이 고영자
발행인 정병석
발행처 전남대학교출판부

등록 1981. 5. 21. 제53호
주소 61186 광주광역시 북구 용봉로 77
전화 (062) 530-0571~2 **마케팅** 530-0573
팩스 (062) 530-0579
홈페이지 http://www.cnup.co.kr
이메일 cnup0571@hanmail.net

값 13,000원

ISBN 978-89-6849-397-3 (93300)

이 도서의 국립중앙도서관 출판예정도서목록(CIP)은
서지정보유통지원시스템 홈페이지(http://seoji.nl.go.kr)와
국가자료공동목록시스템(http://www.nl.go.kr/kolisnet)에서 이용하실 수 있습니다.
(CIP제어번호 : CIP2017007765)

三島由紀夫 문학과 표절사태

(신경숙)표절사태에서 본 三島由紀夫

경당 고영자 지음

전남대학교출판부

헌사

玉稿未梓身先逝　옥고를 출판 못하고 몸이 먼저 가시니
옥고미재신선서

遺著敬獻靈前祭　유저를 삼가 영전에 제례로 바치네.
유저경헌영전제　　　　祭禮

저자의 말

'작품에 문자로 쓰여진 내용(텍스트)'과 그 저자인 작가의 인생사나 시대적 사건 등 '작품 외적 요소들' 사이의 상관관계 여부는 비평사에서 끊임없이 논의되어 왔지만, 결코 의견의 일치에 도달한 적은 없는 것 같다. 작품에 쓰여진 내용 자체만으로도 충분히 작가의 의사가 표현되므로, 작품을 이해하는데 작품외적인 요소를 고려할 필요 없고, 작품과 작품외적인 요소들 사이에는 아무 상관관계도 없어 양자를 연관시켜 해석하는 것은 오히려 작품을 왜곡하여 이해하는 것이라는 주장과, 작품의 모태로서의 작가와 그 작가를 탄생시킨 시대적 배경을 고려하지 않고는 작품을 온전히 이해하지 못한다는 주장은 항상 평행선을 달려왔다.

완전한 또는 완벽한 텍스트는 존재하는가 여부는 논외로 하더라도 텍스트의 의미가 완선하게 또는 완벽하게 독자에게 진달되는가는 문지로 된 언어의 표현성 및 전달상의 완벽성 논의로 치환될 수 있을 것이다. 문자로 된 텍스트가 작가가 표현하고자 하는 것들을 완벽히 표현할 수 있다고 하더라도 그 의미 전달도 완벽하다고 하기 어렵다. 더구나, 다의적인 의미를 갖는 표현, 함축적이거나 상징적인 표현, 비유 등 각종 수사적, 문학적 기교가 텍스트에 포함되어 있는 경우, 텍스트의 완벽한 의미전달은 불안정할 수 밖에 없고, 이러한 불완전성을 최대한 극복하기 위하여 텍스트 외적인 요소, 즉, 작가의 인생관이나 시대적 배경 등 작품외적인 요소들을 고려하는 것이 불가피하다는 것이 역사주의적 비평의 관점일 것이다. 각종 수사적, 문학적 기교를 즐겨 사용하는 미시마 유키오의 작품을 최대한 완벽하게 이해하기 위해서는 텍스트외적인 요소들을 더욱 고려하지 않을 수 없다.

본서는 일본어나 일본역사, 일본과 대한민국사이에 일어났던 역사적 사건들과 그 의미를 잘 모르는 분들에게 일본의 대표적 우익작가 중 한 사람인 미시마 유키오(三島由紀夫)의 면면과 그의 작품세계를 이해할 수 있게 해 줄 것이라고 생각한다. 작가로서의 미시마의 작품은 다종다양(多種多量)하고, 어느 작품이나 미적이고 우아하고 지적이라는 평판을 받고 있지만, 이 책에서는 미시마의 많은 작품 중 특히 중요한 소설, 『潮騒』, 『金閣寺』, 『憂國』의 세 작품을 중점적으로 탐구하여 그의 작품세계의 진수 및 특질을 구명하고자 하였다.

미시마 유키오의 일련의 작품들은 (일본) 문학작품과 (일본) 예술이 (일본) 정치와 역사에서 어떤 역할을 해야 하는가에 대한 그의 견해를 엿보게 해주고, 그가 일본인으로서 일본에 대한 애착의 수위를 짐작할 수 있게 해준다. 2015년 '베껴도 하필이면 그 작가(미시마 유키오)인가' 라는 논란을 일으킨 우리나라 작가 신경숙으로 인해 미시마 유키오는 오늘의 시점에 우리나라 사람들로 하여금 다시 한번 그를 돌아보게 한다.

2016년 겨울

저자, 경당 고영자

일러두기

1. 일본인의 이름은 대체로 한자음을 쓰고 한자와 일본이름 표기와 생몰시기를 기록하였다.

예: 근위문마(近衛文麿, 코노에 아야마로, 1891-1945)

일본인의 성명을 정확히 읽는 일은 무척 어렵다. 근위문마의 경우를 들어 보아도 『大人名事典』(平凡社)에서는 '아야마로'라고 읽고 같은 平凡社 간행인데도 『世界大百科事典』에서는 '후미마로'라고 읽고 있다. '아야마로'가 정확하다. 일본인 이름은 만사가 이러해서 사전조차도 신용할 수 없는 상태다. 일본인 작가 국지관(菊池寬)의 경우는 '키쿠치 캉'이 통칭인데 '키쿠치 히로시'라고도 읽는다. 독자로서는 같은 작가인지 아닌지의 여부에 혼란을 겪게 된다. 토정만취(土井晩翠, 쓰치이 반스이) 작가의 경우도 마찬가지다. 그는 '도이 반스이'라고도 읽는다. '쓰치이 반스이'가 옳지만 대중들이 '도이 반스이'라고들 부르자 본인이 아무러면 어떠냐고 수용하여 '도이 반스이'로 통칭되기에 이른다. 『日本語大辭典』(講談社)에도 '도이 반스이'로 읽고 있다.

이와 같은 예는 허다하다. 그래서 일본인 이름은 잘못 읽어도 큰 실례는 아닌 것이 관습이다. 본인에게 물어보는 경우가 허다하다.

또한 일본에서 나오는 사전에도 나오지 않는 인물들이 많다는 점에서도 본서의 인물 표기 방식은 합리적이라고 본다.

2. 지명은 한자음을 쓰고 괄호 안에 한자와 일본음을 표기하였다.

예: 동경(東京, 토쿄)

3. 우리나라의 국호는 대한민국이다.

우리나라의 국호는 대한민국이다. 우리나라 헌법에도 명확하게 나와 있는 우리나라 국호를 우리나라 국가 원수인 대통령까지도 어느 연설에서나 사용하지 않는다. 항상 '한국'이라고 한다. 대한민국의 대통령까지도 자국의 국호를 거의 사용하지 않는 나라가 대한민국이다. '한국'이라는 국호는 일본인들이 우리나라에게 '大'자를 붙여주기 싫다는 암암리의 속내가 있다. 일본인들은 처음 대한민국 정부가 수립되었을 임시에는 그래도 「대한민국」이라고 하였다. 필자가 일본에 가 있었을 적만 하여도 일본의 학교(實踐大學校大學院)에서는 나의 국적을 '대한민국'(1980년 후반기)이라고 썼다. 그러나 후일(2009년)에는 나의 국적은 '한국'으로 고쳐 쓰여 있었다. 필자가 필자의 국적이 '대한민국'이라고 하였더니 상대방 학교 측은 오히려 '한국'이라고 힘주어 고쳐 말하여 주던 실제의 경험이 있다.

일본인 국가원수들도 우리나라 방문에서의 공식연설에서도 조금도 거침없이, 주저함이 없이 항상 「한국」이라고 한다. 그 일에 대하여 대한민국의 어느 언론 매체에서도 이에 대하여 유감의 뜻을 표한 일은 한번도 없다. 너무나 당연시 하고 있기 때문이다. 우리나라 어느 언론 매체에서나 '한국'이 일상화 되어 있으니 이에 관하여 이의를 제기한다는 일은 있을 수 없는 일이 되고 있으니 당연지사다.

더욱 어이없는 일은 이번의 국정교과서 안에는 「국사」를 「한국」으로 아주 바꾸어 기술한다는 설이다. 「한국 근현대사」라는 명칭으로 바꾼다는 것이다.

일본인 국가 수뇌가 '한국'이라고 할 적에는 묘한 뉘앙스가 존재한다는 점에 대하여 대한민국 사람들 중에 조금이라도 한번이라도 고개를 갸웃거려본 사람이 있었을까, 아마도 없었을 것이다. 아주 먼 이야기도 아니다. 필자가 재직하던 대학의 동료교수가 하던 어이없는 말이 기억된다. 그 교수는 조금도 주저하는 일도 없이 '자신의 국적이 대한민국이라는 것을 여권을 만들면서 처음 알았다고 대놓고 말 한 일이 있어 필자로 하여금 아연하게 하였던 실제의 경험이 있다. 우리나라의 대학교수라는 최고의 지식인까지도 그러하였다.

즉 이전에 일본인들은 '대한제국(大韓帝國)'을 '한국(韓國)'이라고 하였다. 대한제국의 '大'자도 '帝'도 붙이고 싶지 않다는 속내가 노골적으로 담겨 있었다. 이제 대한민국을 다시 한국이라고 한다. 대한제국의 '한국'이나 대한민국의 '한국'에는 얼마나 묘한 차이가 담겨 있는가?

4. 기호 · 표기

본문 중 책이름은 『 』. 신문은 〈 〉. 잡지와 논문 등에는 「 」를 붙였다.

차례

2부 미시마 유키오의 작품 세계 | 71

1부

미시마 유키오(三島由紀夫) 문학의 특색

Ⅰ. 명문가·관료계 가문 출신의 미시마

- 미시마에게 큰 영향을 준 일본관료계 엘리트 가계

작가 미시마 유키오(三島由紀夫, 필명, 이하 미시마)와 실제의 인간·平岡公威(본명, 히라오카 키미타케)의 면면은 너무나 다르다. 실제 인간으로서의 平岡公威는 결혼도 하고 2명의 아이도 있다. 호화로운 저택에서 천재라는 명성도 얻으면서 살았다. 노벨상 수상작가가 될 것이라는 세간의 기대도 모았다.

미시마는 근대 일본을 지탱해 온「지적 엘리트 가정」의 하나의 전형적인 가계로 손꼽히는, 조부와 부친의 2대에 걸친 고급관리의 집안에서 태어났다. 미시마는 동경(東京, 토쿄)에서 태어났는데 그의 부친은 平岡梓(히라오카 아즈사)이고 동경대학 법학부를 졸업하였으며, 농림성 수산국장이었다. 미시마는 그의 장남이다. 미시마가 태어날 당시 그의 조부도 생존하여 있었다.

조부(平岡定太朗)는 현재의 동경대학(東京大學, =東京帝國大學) 법학부를 졸업하고 福島현지사를 역임하였으며 華太청장관을 역임하였다. 미시마 역시 동경대학 법학부 출신이다. 일본에서 동경대학은 1877년 창설된 일본 最古·最高의 국립종합대학이다. 특히 동경대학 법학부는 일본의 관리양성의 본고지라고도 알려져 있다.

미시마의 조모 가계를 보더라도 조모의 부친은 대심원(현재의 최고재판소)의 판사이고 조모의 부친은 강호막부(江戶幕府) 말기의 해군의 창설자의 한 사람이다. 모친은 한학자의 딸이었다. 미시마의 일가는 일본의 행정, 정치에 있어 혈맥상으로 볼 때 상당한 연관 관계가 있다.

이러한 가계의 혈맥이나 그 혈맥에서 있을 수 있는 의식이 작가로서의 미시마의 작품에 상당한 영향을 끼쳤을 것이라는 것은 무시할 수 없는 일이 되고 있다.

미시마는 오랫동안 독신으로 지냈다. 결혼 전에 몇 명인가의 여자들과 사귀었다. 미시마는 노벨문학수상자 川端康成(카와바타 야스나리) 부부의 중매로 瑤子(요코)와 결혼하였다. 미시마는 21세(1946년)의 대학생이었을 때 川端과 만났다. 당시 川端은 47세였다. 미시마의 결혼은 川端과 만난 후 12년 되던 해가 된다.

미시마는 소설가로서 뿐만 아니라 극작가로서도 일류였다. 뛰어난 희곡을 많이 남겼다. 소년기에 조모의 손에 이끌려 가부키(歌舞伎)를 많이 본 영향이 컸다. 그의 희곡은 「강력한 여자」와 「여자에게 번롱당하는 남자들」이라는 인간극에 바탕을 두고 있다. 그는 가끔 직접 무대에도 등장하여 연기도 하였다.

미시마는 대학생이던 태평양전쟁 중에는 일본 중세기의 요곡(謠曲)을 애독하여 후일 『近代能樂集』에서 그 결실을 맺었다.

그의 능악(能樂)에는 소년기에 泉鏡花(이즈미 쿄카, 본명, 鏡太郎, 1873－1939)의 작품을 애독하였던 영향이 보인다. 그 후는 유럽의 세기말 문학에 영향을 많이 받았다.

미시마의 문장에는 다채로운 형용사, 참신한 비유, 상징을 자주 구사하는 시적(詩的)인 표현이 충만해 있다. 단적으로 말해서 화려하고 知的인 역설이 풍부한 작풍을 확립하였다.

2·26사건 · 2·26군사쿠데타

미시마는 일본현대문학사에 현격한 작가로서 이름이 올라있는 작가다. 그는 작가의 자격, 임무, 권리라는 것을 의식하면서 정열적으로 작품 활동을 하였다.

일본근대 이후의 저명한 작가들은 「청년」들에 관한 작품들을 많이 남겼는다. 미시마의 작품 「우국(憂國)」도 결국은 일본의 청년에게 고하는 성격이 강하다. 미시마는 노년기·노년의 사람들은 보잘 것 없다고 매도하였다. 그는 우익성향이 강한 작가다. 그는 자신의 미적 구제를 신격(神格) 일왕이라는 존재를 통하여 이루어내고 싶어 하였다. 미시마는 철저한 일왕주의(日王主義, 미카도이즘) 신봉자다.

예컨대 미시마는 태평양전쟁에서의 패전과 패전 후를 완전히 전기와 후기로 나누어 생각하기는 하였지만 자신은 그 기간을 연속적으로 살아왔다고 생각하였다. 그는 자신의 그 연속성의 근거와 논리적 일관성의 근거를 어떻게든 찾아내려는 욕구가 강력하였는데 그 성향이 태양(太陽)과 일왕제로 향한 것으로 보인다.

소설가로서 명성을 얻기 시작한 미시마는 조금씩 정치의 세계로 심입(深入)한다.

히로히토 일왕기의 최초의 국제적인 대사건은 만주사변(滿洲事變)의 발효인데 이 해에 미시마는 학습원(學習院)의 초등과에 입학하고 있었다. 신경질적인 쇠약한 소년이었던 것 같다.

이 때, 소년기의 미시마에게 있어 최초로 기억에 남을 만한 사회적 사건은 소위 말하는 2·26사건 · 2·26군사쿠데타(1936년)이다. 미시마가 초등학교 5년생이었을 때 일어난 이 사건은 후일 그의 작품 『憂國』(1961년)의 작품 배경으로 나타나고 있기도 하지만 그의 사상에도 상당한 영향을 주었다.

미시마는 13세 때 최초의 소설 『산모(酸模)』를 발표하고 그 시절부터 몇 개인가의 소품을 썼다. 미시마는 만으로 겨우 16살 때 『꽃 만발한 숲(花ざかりの森)』을 발표하여 문단에 데뷔하였고 재능을 인정받았다. 그는 이때부터, 三島由起夫라는 필명을 썼다. 川端康成(카와바타 야스나리, 1899-1972)의 영향을 받으면서 소설가로서 시작하였다.

그의 필명 「三島」는 「일본」이라는 의미가 있고 「由紀夫」는 「간다(行く)」라는 동사와 「由紀(유키)」는 「雪(유키)」 명사를 연상시킨다.

21살(1946년) 때 『중세(中世)』를 발표하였다. 그후 창간된 잡지 〈인간(人間)〉에 川端康成의 추천으로 『煙草』를 발표하여 문단에 데뷔하였다. 川端康成은 노벨문학상을 수상(1968년)한 작가다. 1949년 『가면의 고백(假面の告白)』을 발표하여 결정적으로 문학자로서의 지위를 확립하였다. 이 소설은 사소설적인 리얼리즘과는 전혀 다른 예리한 지성(知性)으로 허구(虛構)로서의 청춘의 내면을 투명하게 투시한 소설이다.

미시마는 자신의 이전의 작품들, 즉 『금색(禁色)』 1951년), 『침몰하는 폭포(沈める滝)』(1955년), 『미덕의 흔들림(美德のよろめき』(1957년)같은 작품의 주인공들은 정신성(精神性)이 전무한 조각적인 미(美)청년으로 그려져 있다고 자평하였다. 그리고 그 이후의 작품들에 대하여 미시마는 『憂國』(1961년)의 '타케야마 중위, 『검(劍)』(1963년)의 코쿠부 지로 같은 인물 등 - 그가 즐겨 표현한 영웅들에 대하여 그들 인물 등은 아름다운 육체에 일본의 혼(魂)을 담고 있다'고 자평하였다.

그러나, 미시마가 즐겨 표현하는 작품 속의 인물들은 지성적인 인물로 보기는 어렵다. 예컨대 미시마는 강인한 아름다움을 소유하고 일본적인 정신성, 신념을 소유하였지만 결코 지성적이지 않은 청춘의 모습을 자신의 작품 속에서 계속 심화시켜 나갔다.

미시마의 1960년대

1960년대는 일본역사상 안보투쟁의 해로 기억되고 있는데 미시마는 이 시기에 특히 자신의 정치적 관심을 표한 『憂國』 등을 발표하였다. 다음해인 1961년에는 『10일의 국화(十日の菊花)』를 발표하여 일본문화에 대한 자신의 위기감을 표하기도 하였다. 1967년 『엽은입문(葉隱入門)』을 발표하고 자위대에 들어가 체험입대도 하였다. 다시금 1968년 『문화방위론(文化防衛論)』을 발간하였는데 이때는 그의 생애의 비극적인 징조가 보이기 시작한 때다. 『문화방위론』은 결국 「일본문화란 무엇인가」를 근본문제로 다루고 있다. 즉, 미시마의 「문화방위론」은 일본문화의 「전체성(全體性)」을 명확하게 논증하고자 했다.

「楯의 회(楯の會)」가 조성된 것은 『문화방위론』이 출현한 해의 일이다. 미시마는 1969년 동대전공투(東大全共鬪)와 대화를 나누고 『봄의 눈(春の雪)』을 간행하였다. 『봄의 눈』은 『풍요로운 바다(豊饒の海)』의 4부작의 하나인데 이 4부작은 미시마의 최후의 가장 문제적인 작품이다. 4부작은 『봄의 눈(春の雪)』『분마(奔馬)』『여명의 절(暁の寺)』『천인五쇠(天人五衰)』으로 구성되어 있다. 4부작은 일종의 대하소설(大河小說)인데 4부작이라는 거대한 스케일에서뿐만 아니라 미시마 소설에 있어서의 본질적인 강렬한 도전이 들어나는 작품이다. 일종의 일본의 현대사를 소설화한 것으로까지 보인다. 확실히 『풍요로운 바다(豊饒の海)』는 러일전쟁 후의 일본의 근대기말이라고 하는, 일본의 현대사의 분수령이라고 할 수 있는 시점부터 그려내기 시작하여 1932년부터 태평양전쟁의 시기, 다시금 자신의 집필기까지의 현재를 그려내고자 하였다. 소설 속

에서 부(副)주인공이면서 관찰자 역할을 하는 관찰자, 기록자역인 本多繁邦은 작품에서 18세의 청년으로 등장하여 마침내는 80세의 노령의 인물로서 마지막 장면에도 나타난다.

미시마의 문학과 인생은 「사람은 예술가로 태어나는 것이 아니다. 예술가가 되려고 할 때 비로소 예술가에의 길이 열리는 것이다」의 신념으로 일관한 것으로 보인다. 그는 자신의 앞날은 「태어나면서부터 묘지로 갈 때까지 그 자신이 스스로 사전(事前)에 만드는 것이다」라는 신념하에 있었다. 그는 되는 대로의 「된다」라는 말보다는 의지적으로 「한다」라는 말을 좋아하였다. 그는 「완벽한 예술가」로서 자신을 완성시키려 하였다.

일본의 근대예술가들은 거의 파란만장한 인생들을 살았다. 마치 「사실(事實)은 소설보다도 별나다」와 같았다. 그들의 인생에는 '기승전결(起承轉結)'이 있었다. 본인들이 의식적으로 연출한 것도 아닌데 산이 있고 계곡이 있고 어처구니 없는 의외의 반전이 생긴다.

문학가들에게는 개성적인 사람이 많은데 그들의 인생사는 그 어느 것이나 같은 것은 없는 것으로 보인다. 그런데 그들 가운데서도 미시마의 인생은 대단히 이색적인 것으로 보인다.

히로히토 일왕기(日王期)의 중대사건
- 미시마의 할복자살사건

히로히토일왕기는 일본의 격동기였다.

히로히토 일왕기는 일본이 침략전쟁의 길로 폭주하다가 결국 전쟁에서 연합국에게 패전하고, 그러나 의외에도 패전에서의 폐허에서 일본건국이래의 고도성장기를 맞이하여 세계 제2의 대국으로 일어선 기간이다. 그 60여년에 이르는 역사 속에는 크나큰 사건들이 있었다. 일본의 정당정치의 종언을 고한 5·15사건, 고도성장기에 일어난 永山則夫·연쇄사살사건 – 집단취직으로 상경한 소년들이 연속적으로 일으킨 피스톨사살사건, 일본정치의 암부(暗部)를 드러낸 록히드사건, 2·26사건, 주목되는 미시마의 할복자살사건 등이다.

미시마의 할복사건은 히로히토 일왕기의 중대사건 중의 하나이다. 이 사건은 일본의 우익이 어떠한 것인가, 특히 히로히토 일왕기의 우익의 실체를 가늠하게 하는 하나의 예에 속한다고 필자는 본다.

미시마의 연보를 보면 1925년에 태어나서 1945년 20세 때 일본의 태평양전쟁에서의 항복을 경험하고 1970년 45세 때 스스로 할복자살하였다. 미시마는 히로히토(裕仁)[1]가 일왕으로 즉위하는 해에 태어나서 일본이 패전하는 해에 그의 나이는 만 20살이었다. 히로히토의 왕위 45년의 해는 그의 나이 45살이었다. 1925년 이후는 히로히토 일왕기의 연대에 해당하므로 미시마는 문자 그대로 히로히토(裕仁, 1901–1985)일왕기(日王期)에 생애를 산 작가에 해당한다. 히로히토일왕기의 일본과 그 파동, 그 발흥과 폐망을 함께 한 작가라 할 수 있나. 비시마는 군국주의 시대, 패전의 시대, 일본의 고도성장 시대를 모두 체험하였다.

미시마는 패전 후의 일본을 부정하였다. 그는 문학자로서의 자신을 부정하는 것만에 그치지 않았다. 문학을 부정하고 사색을 부정하고 대기(待機)를, 모든 모라토리엄(moratorium, 법령에 의하여 일정기간 채무

---

1 裕仁왕(1901–1989): 裕仁일왕시기는 일본은 중일전쟁(中日戰爭)을 확대해서 나가고 제2차세계대전·태평양전쟁을 일으키고 마침내는 태평양전쟁에서 연합국에게 패전하기에 이르렀다. 1946년 일본국헌법이 제정되면서 국정(國政)에 관한 기능은 없어지고 국민통합의 상징이 되었다.

의 변제를 유예하는 일)을 부정하고 미래를, 기다릴만한 미래를 부정하였다. 궐기 이외의 모든 것을 부정하였다.

미시마는 노년은 보잘 것 없다고 매도하였다. 미시마는 우익성향이 강력한 작가다. 그는 자신의 미적 구제를 신격(神格) 일왕이라는 존재를 통하여 이루어내고 싶어 하였다.

예건대 미시마는 태평양전쟁에서의 일본의 패전과 패전 후를 완전히 전기와 후기로 나누어 생각하였다. 그런데 그 기간을 연속으로 살아왔다고 생각하여 미시마는 자신의 연속성의 근거와 논리적 일관성의 근거를 어떻게 하여서든 찾아내려 하였는데 결국은 그 욕구가 태양, 일왕제로 향한 것이다. 미시마는 근대적인 입헌군주제(立憲君主制) 비판한다. 미시마는 일본의 패전 후의 점령정부 GHQ (연합군총사령부)와 맥아더 사령관의 민주주의 정책을 비판하고 있다. 그는 패전 전의 일본을 찬양했다.

미시마가 모국 일본을 향한 애국이 소설로 표현된 것이 『憂國』이다. 『憂國』은 참으로의 일본을 걱정하는 우국지사의 모습, 격정이 있다. 「일본인이여, 국가를 위하여 죽을 수 있는가?」라는 물음에 미시마 유키오는 곧바로 즉석 할복을 함으로서 그 대답을 했다고 생각한다.

'「일본을 위하여 죽을 수 있다」. 「조국 일본을 위하여 죽는 것이 '至福'(지극한 행복)」이다」고 미시마는 『憂國』단편에서 단호하게 말한다. 『憂國』이라는 단편 한 편에 미사마의 정체성이 들어있다고 볼 수 있다.

『葉隱』은 그에게 있어 의미가 있는 것이 되고 『葉隱』의 영향이 예술가로서의 그의 삶의 방향을 주었을 뿐만 아니라 그의 문학의 모태이고 영원한 활력의 공급원이라고 말하고 있었다.

미시마의 할복자살 사건에서도 『葉隱』의 영향을 배제할 수 없다.

행동가의 최대의 불행은 그 오류가 없는 한 점을 첨가한 후에도 죽지 않는 경우다. 『葉隱』의 死의 교훈은 행위의 결과보다는 단지 행동가의 참으로의 행복을 가르치는데 있다.

미시마는 「문화방위론」에서 「訝」의 원류는 '일왕'이라고 하였다. 「雅(雅趣)」의 원류가 일왕이라는 것은 미적 가치의 최고치를 「雅」에서 구하는 전통을 이야기 하는 것이라고 한다. 좌익의 민중문화론이 시사하는 것으로서의 일본의 민중문화는 일견해서 「雅를 망치는 것」을 發하게 한다고 한다. 그래서 시대시대의 일본문화는 「雅」를 중심으로 한 위성적인 미적 원리, 「유현(幽玄)」 「화(花)」 「(한적한)정취(侘び)」 「寂(한적의 정취)」 등을 성립시켰는데 '이 독창적인 신생의 문화를 생성한 모태야말로 고귀하면서 진부한 雅의 문화이고 문화의 反독창성의 極, 고전주의의 극치의 비고(秘庫)가 일왕이다'고 하는 논리를 펼친다.

미시마는 너무나 확실하게 자신이 '우익성향'이라는 것을 작품들에서뿐만 아니라 할복자살이라는 극단적인 행동을 통해서도 보여주었다.

따라서 미시마의 인생이나 문학은 그가 태어날 때부터가 아니라 그의 종말부터 돌아보고 탐색하는 것이 가장 중요하다고 필자는 생각한다.

일본인들은 왜 할복자살을 하는가?

『憂國』은 일본패전 전의 2 · 26사건이 배경이 되고 있다. 미시마는 2 · 26사건을 긍정적인 시선으로 보고 있었다는 점에서 주목된다.

태평양전쟁 전의 전전(戰前)의 군부 내에는 통제파와 황도파가 대립하고 있었다. 통제파는 주로 엘리트 코스를 밟아가는 고급 장성들의 그룹이고 황도파는 잡초같이 거친 중하급 장교 중심의 불만그룹이다.

황도파는 앞으로 전쟁에서 중요한 것은 일본국민 의식의 통합과 군대 의식이 중요하므로 총력전에서 자원의 문제보다는 일왕을 정점으로 자기 몸을 불사르는 충성심, 황도(皇道)가 중요하다고 주장하였다.

2·26사건은 군부가 결정적으로 권력을 장악하는 결과를 초래하였다. 일본의 정치의 주도권이 정당(政黨)으로부터 군부로 완전하게 이동되는 결정적인 사건이 되었다.

일본의 1970년대

작가 미시마가 일본 현대의 대표적 작가로서 그러한 과격한 행동(*할복자살)을 감행할 때, 일본은 어떤 상태였는가?

1969년, 미일공동성명 발표

1969년 11월 21일에 있던 미일공동성명」에서는 「안보조약(安保條約)의 자동연장(自動延長)」, 「沖繩返還協定」 등이 있었는데 이는 「닉슨독트린」의 실현의 중요한 단계가 되었다.

「닉슨독트린」을 최대한도로 이용한 측이 일본이다. 당시 佐藤(榮作)수상은 「닉슨독트린」 안에서 일본이 적극적인 역할을 감행하는 정책을 펼쳤다.

「닉슨독트린」은 일본은 「미군의 군사 부담을 대신한다」 – 「닉슨독트린」은 일본의 역할분담 증대를 의미하였다.

미시마가 할복자살하기 1년 전인 1969년의 일본은 괄목할만한 발전을 이루고 있었다. 즉 1969년, 미국과 일본은 미일공동성명을 발표하였다. 이 미일공동성명은 미국의 닉슨대통령과 일본의 佐藤수상과의 회담 후 발표한 성명이다.

여기서의 미일공동성명에는 닉슨독트린이 작용되었다.

즉, 1969년 11월 21일, 미국과 일본의 미일공동성명(美日共同聲明)은 佐藤수상과 닉슨대통령과의 성명인데 일본이 미군의 군사부담을 덜어주는 조건으로 佐藤과 닉슨은 미일공동성명에서 沖繩을 일본에 반환할 것을 명시하였다.

그리고 1972년에 미국은 沖繩(오키나와)을 일본에 반환할 것을 합의하였다. 이해 5월 15일, 충승반환협정(沖繩返還協定)이 발효되었다. 佐藤은 완전하게 沖繩를 반환받았다.

일본의 역할분담 증대

「대한반도의 안전보장」에 일본의 역할을 대폭으로 증대하는 것을 핵심으로 하는 것이 한·미·일 공동체제의 강화다.

미일공동성명에서 佐藤수상은 「한반도의 긴장을 강 건너 불로 볼 수만은 없다」 「대한민국의 안전은 일본의 안전에 긴요」라는 특이한 「조약 조항」을 삽입하였다.

일본군국주의는 「닉슨독트린」에서 기본적인 환(環)을 이루고 있었다. 「닉슨독트린」을 기본으로 하는 한·미·일 공동체의 강화가 미국의 대한(對韓)정책의 중심이 되었음을 명시하였다.

1970년대의 일본은 佐藤수상기였다는 사실을 기억하게 된다. 특히 佐藤수상기에 한일기본조약이 체결되었고 이 조약과 관계되어 沖繩반환이 완결되었다.[2]

일본위정자들의 「한일기본조약」체결 후의 남한진출에서 보이는 남북한의 통일에 대한 입장은 「승공통일」(勝共統一) 이외의 어떠한 통일방안의 움직임도 억압하겠다는 의지가 함유되어 있다.

미시마가 작가로서 활동한 시기는 일본의 佐藤榮作 수상기에 해당한다.

작은 왕국 琉球을 일본영토로 귀속시키려는 일본위정자들의 시도

작은 왕국 琉球는 독립국이었다. 그 琉球왕국의 어민(漁民)들이 청나라의 지배하에 있는 대만(臺灣)에서 피해를 보았다. 이는 냉정하게 생각하여보면 청나라의 정부와 琉球왕국 정부와의 문제였다. 그런데 이 琉球의 어민들의 피해문제를 일본정부가 항의하고 나섰다. 이는 형태적으로 보면 琉球왕국이 일본의 영토지배 하에 있는 것이 되고 이를 청나라가 인정하는 형태가 된다.

이러한 논리를 이끌어낸 그 배후에는 독립하고 있는 琉球왕국을 일본영토의 일부로 귀속하고자 하는 일본측의 의도가 당연하게 나타나는 일이었다.[3]

실은 일본은 근대유신혁명 후 폐번치현(廢藩置縣, 이전의 번을 없애고 현으로 바꾼 일)을 단행하면서 1872년 琉球의 국왕을 불러 「오늘부

---

2 본서, 서장 참고.

3 石川晶康, 『日本の歷史』, 語學春秋社, 2002, 227쪽.

터 琉球를 일본의 하나의 藩으로 한다」는 통고를 하고 琉球藩으로서 일본외무성 직할로 하였다. 새로운 번이 생긴 일이었다. 그리고 일본측은 琉球왕국에게 청나라와의 관계를 끊을 것을 강제하였다.

일본, 沖繩현 설치

그후 7년이 지난 1879년에 琉球는 충승현(沖繩縣)이 되었다.

일본정부는 1879년 3월 군대와 경찰을 보내 琉球藩을 폐지하고 沖繩縣이라고 일방적으로 발표하였다.

즉 일본은 번으로 만들어 두고 난후 새로 폐번치현을 한 것 같은 형태가 되었다. 그래서 충승현은 일본의 다른 번이나 현과는 다르다.[4]

이에 당황한 청나라는 「琉球는 독립국이다. 청나라의 종주권 하에 놓인 나라다」라고 반항하기 시작하였다. 그러나 일본측은 무시하였다.

원래 이 작은 왕국은 독립국으로 외교권도 갖고 있었고 중국과 친밀한 교섭을 하고 있었다. 琉球는 중국, 조선, 일본을 중심으로 인접 제국과도 왕성하게 교섭을 계속하여 아류(亞流)문화를 형성하면서도 독특한 문화를 형성하였다.

琉球문화의 원류는 중국과 조선 문화의 영향을 받았는데 다른 점이 있고 다분히 이형적(異形的)인 면이 있는 점에서 琉球민족의 정신적 유대로 연마한 독자적인 문화를 지니고 있었다.[5] 일본의 薩摩藩은 琉球를 통해 무역도 여러 가지로 행하였다.

---

4 石川晶康, 『日本の歴史』, 語學春秋社, 2002, 228쪽.

5 宣野座嗣剛, 『王國時代の琉球史』, 東洋出版株式會社, 1989, 266쪽.

미국의 페리, 琉球왕국과 琉美상호조약 체결(1854년)

1853년 미국의 페리(Matthew Calbraith Perry, 1794－1858)[6]가 일본에 와서 개국을 요구하였을 적에 페리는 일본의 浦賀(우라가)에 오기 전에 琉球에 상륙하여 개국을 요구하였다. 다음 해인 1854년 페리는 일본과 미일화친조약을 체결하였다. 그 귀국길에 페리는 琉球와 琉美수호조약을 맺었다. 琉球는 그러한 나라다.

미국정부는 1942년 여름부터 일본의 패전을 예상하고 對日전후정책의 일환으로서 북위 30도선 이남의 남서제도(南西諸島)를 일본으로부터 분리하여 미군의 배타적 지배하에 둘 선택권을 검토하고 있었다. 다음 해인 1943년 11월에 공포한 미국, 영국, 중국 3국 수뇌의 카이로선언에서는 沖繩의 처리에 관해서의 명확한 언명은 없었다.

佐藤수상과 브란트수상의 노벨상 수상의 차이

佐藤은 특히 沖繩반환을 평화적으로 이루어냈다는 업적이 인정되어 노벨평화상을 받았다.

> 佐藤수상은 일본의 지역적인 정치 경제상의 책임을 미국과 분담하는 것을 조건으로 沖繩을 반환 받는 방책을 추진하기 시작하였다.[7]

---

6 페리(Matthew Calbraith Perry, 1794－1858). 미국의 해군군인. 동인도함대사령관겸 遣日特派大使로서 1853년 浦賀에 來航. 다음해 江戶만에 다시 와서 美日和親條約(1854년)을 체결하였음.

7 御厨貴編, 『歷代首相物語』, 新書館, 2003, 196쪽.

「한일기본조약(韓日基本條約)」(1965년) 체결에는 佐藤수상의 沖繩반환문제와 깊숙이 연관되어 있었던 점은 중요하다.

佐藤수상은 沖繩반환문제의 해결을 위한 조건에서 「유사시(*대한반도에서의 제2의 6·25전쟁 발발)에 일본이 미국과 책임을 분담한다는 조건」을 내세우고 있어서였다.

佐藤수상은 재임 중에 한일기본조약의 체결(1965년), 미국과 일본과의 관계를 최우선으로 하면서의 미일안전보장조약(美日安全保障條約)의 자동연장(1970년) 등을 수행하였다.

1970년대는 박정희정권의 유신체제기(維新體制期)이다.

Ⅱ. 질서 정연한 작풍

1. 완벽한 묘사력

미시마 문학의 특성은 그 명철함에서 드러나는데 그가 남긴 작품은 어느 것이나 모두 질서 정연하고 구석구석까지 정리가 되어있지 않으면 마음이 놓이지 않는다는 그의 집념같은 것이 감지된다.

소설에서의 그의 묘사력은 너무 완벽하다고 할 정도여서 어떤 병적인 인상을 줄 정도다. 적확한 언어, 적확한 비유, 적확한 표현으로 그는 모든 심리나 사상(事象)이나 풍경을 묘사하였다.

또한, 그는 태어날 때부터 현실감이 부족한 사람이었는지 모른다. 그렇지 않다면 그처럼 명철하게 작품세계를 계속하고 동시에 육체적인 고통까지도 달관하는 것 같은 태도는 도저히 불가능한 일이었는지 모른다.

2. '바다' '여름' '태양'을 사랑한 미시마

미시마는 짧은 생애이지만 시종 '산(山)'이 아니라 '바다(海)'를, '겨울(冬)'이 아니고 '여름(夏)'을, '달(月)'이 아니고 '태양(太陽)'을 사랑한 작가다.

그는 결코 그러한 이미지들에 평범하고 건전한 활력만을 추구하였던 것은 아니다. 그가 묘사하는 태양이나 여름 바다는 무엇인가 퇴폐와 허무감이 감지된다. 부패하여 가는 것을 향한 아름다운 감상같은 것이 있다.

동시에 그는 비극을 사랑하고 비극을 그려내고 스스로도 비극을 연기하면서 황홀함을 추구하면서 살았다.

바다를 사랑한 미시마
– '나는 바다가 좋으니까'

그는 바다에 대하여 다음과 같이 설명한다.[8]

> 바다는 나의 작품 속에서는 일상의 세계를 넘어선, 말하자면 무한한 것에의 휘황찬란함을 넘어서 펼쳐져, 배는 그 무한에의 여행길을 유혹한다. 어떻든 새하얀 배는 '사랑의 꿈의 표현'이다.

미시마는 그의 생애 전반을 통하여 바다(海)를 사랑하였다. 그의 작품도 또한 격렬함과 잔잔함, 황량함과 섬세함을 표출하고 있어 큰 바다와 닮아 있다. 그래서 바다는 독자에게 풍부한 은혜를 베풀어 주는 듯하다. 미시마는 바다를 소년시절부터 동경하였다. 그리고 자신의 작품 속에서 끊임없이 바다를 그리고 있었던 일은 잘 알려진 일이다. 미시마의 집의 거실에는 '바다 그림'이 걸려있었다.

패전 후 몇 년간의 미시마의 작품은 『盜賊』뿐만 아니라 그 많은 것이 실연에의 회한과 자신을 배반한 것에 대한 복수를 주제로 하였다. 『사랑과 이별과』(1947. 2.)가 그러하고 『키스』『전설』『백조』『철학』의 소품4부작(1948. 1.)이 그러하고 『頭文字』(1948. 6.), 『죄인』(1948. 7.),

---

8 村松岡, 상게서, 248쪽.

『친절한 기계』(1949. 11.), 『순백의 밤』(1950년 1월-10월), 『날개』(1951년 5월)도 같은 범위 안에 있다.

3. 배(船)를 무대로 한 작품, 미시마의 『전설』

「실연(失戀)」의 회한 속에서 집필된 장편(=콩트) 『전설』(1948년 1월) - 장편4부작의 하나이다. 배(船) 를 무대로 한 작품인데 이 작품 속에서 청년은 소녀에게, 어렸을 적에 좁은 해협 내의 항해로 가는 배를 타는 일에 늦었던 이야기를 한다. 이미 출항한 배의 등불이 먼 바다위로 사라졌다 나타났다 하는 것을 보면서 15세의 소년은 갑자기 하나의 회상에 잠겼다.

『전설』에서의 배에 대해서는 미시마 작가의 마음이 그대로 표현되고 있음은 말할 나위도 없다.

> 「저 배야말로 내가 일생에 한번 만나 마음과 몸을 바칠 여인이 타고 있는거다. 저 배에 타기만 하였다면 그 여인과 만났을 것이다. 그 여인과 일생을 두고 이별하는 일은 없었을 것이다」. 이 말을 듣고 그 소녀는 '그 배에는 내가 타고 있었습니다'고 대답한다. 그 당시 5살이었던 소녀는 배가 출발하자 울기 시작하여 주위에서 아무리 달래도 울음을 그치지 않았다. 자신도 그 이유가 이해할 수 없었다고 그녀는 청년에게 말한다.
>
> 「이제야 말로 그 이유를 알았습니다. 항구에 남아 있는 당신을 만날 수 없었던 일이 이상한 힘으로 어린 나를 울린 것입니다. 태어

나서 처음으로 바뀌질 수 없는 아픈 이별이, 아직 만나지 못한 우리들의 이별이 나를 울렸습니다」.

「배는 앞의 등(燈)과 뒤편 등을 키고 밤의 어둠 속으로 사라져간다」

이 정경은『전설』속에서 청년은 소녀에게 부두를 떠나가는 배를 바라보면서의 자신의 회상을 설명한 부분이다. – 해안에서 멀리 떨어진 바다 위에서의 기적, 멀리 멀어져가는 등불의 명멸(明滅), ……그 곳의 그 시각에는 당연히 자신들이 있을 화려한 선실, 처음으로 배를 타고서의 여행에 대한 동경에 차있던 선실만을, 자신은 그려내고 있었다. 나의 눈은 세세하게 보여지고 있었다. 밤의 바다에서 멀어져 가는 하나의 화려한 허황된 선실을, 아무도 없는, 쓸데없이 밝은 등불이 켜진 밀실을. – 배에 타는 것이 늦어「일생에 한번 만날 마음과 몸을 바칠」여성을 마침내 만나지 못하는 것으로 끝났다고『전설』의 청년은 회한에 차있었다.

'전설' 의 의미

「정신은 이미 개인의 전설이다」
– 미시마의 '전설' 의 의미

「문체에 의(意, 뜻)를 집어넣고, 그것이 고대그리스의 조각과 적확한 선(線)과 같아지도록 마음에 새겼다.」「언어의 영역에 걸리는 것은 단지 언어만은 아니라는 생각이 든다. …… 정신이 어휘를 통하여 역으로 美를 손상시키고 있다. 그곳에서 주인공은 정신과 관련되지 않는 미를,

혼의 그림자가 없는 육체의 명동을 꿈꾸기 시작한다. 그는 수첩에 표해 두었다」.

「정신은 이미 개인의 전설이다」. 「기린이나 옛날 중국에서 말하는 사자와 같은 상상 속의 괴물에 지나지 않는다. 그러한 것은 이제 믿지 말아라」.

Ⅲ. 미시마의 고대그리스 체험

1. 고대그리스를 동경한 미시마

1952년 26세의 미시마는 크리스마스 날에 배를 타고 세계일주의 여행길에 나섰다. 朝日신문사의 특별통신원 자격으로 혼자 가는 여행이었다. 일본에서 신문사는 그전부터 소설가에게 대단한 스폰서 역할을 하고 있었다. 반년 후인 1952년 5월에 미시마는 귀국하였다. 이 반년간의 외국여행은 그에게 상당히 행복한 체험을 남겼다. 특히 그리스의 어디에서나 아름다운 바다와 아름다운 포즈를 하고 있는 청춘남녀의 모습은 미시마를 무척이나 감동시켰다. 그는 그리스의 청명한 하늘과 바다에 감동하였다.

반년간의 해외여행에서 귀국한 해에 미시마는 「鉢의 목회(木會)」라는 그룹에 참가하였다. 주요 멤버는 길전건일(吉田健一, 수상 吉田茂의 장남, 대표작, 『유럽의 세계말』, 福田恆存(쓰네아리, 셰익스피어 번역으로 유명), 大岡昇平(『俘虜記』), 中村光夫(『風俗小說論』) 등이다. 그들은 모두 소설가나 극작가로 활약하고 있었다. 또한 그들은 「문명비평가」로서도 일류에 속하고 있었다. 그들은 이제까지(근대문학)의 자연주의나 사소설 등을 궤도수정하고 싶다는 정렬에 불타 있었다. 초대손님으로 도날드 킹이 참가하고 있었는데 그는 후일 미시마의 소설을 몇 편이나 영어로 번역하였다.

미시마는 吉田健一과 무척 친밀하게 지냈다. 그러나 두 사람은 어느새인가 서로 소원하여졌다. 두 사람의 지성이 그들을 갈라놓았다. 吉田健一은 부친(吉田茂)의 영향력으로 정부와 외무성에 크나큰 영향력을 행사하고 있었다.

吉田健一은 자신의 부친 길전무가 점령국 미국과 체결한 안보조약에 대하여 그런대로 만족하고 있었다. 반면, 미시마는 그 안보조약을 마땅치 않다고 생각하고 개정하여야 한다는 주장을 하고 있었다. 吉田健一은 일본의 현실을 그대로 받아들여 즐겁게 살아가고자 하는 길을 택하고 있었지만 미시마는 당시에 일본을 못마땅하게 여기고 일본을 개조하여야 한다는 생각에 빠져 있었다. 이 생각의 차이는 두 사람의 친밀한 관계를 소원하게 만들었다.

2. 신화의 모체로서의 고대그리스

고대 그리스는 신화(神話)의 모체(母體)이다. 고대 그리스에는 지리학, 역사, 예술, 건축 및 시(詩)가 총합되어 있다. 고대 그리스는 동(東)과 서(西)의 가교가 되어있었으면서도 동과 서, 어느 쪽과도 달랐다.

고대 그리스와 로마에는 근육미를 자랑하는 미청년의 조각이 있다. 미시마는 자신의 육체를 그들 고대 그리스인들의 「미의 이상형」에 조금이라도 근접하고 싶다는 열망이 있어 육체미 단련과 검도, 권투 등 운동과 무도에 빠져들었다.

자신을 모델로 하는 아름다운 이야기들을 지어내려 하였다. 뿐만 아니라 그의 반년 간의 해외여행은 그로 하여금 당시의 일본을 불유쾌한 것으로 보고 「현상과 같지 않은 일본」을 만들어 그 정신적 왕위에 자신이 군림하겠다는 공상에 빠져들었다.

미시마는 고대그리스에 대하여 다음과 같이 말한다.[9]

---

9 村松岡, 『三島由紀夫の世界』, 新潮文庫, 1996, 199쪽.

고대그리스인은 외면을 믿었다. 그것은 위대한 사상이다. 기독교가 「정신」을 발명할 때까지 인간은 「정신」같은 것을 필요로 하지 않고 긍지를 가지고 살았던 것이다. 고대그리스가 생각한 내면은 항상 외면에 좌우되었다. 고대그리스극에는 기독교가 생각하는 것과 같은 정신적인 것은 아무 것도 하나도 없다. 그것은 말하자면 과잉의 내면성이 반드시 복수를 받게 된다는 교훈의 반복에 그치고 있다.

미시마는 자신의 「오스카 와일드론」에서 다음과 같이, 앙드레 지드(Andre Gide)[10]의 문학세계에서 일관되고 있는 윤리주의와는 무관했던 오스카 와일드와의 일화를 그대로 인용하였다.[11]

기독교는 최초에는 하나의 윤리(倫理)에 지나지 않았다. 종교가 되기 위해서는 聖바오로의 출현을 필요로 하였다. ……사도(使徒)들이 기독교를 신비사상으로 변화시켰다.

그리스토의 말씀에 극도의 영적(靈的) 해석을 배포한 것은 프로테스탄트의 경향이었다. 가톨릭은 점차로 성모 마리아를 종교화하였다. 이러한 모든 것이 우리의 서구세계를 퇴폐로 떨어뜨린 것이다.……

와일드는 웃기 시작하였다. 양성(陽性) 적이라기보다는 자랑스럽게 여기던 것에서 깨어진듯 한, 얼빠진듯 한 웃음이었다.

---

10 앙드레 지드(André Gide, 1869－1951): 프랑스 소설가. 20세기 프랑스문학을 대표하는 소설가의 한 사람. 개성을 속박하는 것과의 투쟁을 테마로 하면서 개인의 가능성을 신뢰하고 있었다. 1947년 노벨문학상 수상. 작품 『背德者』 『좁은 문』 등.

11 村松岡, 『三島由紀夫の世界』, 新潮文庫, 1996, 207-208쪽.

이 인용문에서의 와일드의 얼빠진듯 한 웃음에 관하여 미시마는 다음과 같은 해석을 한다.

「와일드는 태양이외의 것은 이제 아무 것도 숭배하고 싶지 않다는 생각을 하였다」고 말하는 남자다.

고대 그리스적인 이념이 자연스럽게 미시마를 인도하였다. 미시마는 고대 그리스적인 이념이라는 것을 「신이 없는 인간의 지복(至福)」이라고 설명한다. '정신을 소거(消去)하면 예술에도 생생한 피가 통하게 된다'고 말한다.

3. 기독교를 부정하는 미시마

「인간은 인간도 물체라고 본다. 타인을 물체로 볼뿐만 아니라 타인에게서 보여지는 자신도 물체로 보인다. 마침내는 인간은 타인에게서 보여지지 않은 때만 …… 그 자신 견딜 수 없다.」

이러한 고독으로부터 인간을 구제하는 길은 이 시기 미시마가 생각한 방식은 2가지 밖에 없었다. 기독교인가 고대그리스 적인가. 「기독교에 의해 다시금 자연으로부터, 세계로부터, 인간으로부터 도피할 것인가, 고대 그리스의 유심론적(唯心論的) 자연관 속으로 다시금 몸을 맡길 것인가?

휠덜린(Friedrich Hŏlderlin, 1770－1843)은 후자를 따랐는데 본래 고대그리스는 사라져 있고 그가 가는 길은 낭만파적 개성의 편

> 협한 통로밖에 없었다. 횔덜린은 독일시인. 고대그리스에 대한 동경을 읊은 격조 높은 형이상학적 시인. – 미시마를 고대그리스로 이끈 최대의 매개자는 횔덜린이었던 것 같다.[12]

미시마가 선택한 길은 쇠망한 고대그리스에 열매를 볼 수 없는 고독한 애가(哀歌)를 바치는 것이 아니라 고대그리스와 비슷한 다신교적(多神教的)인 공동체를 현대에 재발견시키는 것이었다.

기독교의 기본 사상
– 인간의 원죄

기독의 사상의 시작은 원죄라고 할 수 있다. 기독교 교의에서의 원죄는 구약성서에 있는 아담과 이브가 일으킨 죄이다. 아담과 이브는 신이 처음으로 만든 인간이다. 두 사람은 에덴의 낙원에서 행복하게 살고 있었는데 어느 때 뱀(악마의 화신)이 와서 신이 금지하고 있는 지혜의 나무의 열매를 먹어보라고 유혹하였다. 지혜의 열매를 먹으면 선과 악을 판단하게 되고 신과 같이 된다고 말하였다.

유혹에 이끌려 지혜의 열매를 먹은 두 사람은 신의 노여움을 사서 에덴의 낙원에서 추방되었다. 아담과 이브가 일으킨 죄는 신과 같이 되려고 한 신에 대한 배반의 행위이다. 아담과 이브의 자손인 모든 인간은 이렇게 하여 태어난 것으로 원죄를 이어 받게 되었다. 이러한 원죄의 모두를 혼자 짊어진 자가 십자가에서 사망한 예수 그리스도이다.

---

12 村松剛, 상게서, 256쪽.

4. 미시마, 헬레니즘에의 경도

헬레니즘(Hellenism)은 히브라이이즘과 병행하여 서양사상의 원류로서 말해지는 고대그리스 사상, 문화를 말한다.

히브라이이즘(Hebraism)은 고대 히브리인의 사상, 문화 및 그 전통. 특히 유태교와 기독교 전통을 총괄하여 지칭한다. 헬레니즘과 함께 유럽 사상과 문화의 2대 조류는 헤브라이정신이다.

헬레니즘은 독일인 역사학자 드로이센(Johann Gustav Droysen, 1808−1884)[13]이 고대그리스인이라는 뜻의 헬레네스語(hellenes, 文明人이라는 뜻. 고대그리스인들은 스스로를 헬레네스라고 칭한 데서 연유)에서 만든 말이다. 히브리이즘(Hebraism, 이스라엘의 별칭. 이스라엘인의 문화, 사상. 이 경우는 신약성서를 포함하여 유태교, 기독교적인 사고. 헬레니즘에 대한 영적, 정신적 피안적인 사조로서 신 중심적인 사상의 경향을 지닌다)과 함께 서양사상의 2大 원류로 일컬어지는 고대그리스의 사상, 문화, 종교를 기반으로 하는 인간주의적 세계관을 말한다.

헬레니즘은 역사학적으로는 알렉산더대왕[14]의 東征(기원전 334년)부

---

13 드로이센: 독일의 역사학자, 정치가. 헤겔, 훔볼트, 특히 피히테의 영향을 받아 역사형성에 있어서의 윤리의 힘, 개성적 존재의 중시, 또한 프로이샌 중심주의의 입장에 서서 정치적으로 지도적인 역할을 하였다.

14 알렉산더대왕(Alexandros, BC 356−BC 323): 마케토니아의 왕. 아리스토텔레스에게서 사사. 희랍을 반하는 제국을 제압. 기원전 331년, 페르샤를 정복. 다시금 동정하여 인도의 북서부까지 진공. 알렉산드리아라고 명명하는 도시를 각지에 건설하였다. 동서문화의 교류와 헬레니즘 문화 발전에 크나큰 공헌을 하였다. 대왕이라고 칭하여진다.

터 클레오파트라(Kleopatra)[15]의 사망 또는 로마의 이집트 정복(기원전 30년)까지 약 300년에 걸친 시대를 일컫는다. 문화적으로는 오리엔트문화와 접촉융합하여 보편적인 성격을 띤 고대그리스 문화를 말한다.

동방 제민족의 문화와의 혼성, 융합에 의한 초민족적인 점이 특징이다.

헬레니즘 미술: 헬레니즘 소산으로서의 미술을 총칭한다. 알렉산더대왕 및 그 후계자의 지배 지역을 중심으로 기원전 4세기 후반으로부터 기원전 1세기까지 계속된다. 고전기(古典期) 고대그리스 미술의 국제화 또는 지방화로 파악된다.

고대그리스의 조각(Greek sculpture)

고대그리스에서 기원 전 7세기부터 기원 전 1세기에 걸쳐 만들어진 조각. 조화로움(있는)과 인체(人體)의 아름다움(美)을 규범으로 하여 神像・人物像 등에 理想美를 실현하였다.

고대그리스의 예술(Greek art): 마찬가지로 고대그리스의 본토 및 그 직접적인 영향 하에 있는 지역의 미술을 칭한다. 일반적으로 기원전 11세기부터 기원전 2세기의 미술활동 을 말한다. 인간의 이상적 형상을 실현하여 고전미술을 창시하여 인류문화사상 불멸의 공헌을 하였다. 헬레니즘으로 일컬어진다.

---

15 클레오파트라〈Ⅶ〉 (KleopatraⅦ, BC 69–BC 30): 이집트의 여왕. 미모와 재능과 지혜를 갖춘 여왕으로 유명, 기원전 31년 남편 안토니우스와 함께 아그티움의 해전에서 패전하여 다음해 자살. 파스칼의 『팡세』안에 「클레오파트라의 코가 조금 만 더 낮았다면 세계의 역사는 변하였을 것이다」라고 한 말은 무척 유명하다. 이 말은 고대 이집트의 여왕 클레오파트라는 그 미모로 로마의 집정관 시저와 안토니우스를 매혹하였다. '만일 그녀가 그처럼 아름답지 않았다면 세계의 역사는 다르게 전개되었을 것이다'라는 뜻이다.

예컨대 고대그리스 예술은 고대 그리스의 본토 및 그 직접적인 영향하에 있는 지역의 미술이다. 일반적으로 기원전 11세기부터 기원 전 2세기의 미술활동을 말한다. 인간의 이상적 형상을 실현하여 고전미술을 창시하여 인류문화사상 불멸의 공헌을 하였다.

그리스의 국립고고박물관(國立考古博物館)에는 과거 고대 그리스의 위대한 과거를 나타내 주는 조각상, 기하학모양(幾何學模樣)시대의 항아리로부터 헬레니즘. 그레코로마 시대에 이르기까지의 귀중한 재보가 많이 진열되어 있다. 특히 유명한 것은 아가멤논왕의 황금(黃金)마스크, 근대적 조각을 상상시키는 인물·그로스像, 그리고 젊은이像(젊은 남자의 나체상)이나 동상(銅像)들에게서 보이는 장대한 선(線)의 아름다움은 무척 유명하다. 고대그리스의 황금시대의 작품들이 있다.

Ⅳ. 『葉隱入門』

미시마의 『葉隱入門』(1967년)은 그가 할복자살하기 3년 전에 쓴 책이다. 『葉隱入門』은 일본에서는 현재까지도 많이 읽혀지고 있다. 이는 젊은 미시마가 일본의 현대사회의 병증(病症)이라고 심각하게 통찰하고 진단하고 스스로 그 타개책에 부심하여 도달한 것으로 보이는 그의 체험적, 임상적 처방전으로 보이기 때문인 듯하다.

모든 사람들에게 최후의 현실이 되고 있는 '死'를 응시한 이 책은 도덕서이기도 하고 인생론이기도 하다. 또한 미시마 자신의 문학적 상상적 자서전 같은 양상을 띠는 조금은 별난 책이다.

1. 야마모토 쓰네토모의 『葉隱』

『葉隱』[16]의 한 구절 「무사도라고 하는 것은 죽을 자리를 발견해 내는 일이다」는 저자, 山本常朝(야마모토 쓰네토모)가 한 너무나도 유명한 말이다. 이 한 구절은 이 책 전체를 상징하는 언설이 되고 있다.

「葉隱」은 일본에서는 무척이나 유행한 책이고 한편으로 전시 중에는 일본 국내에서는 필독서(必讀書)처럼 강제되고 있었다.

16 『葉隱』. 江戶중기의 무사의 수양서. 정칭은 『葉隱聞書』. 11권. 1716년 성립. 번주(藩主)를 섬기는 극단의 충성심과 상무정신(尙武精神)을 설파하고 있음.

2. 미시마와 '葉隱'

「엽은(葉隱, 하가쿠레)」은 일본의 근세 중기의 무사의 수양서다. 정확한 칭호는 「葉隱聞書」이고, 1716년 성립하였으며, 山本常朝(야마모토 쓰네토모)의 담화(談話)를 기록한 책이다. 봉공(奉公)을 인생의 제1의로 하여야 한다는 것을 강조하고 있고 생사의 관념을 초월한 무사도 정신을 가르친 무사의 수양서이다. 번(藩)의 주군을 섬기는 극단의 충성심과 상무정신(尙武精神)을 설파하였다.

死를 중핵으로 놓은 그 철학은 생의 본질을 통찰하고 그곳에서 생활에 직면한 구체적인 실천을 인도하는 드문 인간도의의 책이라고 볼 수 있을 것이다.

전쟁이 끝난 다음에도 미시마 자신은 오히려 이 책에서 어떤 빛을 보았다고 하였다.

미시마는 그 자신 『葉隱入門』을 출간하였다. 미시마는 『葉隱入門』을 출간하면서 그는 자신은 山本常朝의 「엽은」에서 크나큰 감명을 받고 있었다고 하였다. 『葉隱』의 「무사도라고 하는 것은 죽을 자리를 발견해 내는 일이다」라는 한 구절에서 '미시마는 살아가는 삶의 힘을 받는 최대의 이유를 발견하였다'고 『葉隱入門』 서문에서 밝혔다.

> (태평양전쟁)전쟁 중부터 읽기 시작하여 항상 자신의 책상 주위에 놓고 이후 20수년간 어느 페이지를 읽고서도 감명을 새롭게 받은 것은 아마도 이 한권의 책일 것이다.[17]

17 三島由紀夫, 『葉隱入門』, 8-9쪽.

『葉隱』이야말로 나의 문학의 모태이고 영원한 활력의 공급원이라고 말할 수 있다. 그 용서없는 채찍과 질타로, 매도로, 얼음과 같은 아름다움에 의해…… 행동가의 최대의 불행은 그 오류가 없는 한 점을 첨가한 후에도 죽지 않는 경우다. 『葉隱』의 死의 교훈은 행위의 결과보다는 단지 행동가의 참으로의 행복을 가르치는데 있다.

(『葉隱入門』, 15쪽.)

소위 전후문학의 시대는 나에게 어떤 사상적 공감도 문학적 공감도 주지 않았다. 단지 나와는 다른 사상적 경력을 지니면서, 나와는 다른 문학적 감수성을 지닌 사람들의 에네르기와 그 경향만이 폭풍우처럼 나의 곁을 맴돌고 있었다. 나는 고독하였다.[18]

미시마는 그 나름대로 패전 후의 일본인의 정신을 위기로 보고 「生의 철학」이 종말을 고하고 있다고 일찍부터 예감하고 있었던 듯 한 발언들을 하였다.

그래서 그는 자신이 『엽은』, 그 한 권을 만난 것은 천재일우의 만남이었다고 기술하였다.

「葉隱」의 한 구절 「무사도라고 하는 것은 죽을 자리를 발견해 내는 일이다」. 이 한 구절에서 살아가는 삶의 힘을 받는 최대의 이유를 발견한다.

(『葉隱入門』, 서문 10쪽.)

18 三島由紀夫, 『葉隱入門』, 215쪽.

미시마는 또다시 다음과 같이 말한다.

나는 (태평양전쟁)전쟁 중부터 읽기 시작하여 현재도 가끔 『葉隱』을 읽는다. 大儒적인 역설이 아니고 행동의 지혜와 결의가 스스로 역설을 생성시킨다. 예를 찾아볼 수 없는 상상을 초월한 도덕서다. 얼마나 큰 정기(精氣)에 넘쳐흐르고 얼마나 경쾌하고 인간적인 서책인가 …… 봉건도덕이라는 기성개념으로 「葉隱」을 읽는 사람에게는 이 상쾌함 · 신선함을 거의 맛보지 못할 것이다. 이 책에는 하나의 사회에 대한 확고한 윤리 하에 사는 사람들의 자유가 넘쳐흐르고 있다. 그 윤리도 사회도 경제의 모든 강목을 통하여 살고 있다. 大전제가 하나 주어지고 그 전제 하에서의 모든 정력과 정열의 찬미이다. 에네르기는 선이고 무기력은 악(惡)이라고 설파한다.

「무용(武勇)은 나에게는 일본의 제1이 아니면 안 된다」「무사는 무용에 큰 자만을 지니고 死에 미치는 각오가 긴요하다」…… 올바른 미침이라는 것이 있는 것이다.

미시마는 행동인의 편의주의(便宜主義)라고도 말할 수 있는 것이 「엽은」의 생활도덕이다. 유행에 대하여서는 「그러니까 그 시대 시대에 따라 좋도록 하는 것이 긴요하다」라고 아무렇지도 않게 말하고 있다. 편의주의라는 것은 '색다른 · 이상한 세련(洗練)에 대한 윤리적 결백성에 지나지 않는다'. '「대단한 남자가 되는 것을 꾀하는 자」가 되지 않으면 안 된다. 고래의 용사는 대개 그러한 남자였다. 기력(氣力)을 강력하게 하고 용기가 있었다'고도 말한다.

「葉隱」에 대한 사고는 지금도 많은 것이 생각나거나 하지 않는다. 오히려 「葉隱」을 썼을 때에 처음으로 나 자신 속에 확실하게 굳어지고 이후는 '「葉隱」을 살리고 「葉隱」을 실천하는 일에 정열을 쏟았다'고 말할 수 있을 것이다. 즉 점점 더 깊이 있게 「엽은」에 심취하게 되었던 일이다. 그와 함께 예술을 질타하고 있는 「藝能」의 길을 걷고 있는 나는 자신의 행동윤리와 예술과의 상극에 자주 고뇌하게 되었다.

(『葉隱入門』, 14쪽.)

그러나 나는 '예술이라는 것은 예술만에 연연해 있으면 쇠퇴하여 죽는다'고 생각하는 것이고 이 점에서 나는 세상에서 말하는 것과 같은 예술지상주의 자는 아니다. 예술은 항상 예술 이외의 것에 협박당하고 고무되어 있지 않으면 곧바로 고갈되고 마는 것이다. 그렇다는 것은 문학이라고 하는 예술은 항상 삶 그 것으로부터 재료를 얻어오는 것이어서 그 生이라는 것은 母인 동시에 구적(a bitter enemy)이고 예술가 자신의 내부에 숨겨져 있는 것인 동시에 예술의 연원한 안티 테제인 것이다.

나는 「葉隱」에서 생의 철학을 훨씬 이전부터 발견하고 있었기 때문에 그 아름답고 투명하고 상쾌한 세계는 항상 문학의 세계의 수렁에서 도발되는 것으로 감지되었다. 그 상태를 확실하게 나타내는 것으로 「葉隱」은 나에게 있어 의미가 있는 것이 되고 「葉隱」의 영향이 예술가로서의 나의 삶의 방향을 심하게 어렵게 하였을 뿐만 아니라 「葉隱」이야말로 나의 문학의 모태이고 영원한 활력의 공급원이라고 말하는 것이다. 그 용서 없는 채찍과 질타로, 매도로, 얼음과 같은 아름다움에 의해.

(『葉隱入門』, 15쪽.)

> 행동가의 최대의 불행은 그 오류가 없는 한 점을 첨가한 후에도 죽지 않는 경우다. 「葉隱」의 死의 교훈은 행위의 결과보다는 단지 행동가의 참으로의 행복을 가르치는데 있다.
>
> (『葉隱入門』, 13쪽.)

미시마는 다음과 같이 말한다. '예술가는, 철학가의 세계는 차츰차츰 자신의 주위로 넓은 동심원을 겹쳐나가는 것 같은 구조를 갖고 있다. 그러나 만일 死가 다가왔을 때 행동가와 예술가에 있어 어느 쪽이 완성감이 강렬할 것인가? 라고 묻는다면 미시마는 이 물음에 대하여 자신은 상상하건데, '단지 한 점을 첨가하는 것으로 한순간에 그 세계를 완성하는 死의 편이 훨씬 완성도가 강렬하다고 생각한다'고 강조한다.

V. 미시마와 2·26사건

1. 미시마 사건

1970년 佐藤내각은 「미일안전보장의 자동연장」을 성명하였다. 여기에 반대하는 데모가 있었다. 이에 내각은 「미일안전보장」의 필요성을 강조하여 처음으로 「방위백서(防衛白書)」를 발표하였다.

작가 三島由紀夫가 「楯의 會」(私設 군대)의 대원과 함께 자위대동부방면총감부에서 「헌법개정」의 쿠데타를 일으킬 것을 말하다가 실패하자 할복자살(1970. 11. 25.)하는 일이 일어났다. 그의 목적에는 좌익(공산주의)과의 대결에도 있었던 것으로 알려져 있다.

미시마(당시 45세)가 이끄는 우익단체(楯の會)의 회원 4명이 1970년 11월 25일, 東京·市ヶ谷의 自衛隊東部방면 총감부에 몰려가 摠監에게 면회하여 줄 것을 요구하며 칼로 위협하면서 그를 감금하였다. 감금의 요구는 자신들의 「미시마의 '자위대원들에게 고한다'」는 연설에 자위대 대원들을 불러 모으라는 것이었다.

미시마는 약 1000명의 자위대원들을 발코니에 모우고 「일본국헌법개정의 필요」에 대하여 목소리를 높이며 외쳤다. 청중 가운데서는 큰 소리의 야유가 터져 나와 미시마의 연설은 거의 들리지 않았다.

그는 연설한 후 발코니에서 대원들에게 「헌법개정」에 관하여서의 쿠데타를 외치고 실패하자 「천황폐하 만세」를 외치고 할복자살하였다. 미시마의 우익단체(楯の會)의 회원인 森田必勝(26세)도 할복자살하였다. 이들의 연설이나 격문의 내용은 신헌법(新憲法)을 부정할만한 자위대의 궐기를 외친 것이고 전후체제의 타파를 목적으로 한 행동이었다.

전사공동체(戰士共同體)

미시마는 신체 만들기(body-building)를 통하여 육체 그 자체를 변하게 하여 자신이 육체와 언어와의 양극(兩極)을 지니는 교류발전기(交流發電機)로 변한 것을 자랑스럽게 여기게 되었다. 그 감각을 맛보게 되는 기회는「한가지로 영광과 死」를 소망하는「전사공동체」를 얻었다.

> 힘(力)의 행사, 그 피로, 그 땀, 그 눈물, 그 피가「同苦」를 통하여「나는 여러분과 마찬가지다」라고 하는 신조를 가져온다.「나는 여러분과 마찬가지다」라는 신조는 개성을 표현으로 하는 문학의 대극에 위치하는 것임은 말할 나위도 없다. 하지만 미시마에 의하면「집단은 개인이 도달 할 수 없는 '神聖'으로까지 사람을 끌어 올릴 수가 있다」「육체는 집단에 의하여, 同苦에 의하여 처음으로 개인으로서는 도달할 수 없는 어떤 육체의 높은 수위에 도달할 것이다. 여기에서 神聖이 항간에서 볼 수 있는 수위에까지 넘쳐흐르기 위하여서는 개성의 液化가 필요하였다. 뿐만 아니라 끊임없이 안일과 방종과 나태로 빠져들기 쉬운 집단을 끌어 올려 점점 더 집합되는 同苦와 고통의 극한의 死에로 이끌어가는, 집단의 비극성이 필요하였다. 집단은 死를 향하여 연마되어 나가지 않으면 안 되었다. 나는 여기서 戰士共同體를 의미하고 있다는 것은 말할 나위도 없다」.[19]

---

19 村松剛,『三島由紀夫の世界』, 510쪽.

미시마가 여기서 말하는 집단은 자위대원이 아니라 그가 함께 한 「조국방위대」의 젊은이들을 지칭하고 있다.(510쪽).

아침 일찍부터 집단의 한 사람이 되어 이마에 일장기(日章旗)를 새긴 머리띠를 매고 몸이 얼어붙는 반라의 모습이 되어 계속 뛰는 나는 그 同苦, 그 같은 함성, 그 같은 보조(步調), 그 합창을 함께 하면서 자신의 살갗에 차츰 솟아나는 땀과 같은. 동일성의 확인이외는 아닌 것 「비극적인 것」 이 군림하여 오는 것을 분명하게 느낀다.…… 「몸을 내던져 바치고 있다」는 감각은 근육을 약진시키고 있다. 우리는 한가지로 영광과 死를 희망한다. 희망하고 있는 것은 나 하나다.

2. 일본에서의 1960년의 대규모의 안보투쟁

일본 국내에서는 1950년대 후반에서 1960년에 이르기까지 매일같이 집회가 열리고 항의하는 데모대의 활동이 있었다. 소위 말하는 「안보투쟁」이다. 「안보투쟁」은 岸信介 (키시 노부스케)내각이 계획하고 있었던 샌프란시스코미일안전보장조약(美日安全保障條約)의 개정이 계기가 되어 일어났다.

샌프란시스코미일안전보장조약은 일본의 재군비기지화를 강화하는 것으로 인식되어, 혁신단체는 이것의 폐기를 주장하였다. 1960년의 대규모의 안보투쟁은 미일안보개정(美日安保改正)을 앞두고, 1959년부터 1960년에 걸쳐 펼쳐진 안보개정에 대해서의 크나큰 반대운동이다.

1960년 6월 15일, 전학년(全學連)주류파(主流派) 7천명이 데모대에 참가하여 국회 구내에서 경찰관과 충돌하였다.

구안보조약(=샌프란시스코미일안전보장조약)으로 칭해지고 있는 미일안보조약을 일본인들은 불평등 내용이라고 단언하고 그 개정을, 특히 岸信介 내각이 강력하게 주장하였다.

미일안보개정에 즈음하여 1959년부터 1960년에 걸쳐 매일같이 집회가 열리고 데모대가 항의하는 안보개정의 대대적인 반대운동의 활동이 있었다. 즉 1960년은 안보반대의 운동이 격렬하였다. 소위 말하는 「안보투쟁」이다.

미일안보조약은 샌프란시스코강화조약과 함께 조인되었다. 패전의 일본정부는 점령 후의 주권회복을 무엇보다 우선적으로 서둘러 샌프란시스코강화조약 6조에 있는 3개월 이내에 외국군대의 철퇴라는 규정에 대하여, 예외규정(例外規定)을 설정하고 미국군의 주류를 인정하였다. 물론 이 미일안전보장조약의 성립에는 6·25전쟁(1950년 6월 25일 발발)이 절대적인 영향력을 행사하였다. 북한이 도발한다면 일본은 대단히 위험하다는 논리를 내세웠다. 따라서 여기에는 냉전구조 하의 미국의 반공정책(反共政策)이 크게 함유되었던 일이다.

안전보장(安全保障, security)

안전보장은 외부로부터의 침략에 대해서 국가의 안전을 보장하는 일이다. 20세기의 국제법(國際法), 국제정치(國際政治)의 최대의 과제의 하나이다. 제국의 협력에 의해 국제평화를 유지하려고 설립된 국제연맹에서나 제2차세계대전 전후까지 일반적으로 안전보장문제는 주로 유럽의 문제로서 토의되었다.

다시금 안전보장은 침략의 위험이나 침략 그 자체의 배제를 결정적인 해결책으로 한다. 국제연맹 시대에는 직접적으로 규약(規約)16조의 제재규정(制裁規定)에 바탕을 두고, 간접적으로는 군비축소(軍備縮少)로 그 목적을 달성시키려 하였다.

〈안전보장의 제형태〉

종래 모든 국가가 자국의 안전보장을 위해서의 정책은 다음의 4군으로 나뉜다.

1) 국가 독자의 힘으로의 안전보장, 즉 독력방위.
2) 세력균형, 즉 힘의 균형을 확보하기 위한 동맹제도(同盟制度).
3) 타국의 침략행위를 불가능하게 하기 위한 힘의 우월 내지 정복이나 지배.
4) 집단보장, 침략의 금지와 방지. 침략에 대한 제재를 복수국(複數國)이 협력하여 집단적으로 행하는 안전보장(국제연맹, 국제연합).

일본은 패전 후 20년 간은 부흥과 재건에 주력하였다. 그 대단한 업적이 쌓여져 그 결과 패전일본은 「선진국(先進國)」이라고 칭하여지는 국가로 부활하였다. 패전 후 일본의 안전보장은 미일안전보장으로 위임되었다. 패전일본은 경제부흥을 우선적으로 행하기 위하여 일본의 안전은 미국에 맡기기로 결절한 결과다.

물론 이러한 조약이 성립되는 계기가 된 것은 6 · 25전쟁 발발이었던 일은 간과하여서는 안 된다.

구안보조약은 미군의 기지를 일본에 두는 일은 확약하고 있으나 미국이 일본을 방위하는 의무에 관하여서는 명기되어 있지 않았다. 또한 일본에서 내란이 일어날 경우에는 미국이 독자의 판단으로 이를 진압할 수 있다고 되어 있다.

岸내각은 미국과의 여러 교섭을 거쳐 1960년 1월, 미일 양국은 합의를 하였다. 미일안보조약은 「미일상호협력 및 안전보장조약」(신안보조약)이라고 개칭하였다.

舊안보조약 – 미일안보조약 체결

1952년 9월 승전국 미국과 패전국 일본은 강화조약을 체결하였다. 샌프란시스코평화조약이다. 이 때 일본에서는 길전무(吉田茂, 요시다 시게루, 1878–1967)가 전권대사로 참석했다. 동시에 미일안보조약(美日安保條約, =舊안보조약)을 체결했다. 이 미일안보조약은 다음해 발효하였다.

> 샌프란시스코평화조약에 의거하여 일본은 독립국가가 되었고 국제사회에로의 복귀가 이루어졌다. 일본에 새로운 세계가 도래한 것이다. 이 공적은 길전무의 공적이라 단언해도 과언이 아니라는 여론이었다.[20]

6·25전쟁은 일본을 위한 전쟁

吉田내각의 전(全) 기간은 우리나라 38선분단, 남북한의 각각의 정부탄생, 그리고 6·25전쟁 발발과 휴전회담으로 전쟁이 종결되는 전기간과 불가분리의 밀접한 관계가 있었다.

그리고 제3차 吉田내각기가 가장 주목되는 것은 이 시기에 對日강화

---

20 戶川猪佐武, 상게서, 269쪽.

조약 조인과 동시에 미일안전보장조약이 조인되어서다.

특히 미일안전보장조약은 6·25전쟁이 실마리가 되어 발생하였는데 이로 해서 일본에서 동남아시아에서 제1의 강력한 무력(武力)을 지닌 자위대를 출현시켰다. 그리고 이 자위대의 출현은 오늘날에도 현실적으로 대한반도에 상당한 위협으로 작용되고 있다.

미일안보조약은 역력하게 북한을 주적(主敵)으로 하여 대한반도를 직접적인 대상으로 하고 있고 자위대 또한 이와 궤를 같이 하면서 제2의 6·25전쟁 발발을 가상한 두려운 실전의 세밀한 작전계획 들을 작성하여 놓고 있기 때문이다.

즉, 자위대는 이미 오래 전부터 군사작전지휘를 위해 실제훈련과 사령부에서 부대를 움직이는 방법에 관해 책상위에서 실시해 보는 탁상지휘까지 연습하면서 제2의 6·25전쟁을 가상하면서 만전의 준비를 하고 있기 때문이다.

이중에서 일본자위대의 방대한 극비군사작전계획(極秘軍事作戰計劃)은 가장 주목된다. 이 군사작전계획에는 일본자위대가 미일안보체제를 앞세워 작성한 「3시 작전계획」(3矢 作戰計劃)이라는 것이 있다. 「3시 작전계획」은 「일본 자위대는 가능한 모든 작전을 적극적으로 전개하여 그것으로 제2의 6·25전쟁이 발발할 경우 전선에서 승리를 조속한 것으로 이끈다」를 목적으로 두고 있는데, 이 작전계획 안에는 미군이 원자폭탄을 북한·대한반도에 투하하여 전쟁에서 최종의 승리를 거두고 일본자위대가 대한민국에 주둔한다는 내용을 담고 있다.[21] 이 경우, 미군을 대신하여 자위대가 대한민국에 주둔하게 될 공산이 큰 것이 현실로 되어 있다.

21 신우용, 『한미일 삼각동맹』, 양서각, 2008, 527쪽.

또한 「9일간 전쟁계획」은 만일 제2의 6 · 25전쟁이 발발하면 최초 9일간에 북한을 철저히 초토화 시킨다는 작전이다.

예컨대 일본자위대의 제2의 6 · 25전쟁 발발을 가상한 작전계획들은 어디까지나 자국 일본이 아닌 대한반도 안에서의 전투, 전쟁 작전이라는 것에 특징이 있다. 전쟁에서 북한을 초토화시킨다는, 대한반도를 초토화시킨다는 전략들이다.

6 · 25전쟁은 일본을 위한 전쟁이라는 양상을 띠고 있었다. 후일 리처드 닉슨 대통령은 「6 · 25전쟁에서의 미국의 참전은 대한민국 자체보다는 일본의 공산화를 방지하는데 목적이 있었다」라고 했고, 밴 프리트 장군 또한 그와 유사한 발언을 하였다. 애치슨 미국무장관도 그와 맥을 같이 하는 발언을 하였다. 뿐만 아니라 對日강화조약 체결을 위해 일본에 체재하고 있었던 덜레스는 「6 · 25전쟁의 참 목적은 (*소련을 위시한 공산당측의)일본의 공산화에 있었다」고 강조하면서 전쟁이 발발하자마자 곧바로 6 · 25전쟁에 미군의 참전을 주도하여 미군참전의 결정적인 역할을 한 일 등은 6 · 25전쟁의 이면(裏面)의 의미를 되새기게 하는 뒷받침이 되고 있다.

남북한은 일본의 봉
일본의 사관들, 6 · 25전쟁 예감

– 패전일본에서의 舊장성들의 활약

일본의 패전을 예측하면서 대한반도 전쟁을 음모한 일본의 젊은 사관들

1945년 연초에 大村(오-무라)[22]의 해군항공대(海軍航空隊)에서 복무를 하던, 당시 예비역 사관학교출신의 젊은 사관을 포함한 많은 일본인들은 다음과 같이 예상하면서 의견을 주고받았다.

> 이 전쟁(*태평양전쟁)에서 일본이 승리할 가능성은 전혀 없다. 일본과 독일은 세계참피온戰의 준결승전에서 패했다. 결승전은 미국과 소련 사이에서 일어난다.[23]
>
> 또한 당시(1945년경)의 그들 젊은 사관들을 포함한 일본인들은 6 · 25전쟁을 예감하기 시작하였다. 처음에는 몇 개의 일어날 수 있는 시나리오를 예측하고 총합시나리오를 상정하고 있었는데 시기가 지나면서 6 · 25전쟁 시나리오 이외의 시나리오는 삭제하고 있었다. 결국 1950년에 6 · 25전쟁이 돌입하는 것이다.[24]

여기서 주목되는 것은 6 · 25전쟁(1950. 6. 25.)이 발생하고 정전으로 끝나는 전(全)기간, 즉 1950년대의 전(全)일본인들의 성향은 전전(戰前)의 교육을 받은 사람들이었다는 점이다.

일제강점기의 미카도이즘의 정신적 풍도를 이어받은 일본인들이었고, 태평양전쟁을 일으키고 전쟁을 주도한 중심적 세력들이었다는 점이다.

6 · 25전쟁에서 미군은 패전일본을 6 · 25전쟁의 후반기지로 하였던 일은 무척 중요하다. 일본군의 수많은 패잔병들이 태평양전쟁에서 돌아

---

22 大村: 長崎현 大村만에 임해 있는 시, 태평양전쟁 시기까지는 軍道로서 번영을 누렸다.

23 森嶋通夫, 『なぜ日本は沒落するか』, 岩波書店, 1999, 11쪽.

24 森嶋通夫, 『なぜ日本は沒落するか』, 岩波書店, 1999, 11쪽.

와 실업자가 되어 있었는데 이들이 6·25전쟁이 일어나자 남북한 양 쪽 편에 들어가 활동하였다. 그들은 미군을 돕는 군속으로도 활동하였다. 그들은 얼마든지 남한의 국군으로 가장할 수도 있었고 북한군으로 가장할 수도 있었다. 일본인들은 생김새가 우리민족과 거의 구별이 안 될 정도로 비슷하다. 더욱이 일제강점기에 있었기 때문에 일본인 조선총독부 정책에 따라 우리민족 전체가 평상시에도 조선어 사용이 금지되고 일본어 사용만이 강요되고 있었던 역사적 사실을 감안하여 볼 때 언어 사용면에서도 얼마든지 가능한 일이었다.

일본정부는 오늘날까지도 이들 패잔병들의 활동도 비밀에 붙이고 있다. 일본정부는 오늘날까지도 6·25전쟁 참여에 관해서 일체 비밀에 붙이고 있다.

일본은 6·25전쟁이 발발하자 6·25전쟁 종결 후에 개최가 예상되는 對日강화조약 체결에 일본이 반드시 참가할 뿐만 아니라 對日강화조약에서 될 수록 유리한 입장에서 체결 할 수 있도록 적극적으로 물밑작업에 열중하였다. 일본은 이러한 여건들이 만족할 만큼 형성되고 달성되도록 하기 위해 6·25전쟁에서 미국과 미군에 적극 협조하면서 이 전쟁을 음으로 양으로 이용하였다.

吉田내각(1946. 5. 22. – 1954. 12. 7.)은 거의 8년간이라는 일본헌정사상 최장기 내각이다.

吉田내각의 말기(1954년 7월)

– 자위대 발족

吉田정권기는 패전 후 일본의 안전보장정책의 골격이 형성되었다고 할 수 있다.

수상 吉田茂와 간사장 佐藤榮作의 합심

吉田茂 수상의 관료적 태도는 간사장(幹事長) 좌등영작(佐藤榮作, 사토 에이사쿠, 1901－)의 관료적 태도로 해서 배가되었다. 吉田茂 수상은 관방장관과 간사장이라는 정부와 당의 番頭格은 계속 吉田茂 자신의 측근의 관료세력으로 견고히 지탱하여 나갔다. 吉田茂를 정점으로 하는 관료세력의 헤게모니가 내각과 당을 한꺼번에 장악하여 나갔다.

岸(信介)내각의 안보조약 개정
－ 1960년대 미일안전보장조약(＝新미일안전보장조약) 체결

岸信介내각은 1957년부터 1959년에 걸쳐 미일안전보장조약의 개정교섭에 열중하였다. 구안보조약이라고 칭해지는 미일안보조약을 일본인들은 불평등 내용이라고 단언하고 그 개정을, 특히 岸信介내각이 강력하게 주장하였다.

1960년 1월 19일 개정 조인이 실행되었다. 이 신조약에 대해서 여러 신중론과 반대론이 나타나 1960년 5월부터 6월에 걸쳐 거대한 데모를 동반한 반대운동이 광범위하게 행하여졌다. 그 규모는 이전에는 볼 수 없었을 정도였다.

岸信介(키시 노부스케, 1896－1987, 수상직, 1957. 2. 25－1960. 7. 19.)는 이전에 우파(右派)사회당에 입당하려고 하고 있었다. 왜냐하면 岸信介의 입장은 미일안보조약 성립에 있어 패전일본이 미국과 대등한 입장에서 성립되기를 주장하는 것이었다. 그래서 우파사회당은 샌프란시스코강화조약에는 찬성하고는 있었으나 미일안보조약에는 반대하고 있어 岸信介의 입장과 일치하는 면이 있었다. 그러나 우파사회당은 일본의 사회주의화를 기대하는 성향을 띠고 있었다.

하지만 岸信介의 친동생인 佐藤榮作은 친형 岸信介를 자민당에 입당하도록 입당수속을 취하였다. 수상 吉田茂와 岸信介는 같은 보수주의 정치가이지만 본질적으로는 전혀 다른 정반대의 관계에 있었다.

岸信介는 吉田정권의 타도를 목적으로 하는 정계재편을 기도하였다. 岸信介의 키워드는 패전일본의 국가로서의 독립의 완성이었다. 미점령군의 압력에 의하여 이루어진 新헌법을 개정하지 않는한 패전일본의 독립은 있을 수 없다는 생각을 하고 있었다. 岸信介는 미점령군을 배경으로 하여 권력기반을 확대하여 온 吉田茂의 정권은 타도하여야 한다는 주장을 펼쳤다.

마침내 岸信介는 吉田茂의 정권을 무너뜨렸다. 岸信介가 주장하는 패전일본의 국가적 독립의 완성이라는 것은 패전 후의 일본이 태평양전쟁 전의 일본과 같이 되는 일이었다고 해도 무방한 성향이었다. 그 때문에 패전 후의 미점령 하에서 이루어진 新헌법을 개정하고 불평등한 미일안전보장조약을 대등한 입장의 것으로 개정한다는 주장을 펼쳤다. 岸信介는 吉田茂정권하에서 이루어진 신헌법에서의 제9조는 개정하여 전쟁 전의 일본과 같은 법질서로 정리하여야 한다고 하였다.

岸정권을 향한 안보반대운동에도 불구하고 新미일안보조약(1960. 1. 19.)은 비준되었다. 즉 60년 新미일안보조약이 체결되었다. 新미일안전보장조약은 1960년 6월 23일 발효되었다.

1960년 6월 15일, 전학련주류파(全學連主流派)의 7천명이 岸信介정권의 신안전보장조약에 반대하는 데모를 하였다. 전학련은 전일본학생자치회총연합회(全日本學生自治會總連合)의 약칭이다. 1948년 각 대학학생자치회의 전국적 연합조직으로 결성되었다. 전학련은 「60년안보투쟁」

등을 주도하였는데 이 「60년안보투쟁」이후 분열하여 1960년대 후반의 전공투(全共闘運動)에 이어지는 세력이 되었다.

같은 해 6월 18일에도 「岸信介를 넘어뜨려라」하고 33만명이 데모에 가담하였다. 岸정권은 경찰을 동원하여 데모대를 진압하였다.

다시 말해서 야당은 岸信介내각을 옹호하는 자민당(自民黨)에 대항하여 반대의 소리를 높였다. 그러나 岸信介내각은 수백명의 경찰관을 도입시켜 막아내고 신미일안보조약은 성립되었다. 이 사건이 빌미가 되어 岸信介내각은 퇴진하였다.

1960년 1월 19일, 신미일안보조약 조인.
〃　6월 23일, 신미일안보조약 발효.
〃　6월 23일, 岸내각 퇴진 성명.
신미일안보조약 성립의 경위

일본은 미국과의 여러 교섭을 거쳐 1960년 1월, 미국과 일본, 두 나라는 합의를 하였다. 미일안보조약은 「미일상호협력 및 안전보장조약」(신안보조약)이라고 개칭하였다. 岸내각의 주장내용은 미국은 '미군의 기지를 일본에 두는 일은 확약하고 있으나 미국이 일본을 방위하는 의무에 관하여서는 명기되어 있지 않다' 또한 '일본에서 내란이 일어날 경우에는 미국이 독자의 판단으로 이를 진압할 수 있다고 되어 있다'였다.

신안보조약에서는

① 미국은 일본을 방위할 일,
② 군사행동을 할 경우에는 미국과 일본이 사전 협의를 할일,
③ 미일이 함께 방위력을 강화 할 일이다.

구안보조약을 불평등조약으로 단언하고 그 조약을 개정하는 일 자체에는 일본인 모두가 이의가 없었다. 그러나 신미일안보조약에서 나타나는 미국과 철저하게 손을 잡는 일은 사회주의 진영을 자극하여 일본이 전쟁에 휘말리게 되는 위험이 있다는 불안을 자아냈다.

1970년의 안전보장조약 개정

1970년 佐藤내각은 「미일안전보장의 자동연장」을 성명하였다. 여기에 반대하는 데모가 있었다. 이에 내각은 「미일안전보장」의 필요성을 강조하여 처음으로 「방위백서(防衛白書)」를 발표하였다.

일본에서 안전보장이라는 용어가 국제사회에서 사용하는 것과 같은 의미 내역으로 사용하는 것 같이 된 것은 1970년대 이후의 일이다.

1960년 및 1970년의 안전보장조약 반대투쟁이 계기가 되어 「안보(安保)」라고 하는 것이 특수한 어휘로 감지되는 성향을 나타나게 되었다.

미시마, 미일안전보장조약의 개정을 주장 – 1970년 안보

미시마는 미일안전보장조약(美日安全保障條約, =구안보조약)의 개정을 주장하였다. 일본이 태평양전쟁에서 패한 후 승전국인 미국점령하에서 수상 길전무(吉田茂, 요시다 시게루, 1878-1967)가 맥아더 점령사령관과 맺은 미일안전보장조약을 개정할 것을 주장하였다. 길전무는 일본역사상 패전 후의 대단한 수상으로 알려져 있다.

그러나 미시마가 주장한 미일안보개정은 앞서 기술한 岸信介내각의 개정과 내용이 같은 것은 결코 아니다. 미시마는 길전무가 맺은 애초의 미일안전보장 자체를 회의하고 있었다.

미시마는 1970년 1월부터 「楯の會」의 유지들에게 매주 「헌법연구회」를 개최하도록 하였다. 1970년이라는 시점에서 「개헌에 대한 근본적인 思案을 경주하지 않으면 안되는 이유」에 대하여 미시마는 다음과 같은 두 가지의 사항을 말하였다.

「一은 (일본의)자립의 논리가 좌파에 의해 추구되는 한편 반항구적으로 정권을 유지하는 자민당은 점점 복지 가치중심의 논리에 자신들을 폐쇄시켜 물리력(物理力)으로서의 권력을 강화해나가는 상황하에 있기 때문」이라고 하였다. 즉 一은 이 반영구적 정권 하에서의 헌법이 차츰 정체(政體)와 국체(國體)와의 유착혼효(癒着混淆)가 강화되어 현체제로서의 정체 = 국체라는 방향으로 여론을 조작하여 한편으로 대중사회의 발달이 이 방향으로 시인해 가기 때문이다.

일본의 좌익세력은 1970년의 안보소동이 이미 그러하였던 것처럼 미국과의 관계에 한해서는 자립을 외치며 국민의 반미 내셔널리즘 감정에 호소하려 하여 왔다. 이에 대하여 자민당은 경제성장을 가장 우선적으로 추구하여 이 정부는 이제는 과격파학생들의 소동에 대하여서는 끄떡도 하지 않는다. 「물리력(物理力)으로서 국가권력을 강화하여 나간다」의 제1항의 지적은 학생소동의 진압을 가리키고 있는 것은 명확하다고 생각된다.

다음의 제2항이 표하고 있는 것은 대중사회는 미국의 비호 하에서의 평화를 탐하는 것을 일본의 체질로서 정착시켜 그것이 국체(國體)로서화하여 가는 것에 대한 위기감이다.

일본이 독립국가로서 살아가는 길은 펼쳐지지 않는 다는 것이 미시마의 기본적인 생각이다.

즉 그러한 위기는 현재의 헌법 자체에서 발생된 필연적인 결과라고 미시마는 지적한다. 현행헌법이 갖는 문제점은 가끔 논의의 대상이 되는 헌법 제9조에서의 비무장적(非武裝的) 조항만은 물론 아니다. 가령 제9조를 개조하거나 폐기한다하더라도 그것만으로는 미국의 군사정책에 이용되는 것에 그쳐 일본이 독립국가로서 살아가는 길은 펼쳐지지 않는다는 것이 미시마의 기본적인 생각이다.

제3차 佐藤내각이 성립되었다(1970년 1월 14일).
– 1970년대의 안보투쟁

1970년 佐藤내각은 「미일안전보장의 자동연장」을 성명하였다. 여기에 반대하는 데모가 있었다. 이에 내각은 「미일안전보장」의 필요성을 강조하여 처음으로 「방위백서(防衛白書)」를 발표하였다.

– 1969년, 미일공동성명 발표
– 「닉슨독트린」– 일본은 「미군의 군사 부담을 대신한다」
– 「닉슨독트린」과 일본의 역할분담 증대

「닉슨독트린」을 최대한도로 이용한 측이 일본이다. 佐藤수상은 「닉슨독트린」 안에서 적극적인 역할을 감행하는 정책을 펼쳤다.

1969년 11월 21일, **미국과 일본의 미일공동성명(美日共同聲明)은 佐藤(榮作)수상과 닉슨대통령과의 성명이다.** 佐藤과 닉슨은 미일공동성명에서 沖繩을 반환할 것을 명시하였다.

그리고 1972년에 미국은 沖繩(오키나와)을 일본에 반환할 것을 합의하였다. 이해 5월 15일, 충승반환협정(沖繩返還協定)이 발효되었다.

1969년 11월 21일의 미일공동성명」에서는 「안보조약(安保條約)의 자동연장(自動延長)」, 「沖繩返還協定」 등은 「닉슨독트린」의 실현의 중요한 단계가 되었다.

일본의 역할분담 증대

미일공동성명에서 佐藤수상은 「한반도의 긴장을 강 건너 불로 볼 수만은 없다」 「대한민국의 안전은 일본의 안전에 긴요」라는 특이한 「조약 조항」을 삽입하였다.

「대한반도의 안전보장」에 일본의 역할분담을 대폭으로 증대하는 것을 핵심으로 하는 것이 한·미·일 공동체제의 강화다.

일본군국주의는 「닉슨독트린」에서 기본적인 환(環)을 이루고 있었다. 「닉슨독트린」을 기본으로 하는 한·미·일 공동체의 강화가 미국의 대한정책의 중심이 되었음을 명시하다.

1970년대의 일본은 佐藤수상기였다는 사실을 기억하게 된다. 특히 佐藤수상기에 한일기본조약이 체결되었고 이 조약과 관계되어 沖繩반환이 완결되었던 일이다.[25]

일본위정자들의 「한일기본조약」체결 후의 남한진출에서 보이는 남북한의 통일에 대한 입장은 「승공통일」(勝共統一) 이외의 어떠한 통일방안의 움직임도 단연 억압하겠다는 의지가 함유되어 있다.

---

25 본서, 서장 참고.

1969년, 일본에서의 「반국가론」 선전

1969년 4월, 일본에서는 일경련총회(日經連總會)에서 「반국가(半國家)」론을 외쳤다. 일본이 「반국가」상황이라는 것을 주장한 것으로 일본이 「전국가(全國家)」가 되기 위해서는 「자주방위」를 강화하여야 한다고 제창하였다. 1969년 10월, 일경련임시총회에서는 「자주방위력의 증강」과 국련을 중심으로 하는 공동방위에의 참가, 구체적으로는 국련군에의 일본의 참가를 위하여 「방해의 요인」이 되고 있는 (일본)헌법제9조의 개정을 주장하였다.

자위대의 해외 파견(1990년 11월)

1990년 8월 이라크군이 쿠웨이트 군을 침공하고 점령하는 것으로서 「灣岸위기」가 발생하였다. 미국의 압력이 배경이 되어 일본에서는 일찍이 자위대의 해외파견을 둘러싸고 논의가 시작되었다. 자위대는 어디까지나 「專守방위」를 위한 전력(戰力)이다. 자위대법에도 그 주된 임무는 「일본의 평화와 안전을 지키고 국가의 안전을 유지하기 위하여 직접 침략 및 간접침략에 대하여 일본을 방위하는 일」라고 명기하고 있다.

당연히 외국에 나가 군사행동에 참가하는 일은 결코 허용되지 않는다. 여기서 일본정부는 「국련평화협력대(國聯平和協力隊)」에의 참가라는 것을 생각해냈다. 국련평화협력대라고 하여도 자위대의 艦船이나 항공기를 사용하여 나가는 것이므로 실태는 자위대의 해외파견(派兵)이었다. 여기서 어떻게 해서든 자위대를 해외에 파견하는 길을 찾아내고자 하여 자위대(員)을 「協力隊」로 파견시키려면 어떠한 형태를 취하여야 하는가가 의론의 초점이 되었다.

이를 위해서는 자위대가 퇴직하여 참가하는 일이 가장 확실한 길이다. 그러나 자위관은 퇴직하면서까지 그 일에 가담하려고는 하지 않는다. 여기서 「병임(倂任)」라는 안이 나왔다.

자위관의 신분은 그대로 하면서 협력대에 참가하는 일이다. 이렇게 되면 함선이나 항공기 등 자위대의 장비도 자유로 사용할 수 있게 되는데 이 경우 방위청장관도 지휘권을 갖게 된다. 하지만 일본의 경우 자위대의 협력대의 지휘권은 수상의 권한에 일원화되어야 한다. 여기서 파견법(派遣法)이라는 것이 주목되었다. 이 법률은 국제기관 등에 파견되는 일반직의 국가공무원의 처우 등에 관한 법률이다. 이 법률에 적용하여 자위대가 협력대에 파견한다는 형태를 취하면 자위대의 신분을 그대로 유지하면서 임무는 벗어나기 때문에 방위청장관의 지휘권은 갖지 못한다.

이러한 연유로 정부안은 파견안(派遣案)으로 낙착시키는 결과를 낳았다(1990. 10. 5.). 하지만 마침내는 협력대에 참가하는 자위관은 자위관의 신분은 그대로 유지하면서 자위관으로서의 직무를 지니면서 평화협력대가 되는 것으로 결착되었다.

즉 간판만은 「평화협력대」라고 바꾸면서 자위대가 그대로 나가는 것으로 되었다.

2부

미시마 유키오의 작품 세계

1장. 『潮騷』

1. 고대그리스적 세계의 재현. 『潮騷』(높은 파도소리, 1954년)

나는 저 배의 행방을 알고 있다. 배(선박) 안에서의 생활도 그 난항도 모두 알고 있다.

미시마는 해외여행에서 돌아오고 나서 2년 후에 『潮騷』(1954년, 미시마 29세)를 출간하였다. 건강하고 밝은 성향의 이 작품에서는 「건전한 정신은 건전한 육체에 깃든다」라는 미시마의 사상이 그대로 표출된 작품으로 보인다. 파멸적이고 배덕(背德)의 경향이 짙은 미시마 작품군에서 이색적인 작품이라 할 수 있다.

이 소설에는 문자 그대로의 휘황찬란한 고대그리스적 세계가 일본을 무대로 하여 재현된다. 이는 남녀주인공, 신치(新治)와 하쓰에(初江) 두 사람의 러브 스토리에 의탁하여 작가가 자신의 신념을 실험한 듯한 작품같다. 미시마는 이것으로 그치지만은 않았다. 『潮騷』는 무척 순수한 사랑의 이야기이고 청춘의 찬가이기도 하다. 무대는 자연 풍경이 풍요로운 작은 섬(小島)이다.

『潮騷』는 미시마의 全작품 중에서 보면 특이한 위치를 차지하는 소설이다. 읽기에 난해한 곳도 없고 읽기 쉽고 솔직하기 그지없는 청춘의 연애소설이다. 무척이나 건전한 젊음의 연애의 이야기로 일관하고 있다.

新治와 初江은 서로가 연애하는 사이이지만 충분히 기회가 있었지만 결단코 성적 접촉은 하지 않는다. 전라(全裸)로 서로 포옹한다는 '위험한' 장면도 있지만 결혼에 이르기까지 이 두 사람은 순결을 지킨다.

미시마는 『潮騷』에서 인간생활과 자연의 신비적인 아름다움과의 완전한 일치를 보이는 고대그리스의 인간상을 동경하는 마음에서 새로운 모험을 도전하고 있었다. 예를 들면 두 사람이 전라로 포옹하는 장면을 결코 색정적이고 선정적인 것이 아닌, 완전히 건강한 청춘의 아름다움으로 빛나게 보이게 하는 장면으로 연출해 내려는, 돋보이는 작가의 의도가 보이는 일이다. 『潮騷』는 문명에서 두절된 바다 물결 푸른 남쪽의 작은 섬-바다가 소용돌이치는 뜨거운 태양의 볕을 받고 있는 곳에서 바다신(海神)의 두터운 은총을 받고 있는 젊고 늠름한 어부와 아름다운 미녀가 연출하는 청순하고 관능적인 청춘의 목가이다.

『潮騷』는 아름다운 섬 歌島의 정경으로부터 시작하고 있다.

> 歌島는 인구 14백, 주위 10리가 되지 않는 작은 섬이다. 歌島를 바라보면 무척 아름다운 두 장소가 있다. 하나는 섬의 북서를 향해 섬의 정상같아 보이는 八代신사가 세워져 있다.…… 2백단의 돌층계를 올라가서 한 쌍의 석상의 사자형상이 새겨진 신사입구 있는 데서 돌아보면 그러한 원경에 둘러싸인 고대 성시기 그대로의 伊勢(市) 바다가 바라보였다.……
>
> (졸역)

歌島의 모델이 된 곳은 伊勢만 입구의 신도(神島, 三重縣鳥羽市)이다.

2. 新治와 初江

이 소설에서는 관광지의 안내를 하는 것처럼 歌島를 묘사한 후에 한 사람의 젊은 어부가 등장하고 드디어는 그의 눈을 통하여 한 사람의 낯선 여자가 등장한다. 무대가 먼저 있고 그 뒤에 이야기가 전개된다. 歌島가 작가에게 강한 영감을 준 때문일 것이다.

주인공은 구보신지(久保新治)라는 어부다. 여주인공 宮田初江은 해녀다. 아직 10대의 소년소녀에 지나지 않는 두 사람으로부터 시작하여 결혼에 이르기까지를 그려낸 『潮騷』는 연애소설이라고 까지는 말할 수 없는 단순한 이야기이다.

新治의 모친은 이 섬에서 으뜸가는 노련한 해녀다. 新治는 키가 크고 햇볕에 끄슬린 늠름한 근육질의 18살 어부이다. 初江은 이 섬의 부자인 宮田照吉의 막내딸로 양녀로 있던 곳에서 갑자기 돌아오게 되어 다시 섬으로 돌아와 있었다. 시원스런 눈매의 아름다운 소녀이다. 그녀의 부친은 두 척의 기범선(機帆船)을 소유하고 있는 선주인데 「사자의 갈기와 같은 흰 수염」으로 해서 섬사람들에게서 외경(畏敬) 받고 있었다.

新治와 初江은 우연하게 서로 알게 되어 사랑에 빠졌다. 강한 폭풍우가 있던 날 두 사람은 산꼭대기의 폐허가 된 집에서 만났다.

뻘겋게 타오르는 장작불에 비쳐지면서 그들은 전라로 포옹하였다. 그러나 初江은 눈을 감고 달래는 듯 하였다. 「지금은 안되요. 나는 당신의 아내가 되게 정해져 있어요. 아내가 될 때까지 아무래도 안돼요」.

함께 돌아가는 두 사람을 등대장이의 딸 千代子가 보았다. 千代子는 영문학을 배우는 여자 대학생인데 자신은 못생긴 여자라고 생각하고 있으면서도 남몰래 新治를 사랑하고 있었다. 그녀는 목격한 사실을 川本安夫에게 알렸다. 安夫는 간교한 청년으로 初江 집안의 데릴사위가 되려는 생각이었다. 자부심을 상한 安夫는 初江을 강제로 범하려 하였으나 실패하자 화풀이로 두 사람의 사랑을 섬사람들에게 중상하였다. 소문이 퍼져 격노한 照吉은 初江의 외출을 금하였다. 新治의 나날은 괴로웠다. ― 마침내 생각지 않게 照吉의 배 歌島丸의 갑판견습생이 되어 安夫와 함께 승선하게 되었다. 신랑선발의 실험이었다. 新治는 유능한 견습생이고 安夫는 간교한 신참자였다. 沖縄에서 배는 풍속 25米의 폭풍우에 휘말렸다. 新治는 거센 파도 속으로 뛰어들어 생명줄 망을 구명대에 연결하는 위험한 모험에 성공하였다.

「젊은이는 눈썹을 치켜 올렸다. 그는 자신이 자신의 힘으로 그 모험을 해내었다는 것을 알아차렸다」. 한편으로 소박하게 보이기는 하여도 新治는 일등항해사 자격을 따고서 석탄의 수송선을 사려고 하는 야망을 지닌 젊은이었다. 그리고 도 한편으로 初江(하츠에)은 선주의 딸이다. 그러한 여자에게 선발된 新治는 마침내는 결혼 후 사업을 확대하여 나가 모든 성공을 자신의 독력으로 해내었다」고 믿는 강인한 사장이 될 것이었다. 照吉은 新治를 初江의 결혼상대로 허락하였다.

3. 『潮騒』는 고대그리스 소설 『다프니스와 크로에』의 현대판

미시마는 최초의 유럽여행을 마치고 귀국한 이래, 그는 고대그리스에 열중하고 있었다.

> 나는 고대그리스를 향한 열정이 절정에 달하고 있었다. 무엇을 보든지 고대그리스의 환영과 이중으로 겹쳐져 보여졌다.[1]

『潮騷』는 고대그리스의 소설 『다프니스와 크로에(Daphinis and Chloe)』(Longus 작)의 현대판이고 그 골격은 현대적인 번안소설이라고 비견되고 있다.

『다프니스와 크로에』는 – 이 소설은 엄밀하게 말하면 희랍어로 쓴 로마시대의 소설이다. 아마도 기원전 1세기, 또는 그보다 더 이전의 작품인 듯하다. – 이미 2천년이상 이전의 작품이고 세계문학사상에서도 유명한 소설이어서 모방이라든가 표절이라는 단계의 이야기는 아니다. 셰익스피어나 라신느가, 또한 셸리나 키이츠가 그리스 · 로마의 역사나 신화에서 그 소재나 아이디어를 거부감 없이 차용한 것처럼 미시마도 또한 『다프니스와 크로에』라는 고전을 본뜨면서 자신의 소설적 세계를 구축하려 하였다. 고전의 형태를 빌리면서 자신의 세계를 꿈꾸며 그려 낸다는 것은 실은 극히 정통적인 제작법이다.[2]

『다프니스와 크로에』의 무대는 에게해의 레즈봉 섬이다. 『다프니스와 크로에』는 두 사람의 젊은 순진무구한 연인들이 몇 개인가의 장해, 불운에 부닥치면서도 다행히 이 장해를 극복하고, 그것도 순결한 채로 결혼에 임한다는 것이 선체의 줄거리이다.

롱고스(Longus)의 소설 『다프니스와 크로에』에서는 다프니스와 크로에는 두 사람 모두 부유한 가정의 자손이다. 그런데 어떤 연유로 해서 부모에게서 버림받게 되어 양치기가 크로에를 데려다 키우게 되었고 다프니에는 양치기보다는 조금 신분이 높은 산양키우는 사람에게서 자랐다. 그러나 부친의 마음이 변하여 크로에는 다시 본가로 돌아가게 된다.

---

1 村松剛, 상게서, 243쪽.

2 三島由紀夫, 『潮騷』, 新潮社, 1955, 205쪽.

『다프니스와 크로에』의 마지막 장면은 상당히 인상적이다.[3]

지금은 밤이 깊었고 하객들은 모두 팬파이프를 불거나 플루트를 불거나 큰 횃불을 들고 두 사람을 신방으로 데려갔다. 신방 문 앞에 도착하자 농부들은 결혼식 축가 대신 괭이로 땅을 파듯 팩팩거리는 거친 목소리로 노래를 불렀다. 그러나 다프니스와 크로에는 옷을 벗고 나란히 누워 서로 끌어안고 키스하기 시작 하였다. 그날 밤 두 사람은 올빼미만큼도 잠을 잘 수가 없었다. 다프니스가 리카에니온에게 배운 것을 실습했기 때문이었다. 그리고 비로소 크로에는 그들이 나무 아래서 했던 온갖 일들은 모두 아이들의 장난에 불과하였다는 것을 처음으로 깨닫게 되었다.

미시마는 고대그리스의 이야기 『다프니스와 크로에』원전을 그대로 바탕으로 하면서도 그 사실을 감추려고 하지 않았다.

오히려 고전적인 이야기 줄거리, 도구 등을 그대로 현대에로 옮겨 일본화 하여 보여주려 하였다. 伊勢灣의 현실의 그 섬을 무대로 하여 거의 충실하게 그 지세, 그 풍물을 살리려고 기도한 것도 일본화, 현대화를 겨냥한 미시마의 작품의도가 그대로 드러난 일이다.

나는 문명으로부터 두절된 인정의 소박하고 아름다운 소도(小島)를 찾고 있었다.…… 『다프니스와 크로에』에는 양치기(牧人)와 양사육의 일이 대두한다. 일본에는 그러한 것은 없다. 양치기를 어부로 바꾸었다.[4]

---

[3] longus, 최문희 역, 『다프니스와 크로에』, 2007, 84쪽.

『潮騷』는 『다프니스와 크로에』를 바탕으로 하였으면서도 충분히 독립된 작품으로 읽을 수 있는 현대소설이 되고 있다.

하지만 역시 독자는 원전 『다프니스와 크로에』를 동시에 읽으면서 미시마의 구도나 전략이 어떻게 다른가를 살펴보면 훨씬 흥미로운 일이 될 것이다.

여기서 기억할만한 것은 미시마 자신 상기한 바와 같은 것을 염두에 두면서 『潮騷』를 썼다는 사실이다.

미시마가 이러한 소설을 쓰려는 연유에 대해서는 『潮騷』를 쓰기 전해에 그리스에 여행하여 『아폴로의 잔』이라는 책을 쓴 일에서 찾을 수 있다. 고전기의 희랍을 향한 동경은 미시마에게는 여행 그 자체보다도 앞서는 문제였다. 그래서 『潮騷』는 『아폴로의 잔』과 연이 닿아있다는 것은 명백하다.

그래서 오랜 옛 원전에서 끌어 올리려한 미시마의 태도와 방법은 실제로는 그의 최후의 4부작 『풍요의 바다(豊饒の海)』에까지 연계되어 있다. 어떻게 보면 독립된 작품같이 보이는 『潮騷』는 역시 미시마적 상상력의 정통이 되고 있었다.

건강한 젊은 청년상으로서의 新治

『潮騷』는 「歌島는 인구 천4백, 주위는 10리가 되지 않는 小島이다」로 시작하고 있다. 하지만 작중의 중요 무대는 神島이다.

4 村松剛, 상게서, 244쪽.

> 남자는 기력이야, 기력만 있으면 그만이야. 이 우다지마 섬(歌島)의 남자는 그렇지 않으면 안돼. 집안과 재산은 그 다음의 문제야. 신지(新治)는 기력을 갖고 있어.
>
> (「潮騷, 1954년」, 三島全集9, 154쪽.)

인용문은 미시마가 정신과 육체를 조화시키고자 하는 스스로의 이상을 태양의 본질과 직면하여 육체적으로나 정신적으로 강하고 올바른 인간이 되고자 하는 新治(신지, 『潮騷』의 주인공)상을 만들고자한 의도가 드러나는 대목이다. 新治로 하여금 '순수한 청춘시대에 정신과 육체를 조화시키는 이상의 실현에 집중시키려는 의도가 숨어 있었다'이다.

미시마의 '건강한 남자상'은 히브리이즘을 거부하고 헬레니즘에 적극적으로 경도한 일에서 찾아질 수 있다. 히브리이즘에서의 기독교 정신의 발견으로 추방된 〈육체〉의 광영(光榮)을 회복하여 인간의 내면과 외면이 항상 좌우상칭(左右相稱)을 견지하고 있었던 고대그리스적 세계에의 동경을 말한다. 그러한 동경을 자신의 작품 『潮騷』 속에서 말한 것이 된다.

미시마는 자신의 '육체적 열등감'을 싫어하여 1955년경부터 근육단련을 하여 10년 후는 무척 단련된 몸의 소유자로 변신하였다. 그는 육체의 단련을 위하여 검도, 空手道 등에 열성을 보였다.

> 이러한 무도에 따르는 단련은 육체와 함께 정신적 단련도 되었다.

4. 청년의 건강한 육체
– 미시마의 기독교 부정

미시마의 '청년의 건강한 육체' '건강한 남자상'은 히브리이즘을 거부하고 헬레니즘에 적극적으로 경도한 일에서 찾아낼 수 있다. 히브리이즘의 기독교 정신의 발견으로 추방된 〈육체〉의 광영을 회복하여 인간의 내면과 외면이 항상 좌우상칭(左右相稱)을 견지하고 있었던 고대그리스적 세계에의 동경을 말한다. 그러한 동경을 자신의 작품 속에서 말하고 있었다.

미시마는 '건강한 남자'를 동경하였다. 남자다움에 집착이 컸다. 어린 시절부터 병약한 체질에 몸이 작아 절대적으로 강인한 것에 동경을 갖게 되었다. 육체적 힘과 정신적 미를 소유하고 있는 젊음에의 동경을 품게 되었다. '남자는 완전한 육체를 가짐으로서 정신을 고착시키고 정신의 완전성의 지향을 위해 육체를 향상시켜야 한다'고 생각했다. 그는 창작활동과 자신의 몸을 아름답게 만드는 것을 동일시하며 보다 높은 정신을 고취시키기 위하여 육체단련에 힘을 쏟았다.

미시마는 1952년 말경부터 이듬해 5월까지 해외여행을 하였다. 그의 해외여행은 그가 육체미를 새롭게 깨닫는 계기가 되었다. 이 여행에서 특히 그리스의 고전적인 정신을 재발견하고 폐허의 미(美)에 감동하고 귀국하였다.

그는 해외여행의 기행 「아폴로의 잔」(アポロの杯, 아포로(Apollón, Apollo)[5]의 일절에서 다음과 같이 말하였다.

5 아폴로(Apollón, Apollo): 희랍 신화의 신, 제우스의 아들. 희랍 신화에서 음악,

고대그리스에는 말할 것도 없이 플라톤의 철학이 있어서 우리들은 일단 육체미에 매혹되지만 그 육체미를 통하여 보다 높은 이데아에 매혹되어 간다. 하지만 이데아라고 하는 궁극적인 것에 도달하는 데는 육체의 아름다움이라는 문을 통하지 않으면 안 된다는 생각이 고대그리스철학의 기본적인 생각이었다.[6]

두부는 어떠한 신과도 닮아있지 않은, 인간의 젊은이의 소박한 청춘을 표현하고 있다.…… 거기에는 신격(神格)의 뉴앙스를 풍기는 것은 어느 하나도 없고, 교만 대신에 수줍움이, 호색(好色) 대신에 순결의 내음이 풍겨지고 있다.[7]

고대그리스인은 외면을 믿었다. 그것은 위대한 사상이다. 기독교가 「정신」을 발명할 때까지 인간은 「정신」같은 것을 필요로 하지 않고 긍지를 가지고 살았던 것이다. 고대그리스인이 생각한 내면은 항상 외면에 좌우되었다. 고대그리스의 극에는 기독교가 생각하는 것과 같은 정신적인 것은 아무 것도 하나도 없다. 그것은 말하자면 과잉의 내면성이 반드시 복수를 받게 된다는 교훈의 반복에 그치고 있다.[8]

화살, 예언, 의료, 가축 등의 신. 청춘 광명의 신이기도 한 太陽神. 후일 태양신과 동일시됨.

6 三島由紀夫, 『若きサムライのために』, 文藝春秋, 1996, 36쪽.

7 『日本文學鑑賞辭典』, 東京堂出版, 1977, 303쪽.

8 村松剛, 『三島由紀夫の世界』, 新潮文庫, 1997, 199쪽.

포류크레이토스(Polykleitos, 생몰 미상)[9]의 조각상은 고대그리스의 대표적인 남성미의 표상이 되고 있다.

5. 기독교인가 고대그리스적인가?

이 시기에 미시마가 생각한 방식은 인간의 고독으로부터 인간을 구제하는 길은 2가지 밖에 없었다. 기독교인가 고대 그리스적인가, 그 어느 쪽이었다. 「기독교에 의해 다시금 자연으로부터, 세계로부터, 인간으로부터 도피할 것인가, 고대 고대그리스의 유심론적 자연관 속에서 다시금 몸을 맡길 것인가?

미시마가 선택한 길은 쇠망한 고대그리스에서 열매를 볼 수 없는 고독한 애가(哀歌)를 바치는 것이 아니라 고대 그리스와 비슷한 다신교적(多神教的)인 공동체를 현대에 재발견시키는 것이었다.

확실히 『潮騷』는 미시마의 소설 중에서는 특이한 위치를 점하는 소설이다. 널리 일본의 현대소설을 둘러보아도 그와 같은 동류의 소설을 쉽게 발견할 수 없는 것 같다.

---

9 포류크레이토스(Polykleitos, 생몰 미상): 고대 그리스(희랍)의 조각가. 남성입상(男性立像)의 이상적 형태를 제작하여 인체미(人體美)의 모범을 만들었다고 칭하여진다. 아테네의 국립고고학박물관에 소장되어 있음.

2장. 『金閣寺』

1. 『金閣寺』 - 절대적인 미로 상징되는 금각사에 대한 주인공 「나」의 환상

6·25전쟁이 발발하고 얼마 안 된 1950년 7월 2일, 일본의 국보로 알려진 金閣寺가 불탔다는 보도가 있어 사람들을 무척 놀라게 하였다.

『金閣寺』(1956년)는 『潮騷』를 발표하고 나서 곧바로 발표하였다. 『潮騷』발표 후 2년 지나서의 작품이다.

『金閣寺』는 일본 京都시 북구에 있는 鹿苑寺의 통칭이다. 패전의 혼란에서 확실하게 벗어나 있다고 볼 수 없는 1950년 7월 2일 未明, 일본의 국보로 지정되어 있는 금각사가 그 절의 도제(徒弟) 林養賢의 방화로 불타서 없어졌다. 사건 발생 당시 매스컴이 전달하는 바에 의하면 방화범 林養賢은 1950년 7월 2일, 불타서 없어진 金閣사 뒷 편에서 할복자살을 기도하고 있는 것을 검찰이 발견하여 검거하였다고 전하였다. 그때 방화범은 「금각사와 함께 동반 자살할 각오로 모기장과 옷가지를 가져와 성냥으로 불을 붙였으나 겁이 나서 도망하여 칼로 몸을 찌르고 카르모친 100알을 삼켰다. 2주일 전부터 불태우려고 생각하고 있었다」. 고 말하고 방화의 동기에 대해서는 「학대받는 절망감으로부터 美에 대한 질투를 억제하지 못하였다」고 말하였다.

아마도 미시마가 『금각사』를 쓰게된 강력한 동기가 된 것은 방화범의 「미에 대한 질투」에 있었는지도 모른다. 미시마가 그려낸 『금각사』 전편을 관통하며 흐르는 것도 말더듬이의 溝口의 고독한 심정에 계속 불타고 있던 「미에 대한 회한」에 지나지 않았다.

그래서 이 소설의 주제는 실제로는 금각사의 소실과는 관계없이, 이전부터 미시마의 마음속에 깊이 있게 담겨져 있던 미의식에 대한 그것이었다는 것은 미시마의 전작품에 공통되어 이야기 되고 있던 점이다. 그래서 미시마는 사람들로부터 미치광이라든가 국적(國賊)이라고 매도되던 방화범 청년에게서 자기와 동족(同族) 같다는 것을 볼 수가 있었다.

미시마는 세상사람들에게 저항하면서 금각사가 불태워질만한 값어치를 말하여야만 하였다. 목표는 정하여지고 주제는 확립되었다. 남은 것은 한자한자 이어가면서 표현하는 일만이 남았다. 그래서 미시마가 「금각사」에 대해서의 자신의 창조를 주장하는 근거는 그러한 영위에만 있었다.

이 소설의 '私'는 금각사의 도제 林養賢이고 시기는 금각사 방화사건이 일어난 1950년이다. 이때 林養賢의 나이는 21살이있고 大谷대학 중국어과 1년생이었다. 이 작품은 사실(事實)에 바탕을 두고 있다.

미시마에게는 사실에 바탕을 두고 쓴 몇 개인가의 작품이 있다. 『친절한 기계(親切な機械)』(1959. 11.)는 京都대학생이 여자대학생을 살해한 사건에 바탕을 두고 있고 『청년의 시대(青の時代)』(1950년 7월호부터 12월호까지 〈新潮〉에 연재)는 한 시기를 떠들썩하게 한 「光그룹」의 청년사장의 도산과 자살을 모델로 하였다. 이 소설의 주제는 젊은 아내의 간통이야기다.

방화소실을 테마로 한 작품으로는 일본의 저명한 평론가 小林秀雄(코바야시 히데오)의 『金閣燒亡』(1950. 9.), 三島由紀夫의 『金閣寺』(1956. 1.－10.), 水上勉(미즈카미 쓰토무)의 『五番町夕霧楼(1962. 9.)가 있다.

小林, 금각방화사건은 현대의 참으로의 상징적인 사건

금각사의 방화사건이 일어났을 때 그때 〈新潮〉에 평론을 연재하고 있던 小林은 이 사건을 주제로 「金閣燒亡」라는 논문을 썼다. 이 논문의 요지는 범인의 소년을 〈광인(狂人)〉으로 보고 광인의 성격을 논하고 이어서 현대 일본에서 상식으로 통하고 있는 많은 관념이 실은 집단적 광기의 징후에 지나지 않는다고 단언하였다.

小林은 말한다. 小林은 여기서 방화승의 체험을 말하면서 그 자신도 거의 그러한 시대에 살고 있다는 것과 동시에 시대의 광기가 현대에는 거의 상식화 되고 있다는 생각에 전율을 느낀다고 말하였다.

> 슬픈 일이다. 현대는 광인으로 넘쳐나고 있다. 그는 의지에 관하여서 앓고 있다. 인간을 먼저 믿지 않았다. 인간에 대한 염증은 발작을 일으키지 않고는 끝나지 않는다. 이는 자살을 생각하고 있던 청년기의 경험으로 나는 잘 알고 있다.[1]

小林秀雄은 방화범 승(僧)을 방랑화가 山下淸과 동일시하여 「인생의 출구를 발견하지 못하는 폐쇄된 魂」이라고 하여 광인론(狂人論)을 전개

1 三島由紀夫, 『金閣寺』, 新潮社, 1987, 306쪽.

하였다. 水上勉은 「한 편의 悲戀이야기」로 전개하였다. 그후 水上勉은 20년이 지난 뒤 『金閣炎上』을 썼다. 이 작품은 방화범, 林養賢의 생애를 극명하게 추적하여 쓴 것으로 실명소설의 경향이다. 林養賢은 징역 7년의 판결을 받고 복역하다가 정신장애와 폐결핵을 앓다가 사망하였다(1956. 3. 7.).

小林보다 20살 젊은 미시마는 소설 『금각사』(1956년)에서 상식적으로는 용서할 수 없는 국보 방화라는 범죄를 미시마는 美를 목말라하는 불구의 청년의 「살아가기」를 위한 무상(無償)의 행위로 그려냈다. 인생으로부터 거부당한 청년을 주인공으로 하면서 작가에 있어 「예술가의 고정관념이 된 미의식이 행동의 장에서 어떻게 대처해나가는가」를 탐색하고자 했다, 이 작품은 난해한, 그러나 기념비적인 작품이다.

다시 말해서 미시마의 소설의 특색인 시사성(時事性)과 예술성(藝術性)이 일체가 되는 것으로 나타났다.

> 밤하늘의 달처럼 금각은 암흑시대의 상징으로서 만들어졌던 일이다. 여기서 나의 몽상(夢想)의 금각은 그 주위를 감도는 암흑의 배경을 필요로 하였다. 암흑 속에서 아름다운 가는 기둥이 받치고 있으면서 내부로부터 미광(微光)을 뿜어내고 있으면서 의연하고 조용하게 앉아있다. 사람들이 이 건축물에 관하여 어떠한 말을 하여도 아름다운 금각은 소리없이 섬세한 규조를 나타내 보이면서 주위의 암흑을 밀어내주어야 하였다. 나는 또한 그 지붕 꼭대기에 오랜 세월 의 풍우를 견디어 온 금동(金銅)의 봉황을 생각해 냈다. 이 신비스런 금빛의 새는 세월도 잊고 홰를 치는 일도 없어 자신이 새라는 것을 잊고 있는 것으로 보였다. 그러나 그 새가 날지 않는 것으

로 보여진 것은 잘못이었다. 다른 새가 공간을 나는 것처럼 이 금빛의 봉황은 빛나는 날개를 펼치고 영원하게 시간 속을 날고 있는 것이다. 시간이 그 날개를 친다. 날개를 쳐서 뒷면으로 흘러가게 한다. 날기 위하여서는 봉황은 단지 움직이지 않는 자세로 눈을 부릅뜨고 날개를 높이 쳐들어 올리고 꽁지를 쳐올리고 곧은 금빛의 두 다리를 단단하게 밟고 있으면 되었다. 그래서 생각을 하고 보니 나에게는 금가 그 자체도 시간의 바다를 건너온 아름다운 선박처럼 생각되었다. 미술책이 말해주고 있는 그 「벽이 적은 건축은 선박의 구조를 공상하게 하고 그 복잡한 3층의 지붕형의 선박이 정박하고 있는 것 같은 연못은 바다의 상징처럼 보였다. 금각은 대단히 많은 밤들은 건너 왔다. 언제 끝날지도 모르는 항해, 그리고 동안도 이 신비로운 선박은 무심한 모습으로 정박하고 있으면서 수많은 사람들이 구경하도록 내버려두고 밤이 되면 주위의 어둠의 기세를 업고 그 지붕을 돛처럼 펼치면서 출항하는 것이었다.

(본문 중에서, 졸역)

이 문장은 금각의 초월성, 영원성을 여러가지로 비유적 상징적 표현으로 구사하고 있다. 이 금각은 먼저 현실의 금각이 아니고 어디까지나 나의 몽상의 금각이라는 것에 주의 하여야 한다.

미시마는 일본의 근대소설에 대해서는 최초부터 이단(異端)의 입장을 고수하였다. 惡의 세계를 지탱하는 화려한 문체. 死를 소유한 청년의 특유의 젊음의 절대화, 그리고 그곳으로부터 생성되는 어른 세계에 대한 신랄한 풍자 등은 그를 패전 후 한 시기의 청년의 우상으로 떠받들게 되었다. 미시마는 그 자신도 그러한 일반적인 인기에 편승하는 연기성을 차츰 발휘하면서 사람들의 관심을 끌만한 행동으로 세상사람들의 관심을 끊임없이 끌어들여 매스컴 시대의 문학자의 존재형식의 선구가 되었다.

미시마의 새로움은 그러한 연기를 변명없이 한 개인의 살아가는 태도, 또는 하나의 사업으로서 문학자의 기능에 포함시킨 일이다.

『金閣寺』에는 선승(禪僧)이 고양이를 죽인 에피소드를 둘러싸고 의론하는 장면이 있다. 미시마의 소설에서 고양이와 쥐가 대두하면 미시마의 철학이 들어있다고 볼 수 있는 면이 있다.

『金閣寺』는 「인간의 벽(壁, 청춘의 벽)」을 그려냈다고 볼 수 있다. 즉 「참으로의 자신」으로 다시 태어나고 싶다는 「청춘고뇌의 드라마」이다.

『金閣寺』는 미시마의 청춘의 결산이고 또한 패전 후 시대의 일본의 하나의 기념비적 작품으로 일컬어지고 있다.

『金閣寺』는 바로 6 · 25전쟁이 일어나고 얼마 안 된 1950년 7월 1일 국보 金閣寺가 방화로 전소되는 사건이 있었는데 이 사건을 제재로 하여 방화라고 하는 악(惡)을 작가는 직시하고 있다. 인간은 「악」이라는 것을 알면서 방화를 하는 것일까. 『金閣寺』의 라스트 장면에 주인공이 붉은 화염에 휩싸이는 금각사를 뒤로 하고 도망가는 방화승의 심중이 다음과 같이 기술되어 있다.

「나는 살고자 생각하였다」「나는 死를 멀리한 것이 아니다. 살고 싶었다. 살기 위하여 불을 붙이지 않으면 안되었다」.

여기에는 주인공의 자아(自我)의 사회화(社會化)를 시도하려는 작가의 의도가 보인다.

2. 편애

미시마의 작품세계에는 편애(偏愛)를 어떤 고백하는 형태로 묘사하는 경우가 많다. 그 형태가 가장 뚜렷하게 나타난 작품이 『金閣寺』이다. 여기서 고백하고 있는 것은 말더듬이의 장애를 짊어지고 있는 청년이다. 그는 금각사를 어렸을 적부터 편애하고 있었고, 부친의 유언에 따라 금각사의 도제가 되었다. 그리고 금각사를 향하여 이렇게 중얼거린다.

> 「금각아, 드디어 너의 곁으로 와서 살게 되었다」고 빗자루 질을 멈추고 쉬면서 마음 속으로 그렇게 중얼거리는 일이 있었다. 「이제 금방이 아니라도 좋으니까 언제인가는 나에게 친밀감을 보여주고, 내가 너의 비밀을 알게 하여 주게. 너의 아름다움은 조금은 확실하게 보여주고 있는 것 같지만 아직 보이지 않는다. 나의 심상(心象)에서의 금각보다는 정말로의 진짜의 금각이 뚜렷하게 아름답게 보이는 것으로 해 주어. 또한 만일 네가 이 지상에서 비견할 수 있는 것이 없을 만큼 아름답다면 어째서 그처럼 아름다운가, 어째서 그처럼 아름답게 나타나지 않으면 안되는 가를 말하여주게」.

주인공의 금각사에 대한 편애는 금각사가 전쟁의 와중에서 적탄에 맞아 불타버릴 위험성이 있다는 것을 감지하지만 주인공은 어떻게 해서든 그 위험에서 금각사를 벗어나게 해 주어야 한다는 생각보다는 「나」는 마음이 삐뚤어져 있어 오히려 금각사가 불타버릴 것이라는 것에서 금각사와 자신이 친밀하여졌다고 생각한다.

그런데 금각사는 전쟁에서 불타지 않았다. 「나」는 실망한다. 자신과 금각사가 같은 세계에 살고 있다는 몽상이 무너졌다. 미와 자신은 별개의 세계에 또다시 나뉘어지고 말았다. 나는 너무나 보기 흉하다. 그래서 최고의 미인 금각사를 편애한다. 그러나 그곳에는 넘어설 수 없는 크나큰 늪이 있다. 금각사는 「나」의 속에 살면서 결정적인 장면에서 영향력을 행사하는 것이 되었다. 동정의 「나」가 어느 여자와 두 사람 만이 있게 되었을 적에 주저하면서 마침내 「나」는 손을 여자의 손목 쪽으로 가져갔다.

> 그때 금각사가 나타났다. 무척 위엄이 있으면서 암울해 보이기도 하면서도 섬세함을 느끼게 하는 건축물. 떨어져 나간 금박이 남아 있어 호사스러움의 망해(亡骸)와 같은 건축물. 가깝다고 생각하면 멀리 있고 친밀하기도 하고 격리감을 느끼게도 하는 불가해한 거리에 항상 극명하게 떠오르고 있는 금각사가 나타나는 것이다…… 또한 다른 여자가 나에게 젖가슴을 보인다. 그러나 갑자기 그 젖가슴이 금각사로 변모한 것처럼 느껴진다…… 여자와 나와의 사이, 인생과 나와의 사이에 금각사가 서서 나타난다. 그러면 내가 잡으려하면서 내밀던 손이 닿는 것은 금세 재가 되고 전망(展望)은 사막으로 바뀐다.

『金閣寺』의 의미

『金閣寺』그 작품 자체는 현실의 사건과는 본질적으로 무연한 장소에서 성립되어 있다. 작가에게 필요한 것은 화염에 휩싸여 타오르는 장엄한 금각사의 환상이고 美를 자신의 손으로 소멸시킨다는 행위에 의미를 두고 있다.

미시마는 전쟁 전의 일본적인 모든 것, 일본의 사상, 정치, 미의식 등 모든 것을 금각사로 상징화하였다. 그러한 전쟁전의 모든 것, 일본적이라고 믿고 있었던 것이 패전 후 연합군의 점령정책에 의하여 사라져 가고 있었다. 미시마는 그러한 전전적(戰前的)인 것의 소멸되어 가는 형상을 금각의 소실로 형상화 하였다고 보여진다.

> 금각사를 불태운 청년은, 동기는, 미(美)에 대한 반감이 있었다고 말하고 있다.[2]

金閣寺는 (주인공 「나」에게 있어서는) 영원한 미의 상징이고 여자는 인생의 상징이다. 「한없는 미에 둘러싸여 있으면서 인생에 손을 뻗는 일이 어떻게 가능한가」. 한편으로 소외·被소외의 관계로부터 끊임없이 작용되면서 동시에 그는 금각사에 소유되고 모든 인생으로부터 차단된다. 생의 결정적인 순간에 그의 눈은 「금각사의 눈으로 변환한다. 영원화한 미의 환영에 가위눌리게 된다. 「나」의 마음속에 만들어진 금각사의 미가 발휘하는 광채를 말하면서 「나」가 꿈꾸는 금각사는 주위의 속물성을 의연하게 무시하는, 금색의 영원하고 불변하는 미이다.

결국, 『金閣寺』라는 소설에서, 그러한 절대성을 동경하는 자신의 내면에서 당당하게 자리 잡고 있고, 최후에는 금각사를 태워버린다고 하는 사건은 작가 미시마가 전후는 끝났다고 하는 해석이 한 때 있었다고 할 수 있다.

『金閣寺』는 1950년 7월 2일 일어난 金閣寺 방화사건을 배경으로 하여 쓰여진 작품이다. 金閣사(鹿苑寺, 京都시 북구에 있는 鹿苑寺의 舍利殿)는 주위가 금박으로 되어 있어 금각사라고 칭해지다가 마침내 鹿苑寺가

---

2 村松剛, 상게서, 286쪽.

금각사로 불려지게 되었다. 금각사는 불에 타서 1955년 구형의 형태 그대로 복원되었다.

3. 주인공의 인간상

미시마는 범인의 이력을 충실하게 따져 보면서 그것과는 전혀 다른 이질적인 독창성의 인간상을 표출하였다. 인생에서 소외되었다고 자각하고 환상의 세계에 빠진 허무적인 소년 중을 주인공으로 하여 절대적인 미의 상징인 금각사에 대한 여러 잡다한 정신적 갈등 끝에 그 금각사에 대한 증오에서 마침내는 방화에 이르는 그 주인공의 심리를 극명하게 그려낸 것이다.

금각사 이외의 어떠한 미(美)도 인정하지 않는 것으로, 또한 금각사의 그 자체의 미 자체를 부정하려는 여러 잡다한 갈등 끝에 금각사의 미는 비로소 절대적인 것이 된다. 동시에 또한 금각사는 어두운 시대의 소산으로서의 섬세·미적인 모습을 나타내고 있었다. 그러한 점을 나타내기 위하여 암묵을 필요로 하였다.

금각사의 주인공은 전시 중이라는 내일을 알 수 없는 시대에 태아난 탓에 금각사라고 하는 生과 절연된 美와 관념과의 세계를 알았다. 패전 후를 맞아 물론 주인공은 살아가고 싶다고 희망하지만 결국 그는 금각사라는 주박에서 벗어날 수가 없었다. 이 주인공의 태도는 말할 것도 없이 미시마 그의 인간으로서의 기본적 자세이다.

그는 항상 피안의 금각사에서부터 피안의 세계에 다리를 두고 피안의 生을 피안에서 구함을 받으려 하였다. 그래서 미시마는 많은 문학을 생성시켰다. 그러나 그것은 死에 논리를 두고서 생(生)을 부식시키는 것에 지나지 않았다.

금각사의 주인공은 결국 보통의 의미에서의 우리의 생활적 시간 속에서 산다고 하는 것에 대하여 알게 된다고 하기보다는 먼저 부친으로부터 이 세상에서 금각사보다 더 아름다운 것은 없다는 것을 누누이 듣고 가르침을 받으면서 자랐고 말더듬이이고 방주(坊主)의 아들이라는 조건이 붙어 있다. 그래서 주인공은 일반적으로 우리가 내일이 있고 모레가 있다는 보편적으로 사는 시간이 아니고, 그러한 것을 초월하여서의 절대적인 파괴시간(破壞時間) 속에서 무척 행복한 시간 속에 살았다.

즉 거기에는 확실히 산다고 하는 요소가 결여되어 있었다. 산다고 하는 요소가 결여되어 있어 절대적임 美인 금각사같은 것에서 부정당한다고 하는 사실이 참말로 있다고 생각한다.

그래서 주인공은 패전(敗戰)이라는 것을 맞이하여 금각사라는 것과 자신과의 관계가 본래 있을 수 있는 모습으로 돌아온다. 금각사는 영원한 절대의 존재로서 저편에 있고 자신은 그것에 대하여 상대적긴 현재의 시간 속에 살지 않으면 안 된다는 상황에 놓여 있는 설정이다.

그때에 주인공은 금각사에서 떠나 상대적인 시간 속으로 돌아온다는 것이 가능하여 지지 않는다.

전쟁이 끝났다. 패전(敗戰)을 알리는 일왕의 목소리를 듣던 날, 「나」는 「우리들」의 관계가 이미 변하였다는 것을 감지하였다. 금각은 「옛날부터 여기에 있었고, 미래에도 영원히 여기에 있을 것이다」라는 여세로 되돌아 와 있었다. 「나」의 심상으로부터도. 아니, 현실세계로부터도 초탈한 상태로 어떠한 류의 잡다한 공허한 지껄임들과는 상관없이 금각사가 그처럼 견고한 미를 보여준 일은 없는 것 같았다.

나의 다리는 후들거리고 이마에는 진땀이 났다. 「금각사와 나와의 관계는 단절된 것이다」라고 나는 생각하였다. 「이것으로 나와 금각사는 같은 세계에 살고 있다고 하는 몽상은 무너졌다」. 패전은 「나」에게는 이러한 절망의 체험 이외의 아무 것도 아니었다. 패전 후, 금각사는 「나」와 「나의 인생」사이에 끼어들어 「나」를 좌절시켰다. 「금각사를 태워 없애지 않으면 안 된다」.

겨울이 왔다. 결심은 드디어 굳어졌다. 절에서의 생활이 편안해졌다. 금각이 언제인가 타버린다고 생각하니, 생각하기 힘들었던 일들도 견디기 쉬워졌고 절에 있는 사람들에 대한 관계도 좋아져 그들을 대하는 태도도 밝아지고 어떤 일에도 화해할 수 있다는 기분이 들었다. 어떠한 일도 종말에 서서 바라보면 마음으로 받아들일 수 있는 일이 된다.

갑자기 생겨난 상념이었다고 하여도 금각사를 불태우겠다는 생각은 금방 만들어놓은 옷처럼 나의 몸에 꼭 맞았다. 태어날 때부터 내가 그것을 생각하고 있었던 것 같았다.

6월 25일 대한반도에서 6·25전쟁이 일어났다. 세계가 확실히 몰락하고 파괴될 것이라는 나의 예감은 사실이 되었다. 그날이 왔다. 7월 1일, 화재경보기는 고장이 난 상태나. 내가 지른 불은 사방으로 퍼져나갔다. 이 불에 휩싸여 마침내는 죽는 것은 아닌가 하는 생각이 갑자기 엄습하여왔다. 작은 계단에서 뛰어내렸다. 3층의 칸막이를 열려하였으나 열리지 않았다. 나는 불을 피하여 무척 빠르게 뛰었다. 멀리 금각사 쪽에서부터 팍삭하는 소리가 났다. 나는 주머니에서 담배를 꺼내들었다. 한탕하고 나서 한모금 빠는 사람이 자주 그렇게 하는 것처럼 나는 살아야 한다고 생각하였다.

이러한 상황을 소설 속에서는 주인공이 여성의 육체와 관계를 가지려고 하면 반드시 금각사의 환영이 눈앞에 나타나게 되고, 금각사는 절대적인 美이기 때문에 그것에 비교하면 이 세상에서의 여성의 젖가슴의 아름다움 같은 것은 문제가 되지 않는다. 그러한 형태로 금각사에 주박되어 있는 상황에서, 그러나 한편에서 살고 싶다는 사념도 있다. 그러한 것이 없다면 소설은 성립되지 않을 것이고 그러한 것이 틀림없이 있었다.

미시마는 말하자면 산다는 것을 버리고 그 代償과 비슷한 형상으로 대단한 미의 관념의 세계를 구축하였다. 예컨대 미학의 문제로서는 대단한 작품을 만들었다고 생각되지만 그것은 말하자면 대단히 교만한 자신의 인식의 세계에 폐쇄되게 되어 살기 위하여서의 시간이라고 하는 것에서는 단절되었다. 그러한 형태가 미시마에게는 있다고 보인다.

미시마의 경우에 있어서는 바람직한 死의 형태는 병사가 되어 병영 안에서 생활하고서의 死가 아니고, 말하자면 휘황찬란한 황군(皇軍)의 일원으로서의 死이다.

4. 초월적이고 완벽한 미를 상징하는『金閣寺』

『金閣寺』의 주인공은 추하게 생기고 말더듬이고 그래서 모든 사람들로부터 거부당하고 있다는 감각을 지니고 있다.

금각사는 절대적이고 초월적인 완벽한 美인 동시에 확실히 그것은 현실의 물질로 만들어져 있다. 전재(戰災)를 만난다면 한순간에 타서 없어질 것이라는 위험이 있다. 그래서 전시 중에는 전시와 함께 붕괴할지도 모른다는, 말하자면 금각과의 공생감(共生感)을 지닐 수가 있었다.

이 금각사와의 공생감으로 지탱받고 있는 한 직접적으로 여성과의 접촉같은 것에서는 거부당하고 만다. 그래서 미시마의 주인공의 경우는 끊임없이 愛와 증오라는 상반되는 감정에 휩싸이는 동시에 증오스럽다는 관계에 있는 것 같았다. 생에 대한 충동이 감추어져 있으면서, 말하자면 생의 충동이 死를 부르고 있는 것 같은 형태가 되어 있다.

미시마의 경우, 愛와 증오, 愛와 파계의 충동이 하나로 묶여 있다고 생각할 수 있다.

제1장의 암시적인 에피소드로부터 금각사의 소실의 파국에 이르기까지 작가의 치밀한 계산으로 소설은 이루어져 있다. 즉 이 소설은 면밀한 계산과 조작으로 조립된 심리적인 조작물과 비슷하다. 그 중에서도 금각사의 출현에 따르는 인생으로부터의 소외(疎外)라고 하는 착상은 비범하다.

5. 금각사와 주인공「나」

「나」는 北陸의 작은 절에서 태어났다. 부친은 내가 어렸을 적부터 金閣의 일을 말해주었다. 부친의 말에 의하면 '금각보다 아름다운 것은 이 땅 위에 없다'고 하였다. 소년의 마음속에는 언제인지 모르게 금각의 아름다움이 환영 속에서 그려졌다. 먼 곳의 밭이 햇빛에 빛나고 있는 것을 보기라도도 하면 그것은 감각의 투영이라고 생각하기도 하였다. 산 중의 아침 햇살이 비치는 속에서「나」는 금각이 아침 하늘로 솟아오르고 있다고 생각하였다. 금각은 어디에서나 나타났다. 아름다운 사람을 보면 '금각처럼 아름답다'고 말할 정도였다.

몸도 허약하고 뜀뛰기를 하거나 철봉을 하거나 다른 사람에게 지기가 일수인 데다 더욱이 날 때부터 말더듬이이여서 자신을 열등인간이라는 생각을 갖게 하였다. 말더듬이는 그로 하여금 바깥세계와의 사이에 하나의 장애로 작용되었다. 「나」는 나날이 자신을 업신여기는 교사와 학우들을 닥치는대로 처형하는 공상을 즐기는 한편, 내면세계의 왕자, 어떤 초연한 체관에 빠지면서 대예술가가 되는 공상을 즐기기도 하였다. 이 세상 어딘가에는 아직 자신이 알지 못하는 어떤 사명(使命)이 기다리고 있다는 생각도 하였다.

중학교 2학년 봄방학 때 나는 절의 주지였던 부친을 따라 금각사에 가게되어 오랫동안의 꿈이 이루어지게 되었다.

금각사는 녹원사의 다른 이름이다. 녹원사 총문(總門) 앞에 섰을 때 나의 가슴은 설레었다. 이제 이 세상에서 가장 아름다운 것이 보이는 거다. 부친은 「얼마나 아름다우냐……」 부친은 병으로 야윈 손을 나의 어깨에 얹으면서 나에게 말하였다. 나는 여러 각도에서, 그리고 고개를 기울이면서도 바라보았다. 하지만 아무런 감동도 일어나지 않았다. 그것은 단지 오래된 검게된 작은 3층 건물에 지나지 않았다. 미라고 하는 것은 이처럼 아름답지 않은 것인가? 라고 나는 생각하였다. 그처럼 실망을 안겨준 금각이지만 집에 돌아 와서는 나날이 나의 가슴속에서 다시 아름다운 것으로 되살아나 어느 때인가는 그전보다 더 아름다운 금각이 되었다. 그 후 얼마 안 되어 페를 앓던 부친은 사망하였다.

1944년 여름, 나는 부친의 유언대로 고향 舞鶴(마이쓰루)을 떠나 京都에 와서 금각의 도제(徒弟)가 되었다.

어느 날, 「帝都空襲不可避인가?」라는 신문의 표제어를 보면서 드디어 금각사는 공습으로 인하여 타서 없어지지 않을까 하는 생각이 「나」의 뇌리에 스쳤다. 이 아름다운 것이 멀지 않아 재(災)가 되는 것이다. 공습이 시작되고 금각사도 소이탄(燒夷彈)에 불타버릴지도 모른다고 주인공은 감지하였다. 어떻게든 하여 이 금각사를 그런 위기로부터 구하여야 한다고 생각하는 것이 보통이다.

그런데 이 작품에서는 주인공 「나」는 생각이 비틀어져 있어 그러한 것은 생각하지 않는다. 오히려 압도적인 미로서 존재하고 있는 금각사가 불타서 없어질지도 모른다는 일에서 금각사와 자신이 친밀하여졌다고 생각한다.

「나」도 그와 마찬가지다. 이 세상에서 「나」와 금각사가 공통의 위기가 있게 되었다는 것이 나를 자극하였다. 美와 「나」를 맺는 중개역할이 발견된 것이다. 「나」를 거부하고 있는 것 같이 생각되던 것과의 사이에 가교가 놓인 것이라고 나는 느꼈다. 京都 전체의 도시가 불에 휩싸이는 일이 나의 몽롱한 꿈같은 것이 되었다. 「나」는 단지 화마를, 대단한 파괴를, 인간도 물질도 추한 것도 아름다운 것도 부셔버리는 거대한 하늘의 압착기(壓搾機)같은 것을 꿈에서 보았다.

이 소설의 주인공은 「금각사처럼 불멸의 것은 소멸시킬 수도 있다. 어째서 그러한 것에 사람들은 생각이 미치지 못하는 것일까. 나의 독창성은 의심할 여지도 없었다」라고 득의만만하게 말한다. 불멸의 것은 일단 소멸하면 재현 불가능이라고 그는 생각하였다. 그래서 그는 금각사를 불태웠다. 하지만 금각사는 불탄 후 5년 후에 다시 재건되었다.

6. 「나」의 심리

금각사라고 하는 일본의 전통미의 상징이라고도 말할 수 있는 건축물에 대하여 주인공이 파괴하고자하는 심리로 치닫게 되는 그의 내면의 동인 가운데는 일본의 패전은 빼놓을 수 없는 관계가 있다. 주인공에 있어 금각이 상징하는 영속적인 전통미를 한편으로는 매력적인 것으로 하는가 하면 동시에 다른 한편으로는 끊을 수 없는 반발을 일으키게 하는 요인의 하나는 패전이라는 사태였다.

패전으로 기댈 곳 없이 된 일본인에게 자국의 미적인 존재는 기묘하게 이중성을 품으면서 귀찮은 대상으로 바뀌었다. 그것은 한편으로는 자신의 회복을 위하여 거의 유일한 기댈 수 있는 것인 동시에 초조하게 만드는 내적 주박의 상징이기도 하였다. 이러한 전통에 대한 愛憎共存의 미묘한 갈등을 미시마는 『금각사』에서 참으로 선명하게 소설화하여 보여 주었다.

7. 암흑 속에 서 있는 몽상의 금각사

밤하늘의 달과 같이 금각사는 **암흑시대**의 상징으로 지어졌던 것이다. 거기서 나의 **몽상의 금각사**는 그 주위에 펼쳐져 있는 암흑을 배경이 필요하였다. 암흑 속에서 아름다운 기둥의 구조가 **그 안에서부터 微光을 뿌려내어 가면서** 무척 음전하게 서 있었다. 사람들이 이 건축물에 대하여 어떠한 말들을 하여도 아름다운 금각사는 말없이 섬세한 **구조**를 보여주면서 주의의 암흑을 견뎌내지 않으면 안되었다.

여기서 **암흑시대**는 문화와 도덕이 쇠퇴하여 사회의 질서가 혼란에 빠진 암흑의 시대. 패전일본의 시대의 암울함을 금각사가 역설적으로 표현하고 있다. 「밤하늘(암흑시대)」과 「달(月, 금각)」과의 대비이다. **'몽상의 금각사는'** 이 부분에서는 주인공 「나」는 아직 실제로 금각사를 본 일이 없어 「나」에게는 환상의 금각사, 心象의 금각사가 된다. **'그 안에서부**

터 미광을 뿌려내어 가면서'는 금각사가 어둠 속에서 어렴풋이 금색의 빛깔을 발하고 있는 정황을 말한다. '**섬세한 구조**'는 구석구석까지 공을 들인 미묘하고 정취있는 금각사의 모양세를 말하고 있다. '**주위의 암흑을 견뎌내지 않으면 안 되었다**'는 암흑 속에서 홀로 아름답게 서있다는 것이다. 절대적인 미의 상징인 금각사는 미를 부정하여 오는 모든 잡다한 속악한 것에 대항하면서 엄연하게 존재하여 온다는 뜻이다. 「나」가 꿈꾸고 있는 금각사는 주위의 속물들의 얼빠진 잡다한 말들을 의연하게 무시하는, 금색의 영원하고 불변의 美였던 것이다.

인용문은 어디까지나 금각사의 아름다움의 초월성, 영원성을 여러 비유를 들어 상징적 표현을 구사하고 있는 부분이다. 먼저 이 금각사는 현실의 금각사가 아니고 어디까지나 「나의 몽상의 금각사」라는 뜻이다.

즉 인용문은 北陸의 작은 절에서 태어나 말더듬이 인 탓으로 자신과 외계와의 사이에 하나의 장애를 의식하던 주인공 소년 「나」가 부친으로부터 여러번 들은 금각사의 아름다움에 매혹되어 마음 속에 품은 환상의 금각사에 심취하고 있다는 기술이다.

확실히 작가 미시마가 『金閣寺』에서 말하고자 하는 것은 미와 인생, 예술가와 인생의 비극적인 상관에 관하여서다.

『金閣寺』는 강고한 현실성을 배경으로 하면서도 훌륭하게 관념소설로 만들어 냈다. 『金閣寺』는 어떤 의미에서 전후소설인 동시에 다른 한편으로 청춘소설이라는 한 면을 보이고 있다. 미시마는 자신들의 세대의 문제로서 취급하고 있다.

그(주인공)를 낳은 친부는 그에게 관념의 세계를 가르쳐서 인생으로부터 그를 차단하여 관념의 세계, 절대 미의 세계 비슷한 것을 가르쳐서 그곳에서 죽고 만다.

최후로 금각사를 태워버린다는 행위는 하나로는 금각사를 국가라든가 일왕제와 같은 것으로 생각할 수 있게 한다. 그래서 국가라든가 일왕이라든가 하는 그때까지 그의 의식을 지배하고 있던 절대적인 것에 대하여 동경하여마지 않고 절대화하여가고 그것에서 해방되려하는 것을 원한다는 모순이라는 것이 당연히 『金閣寺』작품의 주제로 되어 있다고 생각된다. 즉 주인공은 자신이 절대미에 속박당하고 있어 현실세계에 돌입할 수 없다는, 그래서 절대미를 증오하게 된다는…… 이러한 것은 『金閣寺』를 읽으면서 결코 빠뜨려서는 안 되는 요소가 되고 있다고 할 때 미시마의 방향에서는 소설과 같은 형상과 다른 한편으로는 절대미로부터 현실세계로 들어갈 수 있는 가능성이 있는가 어떤가가 된다. 다분히 가능성은 없다고 하는 것을 그 소설은 보여주고 있다.

小林秀雄과의 대담

미시마는 대선배 小林秀雄와 대담을 하였는데 이 때 小林은 '왜 방화 후의 주인공을 자살시키지 않았는가? 라고 물은 일이 있다. 이 때 미시마는 「그건 죽이는 편이 낳았었겠어요」라고 대답하였다. 미시마가 정말로 그런 생각을 하고 있었는지는 잘 모르는 일이다.

태평양전쟁 중의 미시마는 세계의 멸망을 예감하거나 또는 그러한 몽상 속에 잠입하여 있었다. 일본의 패전은 미시마 그에게 있어서는 『金閣寺』의 주인공이 말하고 있었던 것처럼 '해방(解放)은 아니었던 것이다'.

미시마는 자신의 청춘을 청산하려고 고투하고 있던 10년 동안은 「세계붕괴」에로의 원망(願望)이 그의 작중인물의 모티브로 작용하지는 않았다. 소시민(小市民) 적인 행복에의 거부가 『金閣寺』에서는 작가 미시마는 자신의 청춘과 결별하기 위하여 세계가 아니라 미의 결정으로서의 금각사를 주인공으로 하여금 불타게 하였다.

3장. 『憂國』

Ⅰ. 미시마의 정신

1. 미시마 世代와 그 정신

미시마는 확실히 사(死)를 향하여 살지 않으면 안된다는 사고 하에, 그래서 사, 죽음을 미화하는 세대에 속한다. 황국청년(皇國靑年)이라는 어휘에는 그러한 사를 가볍게 여기는 정신이 있다. 하지만 인간은 정신은 황국청년이면서도 육체는 그것과 동일시되지는 않는다. 즉 육체는 살기를 원한다. 여기서 여러가지 도착적인 현상이 생긴다.

미시마의 경우, 태평양전쟁 말기의 제일 후대의 세대이다. 그가 특공대(特攻隊)에 들어간 것은 1943년인데 이 해는 일본에서의 학도동원 중에서도 가장 많이 동원된 해다. 당시 그들은 1년간의 훈련을 받고 1944년 말기에서 1945년에 걸쳐 필리핀과 오키나와에 가서 전장에서 죽었다. 미시마는 이들보다 1년 연하다.

그래서 그가 예비학생이라든가 특공대에 입대하였다 하여도 그 최후의 전투에는 참여하는 시기는 되지 않았다. 그러나 미시마는 자신보다 연상의 사람들이 차례로 죽어가는 것을 보면서 자신도 死를 각오하지 않으면 안된다고 생각하면서 死를 아름다운 것, 의미 있는 것이라고 생각하였다.

그와 같이 死와 직접 대면하면서 살지 않으면 안 되는 청춘기를 보낸 세대가 미시마의 세대였다. 그 세대는 연애도 자연의 아름다움도 死를 떠나서는 생각할 수 없는, 존재할 수 없는 세대였다. 어떻게 아름답게 죽는가 하는 것만을 염두에 두게되어 여기서 「滅」을 미화하는 미학이 발생한다. 그러나 생존의 본능만은 있는 것이어서 참으로는 살고 싶다는 의식은 확실히 있는 상황이었다. 미시마는 일본이 패전한 1945년에는 바로 20살이었다.

2 · 26사건에서의 젊은 중위의 할복자살과 그의 미모의 처의 순사를 그린 작품 『憂國』에서는 중위가 할복하는 장면이 면면하게 묘사되어 있다.

2. 일본을 근심하는 『憂國』

> 미시마의 『憂國』에는 제목이 표하는 그대로 일본이라는 자국을 위하고 걱정하는 격렬한 애국심이 있다. 우국지사의 모습과 격정이 있다. 「일본인이여, 국가를 위하여 죽을 수 있는가?」라는 물음에 미시마는 곧바로 즉석에서 할복함으로서 그 대답을 하였다는 것이 필자의 견해이다. '「일본을 위하여 죽을 수 있다」「조국 일본을 위하여 죽는 것이 (至福, 지극한 행복)」다'고 미시마는 『憂國』에서 단호하게 표한다.

미시마는 자국의 일본을 근심하는 '우국(憂國)'의 열정으로 『우국(憂國)』을 썼다. 그는 '우국'의 열정을 스스로 '할복자살하는 것'으로서 행동으로 보여 주었다. 자신의 저서 『葉隱入門』(新潮文庫, 1983)에서 「무사도(武士道)라고 하는 것은 죽을 자리를 발견하는 것이다」에 큰 의미를 두고 있었다.

『葉隱入門』는 미시마의 인생론이고 도덕서이고 그 자신의 문학적 사상적 자서전이다.

미시마는 『憂國』은 자신의 여러 요소가 가장 집약적으로 드러난, 자신을 가장 알 수 있는 작품이라고 한다. 『憂國』은 단편이지만 구성에서부터 문체, 표현에 이르기까지 미시마 자신은 스스로 완벽하다고 믿고 있었다. 『憂國』은 실제의 '미시마 사건'이 그대로 표출된 작품이다.

佐藤과 미국 대통령 닉슨의 미일공동성명

佐藤(榮作)은 총리 기간을 약 7년 8개월을 기록하여 장기 집권의 기록을 세웠다. 1969년 11월 21일에 미국과 일본의 미일공동성명(美日共同聲明)이 있었다. 佐藤(榮作)수상과 닉슨대통령과의 성명이다. 이 미일공동성명에서 佐藤수상은 「한반도의 긴장을 강 건너 불로 볼 수만은 없다」 「남한(대한민국)의 안전은 일본의 안전에 긴요」라는 특이한 「조약 조항」을 삽입시켰다.

또한 佐藤과 닉슨의 미일공동성명에서 미국이 沖繩을 일본에 반환할 것을 명시하였다. 沖繩반환에는 일본이 미국의 군사부담을 대신하는, 그리고 일본이 미국을 대신하여 대한반도에의 군사부담을 한다는 보답 같은 형태를 띠었다. 佐藤은 총리사임 후, 1974년에 노벨평화상을 수상했다. 1975년 뇌익혈로 사망하였다.

3. 『憂國』의 테마는 '일본에 대한 근심'

소설은 어느 것이나 무엇인가에 대하여 이야기 한다. 그 이야기에는 중심이 되는 사건(a matter), 일, 사항이 있다. 최초의 포인트는 이 소설이 무엇에 대하여 쓰고 있는 가를 예측하면서 읽는 것이다. 이러한 의미에서는 제목이 붙어 있는 때는 그 제목이 유력한 길잡이가 된다.

먼저 『憂國』은 그 제명(title)을 키워드로 하면 테마가 파악될 수 있다. 『憂國』은 한자 '憂國'의 뜻 그대로 자국의 '일본이라는 나라를 근심한다'가 테마가 되고 있다는 것이 쉽게 파악된다.

『憂國』

> 소화 11년 2월 28일(즉 二・二六사건 돌발 제3일째), 근위보병 1연대근무 武山信二(타케야마 신지)중위는 사건 발생이래 친구가 반란군에 가입한 일에 고뇌를 계속하다가 황군(皇軍)이 서로 격돌하는 사태가 반드시 올 것이라는 정세에 통분하여 四谷區青葉町六(요츠야구 아오바정)번지 지택 8조 다다미방에서 군도로 할복자살을 하고, 麗子(레이코)부인도 역시 자살을 하였다. 중위의 유서에는 단지 한마디 뿐이었는데 「황군(皇軍)의 만세를 기원한다」이고, 부인의 유서에는 부모에 앞서 가는 불효를 사죄하고 「군인의 아내로서 올 날이 왔습니다」 등등이 적혀있었다. 열부열부(烈夫烈婦)의 최후에는 참으로 귀신도 통곡하지 않을 수 없을 것이다. 덧붙여 말하면 중위는 30세, 부인은 23세, 화촉을 밝힌지 반년이 채 안되었다. (본문, 졸역).

레이코의 死의 의미는 남편의 할복의 의미와 일치한다. 통상적으로 일본에서는 아내는 남편을 '주인'이라 부른다. 특히 일본의 근대에는 여자는 확실히 일생을 두고 남편에게 시중을 두는 여종, 몸종에 불과하였다. 그 여자라는 흰색에 염색하는 것은 단지 남편이다. 레이코는 자신이 왜 죽어야 하는지 알지 못한다.

중위는 아내의 '따라가겠다'는 말을 그냥 남편을 사랑하는 마음에서 자발적으로 나온 말이었다고 믿을 만큼 자기 도취에 빠진 칠칠치 못한 남편은 아니었다. 그는 결혼 첫날밤서부터 레이코를 이끌어왔으며, 지금 이 자리에서 그처럼 엄청난 말을 주저 없이 하게 되기까지에 이른 것도 커다란 교육의 성과라고 여겼다. 이 점이 중위에게는 자부심을 갖게 하였다.

『憂國』의 주제

더구나 미시마는 실제로 스스로 할복하여 자살하면서 「天皇폐하 만세!」를 외치면서 생을 마쳤다. 때문에 그의 할복 자살사건은 그의 작품 『憂國』이 어떠한 의미를 지니고 있는지를 대체로 추정할 수 있게 한다. 실제로 미시마는 『憂國』의 초고에서는 유서로서 「황군(皇軍) 만세, 육군중위 武山信二!」라고 썼었다.

또한 미시마는 독자들에게 '자신의 모든 작품 중에서 단지 『憂國』하나만이라도 읽어주었으면 하는 희망을 갖고 있다고 토로'한 일이 있다. 미시마에 있어 『憂國』은 얼마나 자신의 전체를 드러내는 작품인가를 말해주는 예가 된다.

즉 『憂國』의 작품배경은 2·26사건이 되고 있는데 2·26사건은 「憂國」

에서 「지복(至福)」의 사랑(愛)과 죽음(死), 그리고 젊은 두 사람을 이끌어가기 위한 무대이다. 미시마는 『憂國』을 쓰는 것으로서 새삼 2·26사건에 대해 더욱 흥미를 느끼고 청년 장교들의 심중에 강한 공감을 느낀다고 하였다. 미시마는 2·26사건에서 궐기한 장교들과 자신을 거의 동화시켜 나간 것으로 보인다. 「지복」의 이야기로서의 『憂國』은 남주인공이 「지복」에 다다르는 길의 출발점이었다. 또한 이는 작가 미시마의 사상과 겹쳐지는 부분이 되고 있다. 『憂國』은 철두철미 작가 자신의 뇌리에서 생기고 어휘로 그 세계를 실현한 작품'이라고 미시마는 강조하였다.

'격렬한 밤'의 의미

> 자신이 근심하는 나라는 이 집의 주위에 잡연(雜然)하게 펼쳐져 있다. 자신을 그것을 위하여 몸을 바치려고 한다. 그러나 자신이 몸을 바치면서까지 간(諫)하려고 하는 이 거대한 나라는 정말로 이 죽음(死)으로 표하는 하나의 염원을 들어줄지 어떨지는 알지 못한다. 하지만 그것으로 족하다…… 들어 누운 중위는 자신의 복부에 스며드는 아내의 눈물을 느끼면서 얼마나한 극렬한 할복(割腹)의 고통도 감내한다는 용기를 굳혔다…… 입으로는 말하지 않았지만 마음도 몸도, 용솟음치는 가슴도 이것이 최후의 행위라고 하는 생각에 빠졌다. 이 최후라는 문자는 보이지 않는 먹으로 두 사람의 전신에 끝없이 써내려가는 것 같았다. 중위는 격렬하게 젊은 아내를 껴안으면서 키스하였다…… 아직은 아무 곳에서도 느끼지 못하는 죽음의 고통이 감각으로 작열하는 철(鐵)과 같이 빨갛게 달구어져 오는 것 같은 것을 느꼈다.[1] (졸역).

『憂國』 전(全)작품에 흐르는 두 청춘남녀 주인공인 중위와 아내 레이코의 '**격렬한 밤**'에 대한 작가 미시마의 의도는 중위가 자신의 생의 마지막 정사를 마치고 아내 레이코와 함께 죽음을 준비하게 되면서 그 순간에 두 가지의 기쁨이 몽롱하게 하나로 겹쳐지는 듯한 감각을 맛본다는 설정이다. 즉 주인공 중위와 그 아내는 자신들의 죽음은 그들의 죽음 전에 하는 '정당한 쾌락'으로 「대의(大義)와 신위(神威)」에 한 치의 여지도 없는 완전한 도덕」으로 지켜지고 있다고 느끼고 있었다. 대의가 그들의 쾌락의 행위 위에 직결되어 있었다. 에로스와 성스러운 것을 위하여 죽음을 선택하는 것은 이들에게는 생의 최고의 기쁨이 되고 죽음을 마지하기 전의 부부의 사랑은 정화와 도취의 극에 달하게 된 것이다.

주인공 중위는 대의(大義)를 위하여 맞이하는 군인으로서의 죽음이 주는 최고의 기쁨과 할복에서 상상되는 크나큰 육체적 고통, 그리고 아내를 향한 사랑의 감정과 육체적 환희가 가져다주는 지상의 쾌락, 즉 '聖과 죽음과 에로티시즘이 하나로 연결되는 황홀감에 빠진다'이다.

예컨대 미시마의 마음 속의 뿌리 깊은 「지복의 死」의 원망(願望)은 오히려 그의 문장으로 나타난 것이 된다. 그 「지복의 死」를 미시마는 『憂國』을 통하여 실현하여 보여주는 일에 성공하였다. 미시마는 「나는 서서히 2·26시건 비극의 본질을 이해하게 되었다」고 하였고, 또한 『憂國』은 「비극도 희극도 아니다. 한편의 지복(至福)의 이야기였다」(二·二六事件と私, 1966, 6月)에서도 확인된다.

그리고 미시마가 『憂國』에서 그리려는 주인공 중위의 얼굴은 대의를 위한 얼굴, 당위(sollen)의 얼굴이었고 한 치의 흐트러짐도, 개인적 감정

---

1 三島由紀夫, 『憂國』－『花ざかりの森・憂國』, 新潮文庫, 1978, 279쪽, 282쪽.

이 개입될 수 없는 얼굴이었다. 그것은 중위의 일왕(日王)을 향한 한 치의 주저함도 없는 절대적 충성과 사랑을 표현하는 방법이었다. 죽음을 마지하면서도 한 치의 주저함이나 슬퍼하는 모습을 보여서는 안 되는, 울 때도 얼굴이 일그러져서는 안 된다는, 그곳에는 오로지 엄격한 신(神, =일왕)에게의 자신의 합일만이 있을 뿐이라는 것에 있다.

'일왕주의'를 택한 미시마

미시마는 자신에게 절대적인 무엇인가를 필요하다고 생각하고 일왕주의를 택하였다고 고백한다.

미시마가 강한 것에의 동경을 가지고 있었던 것은 그의 관념을 지배했던 주요 소재가 태양, 영웅, 신화, 일왕, 천재 등이었다. 미시마는 그의 작품 속에서 자주 그의 동경의 대상으로서 …… 최종적으로 일왕제(*미카도이즘) 속에서 도출될 수 있었다. 그는 자신이 의탁할 수 있는 초월적인 것을 찾아내어 그 속에 자신을 합일(合一)시키려는 탈자적(脫自的) 존재 원리를 구현하려 하였다.

즉 미시마는 유한적인 현실 속에서 좀 더 근원적이고 영원할 수 있는 가치를 지닌 무엇인가를 찾고 구하자는 것, 유한적인 생에서 초월하고자 하는 의지를 지니고 있었다. 그는 생의 유한성과 한계적인 존재일 수밖에 없는 인간이 찾는 출구를 탐색한 것이고 그 결과가 일왕에의 합일이었다. 그것이 유한성에의 극복이었다.

여기서 미시마는 다음과 같이 묻는다. 「정신을 부정하는 것은 좋다. 그러나 거기서부터 어디를 향하여 걸어가는 것인가?」

4. '지복'의 死로서의 『憂國』

『憂國』은 철두철미 작가 자신의 뇌리에서 생기고 어휘로 그 세계를 실현한 작품이라고 미시마는 강조하였다.

『憂國』은 전(全)작품에 흐르는 두 청춘남녀 주인공, 중위와 아내 레이코의 '격렬한 밤'에 대한 작가의 의도는 중위가 자신의 생의 마지막 정사를 마치고 아내 레이코와 함께 죽음을 준비하게 되면서 그 순간에 두 가지의 기쁨이 몽롱하게 하나로 겹쳐지는 듯한 감각을 맛본다는 설정이다. 즉 주인공 중위와 그 아내는 자신들의 죽음은 그 죽음 전에 하는 '정당한 쾌락'으로 「대의(大義)와 신위(神威)」에 한 치의 여지도 없는 완전한 도덕」으로 지켜지고 있다고 느끼고 있었다. 대의가 그들의 쾌락의 행위 위에 직결되어 있었다. 에로스와 성스러운 것을 위하여 죽음을 선택하는 것은 이들에게는 생의 최고의 기쁨이 되고 죽음을 마지하기 전의 부부의 사랑은 정화와 도취의 극에 달하게 된 것이다.

주인공 중위는 대의(大義)를 위하여 맞이하는 군인으로서의 죽음이 주는 최고의 기쁨과 할복에서 상상되는 크나큰 육체적 고통, 그리고 아내를 향한 사랑의 감정과 육체적 환희가 가져다주는 지상의 쾌락, 즉 '聖과 죽음과 에로티시즘이 하나로 연결되는 황홀감에 빠진다'이다.

5. 『憂國』에서의 '선정적 장면'의 의미

『憂國』에는 '그 교정(交情)은 격렬하였다'라는 기술이 있는데 이 구절에서의 '교정(交情)'은 미시마가 심혈을 기울여 골라 쓴 어휘라는 것이 확실히 추정된다. 애써 '교정……'이라는 조금은 생소한 어휘를 쓴 것에서 이 어휘에는 성행위만이 아니라 다른 중대한 작가의 심중이 함유되어 있다고 볼 수 있다. '교정'이라는 어휘에는 미시마의 사상의 한 축이 집약되어 있다고 볼 수밖에 없다.

즉 '교정'에는 『憂國』에서의 미시마의 사상이 주인공 중위가 아내 레이코에게 가르치고 있던 '부부간의 화(夫婦相和シ)'라는 것이 함유되어 있다. 이는 전전(태평양전쟁 전)의 일왕주의(=미카도이즘)의 '구헌법'·'교육칙어(教育勅語)' – 군인의 일왕을 향한 무조건적인 멸사(滅私)의 봉공과 충성, 그리고 그러한 남편을 향한 아내의 종순을 뜻한다. 미시마는 주인공 중위와 아내 레이코가 그러한 '부부간의 화'를 부부의 입장에서 서로 확인 한 후에 행한 행위를 그려내면서 '교정'이라는 어휘를 사용하고 있었다.

미시마는 『憂國』에서 「선정적인 대목으로 읽히기 쉬운 문장」에 관하여 독자들이 올바로 감상하여 주기를 바란다는 심중을 다음과 같이 토로하였다.

> ……『憂國』은 나에게는 가상 절실한 문제가 담기져 있다. 물론 독자의 입장에서는 무엇인가 문제성 등에 신중하게 사고하는 일 없이 단지의 이야기만으로 즐기면 그만이겠지만, 현재 실제로 어느 銀座(긴자)의 바의 마담은 『憂國』을 완전히 색정(色情)의 소설로 읽고 하룻밤을 잠 못 이루었다고 고백하였다. ……『憂國』은 이야기 자체는 단지 2·26사건의 외전(外傳)이지만 여기에 그려진 愛와 死의 광경, 에로스와 대의(大義)와의 완전한 융합과의 상승작용은 내가 이 인생에서 기대하는 유일한 지복(至福, 지극한 행복)이라고 해도 좋다. 그러나 슬프게도 이러한 것과 같은 지복은 단지 서책위에

서만 실현되는 것인지 모른다. 그렇다면 그것으로 나는 소설가로서 『憂國』 한편을 썼다는 것만으로 만족할는지 모른다. 그리고 나는 「만일 바쁜 사람이 미시마의 소설 가운데 한편 만을, 미시마의 좋은 점 나쁜 점 모두를 응축한 진수같은 소설을 읽고 싶다고 한다면 『憂國』, 한편을 읽어주면 좋다고 쓴 일이 있다. 이러한 기분은 오늘날에도 변화는 없다. (1968년 9월).[2] (졸역).

6. 미시마의 육체 단련

미시마는 유소년기부터 몸이 허약한 체질이었다. 몸이 작았다. 그는 자신의 '육체적 열등감'을 싫어하여 1955년경부터 근육단련을 하여 10년 후는 무척 단련된 몸의 소유자로 변신하였다. 그는 육체의 단련을 위하여 검도, 空手道 등에 열성을 보였다. 이러한 무도에 따르는 단련은 육체와 함께 정신적 단련도 하였다.

미시마는 조모의 깊은 사랑을 받으며 자랐다. 그의 문학에의 재능은 어려서부터 이미 잘 알려져 있었다.

『憂國』의 남주인공－타케야마(武山信二) 중위와 그의 젊은 처 레이코(麗子)－은 **'건강한 청춘 남녀로 젊고 건강한 육체의 소유자'**라는 것이 강조되고 있다. 그리고 그들의 밤은 격렬하였다고 했다. 여기에는 '건강한 남자상'이 부각되었다.

미시마는 자신이 건강하지 못하고 육체가 빈약한 것에 대해 마음을 쓰고 있어서 자기 혐오감에 빠져 있었다.

---

2 三島由紀夫, 『花ざかりの森・憂國』新潮文庫, 1996, 330쪽.

미시마는 다음과 같이 말한다. 기독교의 근본적인 신념은 무엇보다도 反자연적인 것을 「정신」이라고 부르는 데에 있다. 인간의 육체도 자연의 일부분이기 때문에 기독교와 함께 정신은 인간에게서 떠나는 것이 된다. 하지만 한편에서는 자연과학의 발달이 18세기 이후 계몽주의를 탄생시켜 자연을 「물질」로 보는 방법이 확대되어 왔다. 「계몽주의적 인간주의는 완전히 유물적인 인간주의이다. 자연과학뿐이 그러한 인간주의를 가르치고 자연을 물질로 보고 자연을 정복하고 자연을 도구로 분리하고 …… 마침내 인간도 물질로 보는 방향으로 유도하였다. 왜냐하면 자연을 물질로 보는 것은 드디어 인간도 물질이라고 보게 되는 것이기 때문이다」.

이 시기에 미시마가 생각한 방식은 인간을 인간의 고독으로부터 구제하는 길은 2가지 밖에 없었다. 기독교인가 고대그리스적인가, 그 어느 쪽이었다. 「기독교에 의해 다시금 자연으로부터, 세계로부터, 인간으로부터 도피할 것인가, 고대그리스의 유심론적(唯心論的) 자연관 속에 다시금 몸을 맡길 것인가?

미시마가 선택한 길은 쇠망한 고대그리스에게 열매를 볼 수 없는 고독한 애가(哀歌)를 바치는 것이 아니라 고대그리스와 비슷한 다신교적(多神教的)인 공동체를 현대에 재발견시키는 것이었다.

7. 「지복(至福)」 – 주인공, 일왕에의 충성은 「생의 유한성에의 극복」

더 나아가, 『憂國』전(全)작품에 흐르는 두 청춘남녀 주인공, 중위와 처 레이코의 '교정(交情)'은, 작가의 의도를 따라서 보면, 중위가 자신의 생의 마지막 정사를 마치고 처 레이코와 함께 죽음을 준비하게 되면서 그 순간에 두 가지의 기쁨이 몽롱하게 하나로 겹쳐지는 듯한 감각을 맛본다는 설정이다.

주인공 중위와 그의 처는 '자신들의 죽음은 죽음을 앞에 두고서의, 죽음 전에 행하는 「정당한 쾌락」으로 대의(大義)와 신위(神位)에의 한 치의 틈도 없는 완전한 도덕으로 지켜지고 있다고 느낀다'이다. 대의가 그들의 쾌락의 행위 위에 직결되어 있었다. 성스러운 것을 위하여 죽음을 선택하는 것은 이들에게는 생의 최고의 기쁨, 지복(至福)이 되고 그 죽음을 마지하기 전의 부부의 사랑은 정화와 도취의 극에 달하는 행위가 된 것이다.

「지복」의 이야기로서의 『憂國』은 「지복」에 다다르는 길의 출발점이었다. 이를테면, 그 「지복의 死」를 미시마는 『憂國』을 통하여 실현하여 보여주는 일에 성공하였다. 결국 미시마의 마음 속의 부리 깊은 「지복의 死」의 원망(願望)은 오히려 그의 『憂國』에서의 문장으로 보여 준 것이 된다.

미시마는 독자들에게 '자신의 모든 작품 중에서 단지 『憂國』하나만이라도 읽어주었으면 하는 희망을 갖고 있다고 토로'하였다. 미시마에 있어 『憂國』이 얼마나 자신의 전체를 드러내는 작품인가를 말해주는 예가 된다.[3]

예컨대 미시마는 '우국'의 발로에서 실제로 스스로 할복하여 자살하면서 「天皇폐하 만세!」를 외치면서 생을 마쳤다. 때문에 그의 할복 자살사건은 그의 작품 『憂國』이 어떠한 의미를 지니고 있는지를 대체로 추정

---

3 三島由紀夫, 『花ざかりの森・憂國』, 新潮文庫, 2015, 解說 참조.

할 수 있게 한다. 실제로 미시마는『憂國』의 초고에서는 유서로서「황군(皇軍) 만세, 육군중위 武山信二!」라고 썼었다.

「무사도(武士道)라고 하는 것은 죽을 자리를 발견하는 일이다」

미시마의 할복자살의 동기는 자신의 저서『葉隱入門』(新潮文庫, 1883년)에서「무사도(武士道)라고 하는 것은 죽을 자리를 발견하는 일이다」에 큰 의미를 두었던 것에서 찾아낼 수 있다고 본다. 자신이 쓴『葉隱入門』은 미시마의 인생론이고 그 자신의 도덕서이고 그 자신의 문학적 사상적 자서전이다. 따라서,『憂國』이라는 단편 한 편에 미사마라는 작가의 전체적인 인간상이 들어있다고 필자는 생각한다. 한편 남주인공 남편을 따라 자결하는 처의 모습은 근대일본의 여성의 권할만한 전형인 것 같이 그려져 있다.

노기 마레스케의 순사가 보여주듯이 남자는 일왕의 죽음에 따라 할복자살하고 그의 처는 그러한 남자의 뒤를 이어 자결하는 것, 이러한 남녀, 남편과 처의 행위는 전시 중의 일본위정자들이 적극적으로 교육한 일본인 정신교육이었다고 해도 과언이 아니다.

8. '대의'와 '신위'

미시마의 마음 속의 부리 깊은「지복(至福)의 死」의 원망(願望)은 오히려『憂國』에서 문장으로 나타내고 있었다.

간단히 말해서 미시마의 전체상, 즉 그의 사상이라든지 생은「죽을 자리를 찾는다 →『우국』→ 할복자살」이라 결론지을 수 있다.

미시마는 자국의 일본을 근심하는 '우국(憂國)'의 열정으로 『憂國』을 썼다. 그는 '우국'의 열정을 스스로 '할복자살하는 것'으로서 행동으로 보여 주었다. 자신의 저서 『葉隱入門』(新潮文庫, 1983년)에서 「무사도(武士道)라고 하는 것은 죽을 자리를 발견하는 것이다」에 큰 의미를 두고 있었다.

미시마는 「憂國」은 자신의 여러 요소가 가장 집약적으로 드러난, 자신을 가장 알 수 있는 작품이라고 말한다. 「憂國」은 단편이지만 구성에서부터 문체와 표현에 이르기까지 미시마 자신은 스스로 완벽하다고 믿고 있었다.

미시마가 死를 지복(至福)이라고 확신하는 신념으로 뿌리 내린 것은 태평양전쟁 중의 날들이었다. 『憂國』은 전쟁 말기에 쓰여졌다.

『憂國』작품은 '주인공의 할복의 통고(痛苦)가 있고 통고에의 예상이 두 사람 – 남녀 주인공의 육체의 교섭을 훨씬 더 격렬하고 감미로운 것으로 했다'를 뜻하고 있다. 다음과 같은 작품 내용에서 확인된다.

> 입으로는 말하지 않았지만 마음도 몸도, 용솟음치는 가슴도 이것이 최후의 행위라고 하는 생각에 빠졌다. 이 최후라는 문자는 보이지 않는 먹으로 두 사람의 전신에 끝없이 써내려가는 것 같았다.

작품의 내용에서 남주인공은 할복하기 전이어서 그때까지는 느끼지 못하는 죽음의 고통의 예상으로 하여 자신들의 생의 마지막 행위라고 생각하자 그들의 쾌감을 더욱 극렬하게 하였던 일이다. 두 남녀주인공은 자신들의 死로 곧바로 이어질, 바로 그 전에 하는 자신들의 '정당한 쾌락'은 「대의(大義)와 신위(神威)」에 한 치의 어긋남도 없는, 완전한 도덕」으로 지켜지고 있다고 느끼고 있었다. 에로스와 대의가 그 행위에 직결되어 있었다. 남주인공인 중위의 부인 레이코의 모습은 순교자와 같은 결연함이 나타나 있었다.

미시마는 말한다. 「젊은이의 마음에는 젊은 그대로의 자신의 영웅적인 死의 이미지가 요동친다」. 이는 영구히 복통이나 고혈압과는 연이 없는 死의 형태로 死가 하나의 미칠듯한 축복이고 제전(祭典)과 같은 사태이다. (주. 354쪽.)

그 「지복의 死」를 미시마는 『憂國』을 통하여 실현하여 보여주는 일에 성공하였다. 미시마는 자신의 작품 중에서 대표작을 한편만을 선택하라고 한다면 『憂國』이라고 거침없이 말한다.

미시마는 『憂國』의 초고에서는 유서로서 「황군(皇軍) 만세 육군중위 武山信二」라고 썼었다.

9. 풍류몽담사건과 『憂國』

우익의 풍류몽담사건(風流夢譚事件)

풍류몽담사건(風流夢譚事件)은 深澤七郎(후카자와 시치로, 1914－)의 소설, 『風流夢譚』을 〈中央公論〉에 게제한 일이 있었는데 이것이 발단이 되어 우익이 살상사건을 일으킨 일이다. 1960년 12월호에 이 작품은 '일왕과 황태자 등이 황거 앞의 광장에서 군중에게 살해되어 머리가 딩굴 딩굴 딩구는 꿈을 꾸었다'는 구절이 있는 것에 격노한 17세의 애국당원 小森一孝가 〈중앙공론사〉 사장 집을 습격하여 사장 부인에게 중상을 입히고 도우미를 칼로 찔러 죽였다. 피해자인 사장은 '사과문'을 발표하고 당시 그 출판사가 간행하고 있던 「思想의 科學」의 '天皇制특집호'(1962년 1월호)를 발매 직전 폐기하였다. 이 사건은 일왕논의를 타부로 하는 언론의 자유문제로 대두되어 이후 오랫동안 파문을 일으켰다. 이러한 과격한 행동을 한 애국당원이 어떻게 처벌되었다는 이야기는 없다.

미시마는 『風流夢潭』에 자극을 받아 일거에 『憂國』을 쓴 것이라는 어느 평가의 지적은 많은 설득력이 있다.(356쪽). 미시마가 그 '풍류몽덤'을 읽은 직후에 『憂國』을 썼기 때문에 완전히 관계가 없다고는 할 수 없다. 미시마가 이 사건에 연류된 이유는 미시마의 해명에서 드러난다.

> 들은 바에 의하면 예의 『風流夢潭』의 게제의 경위에 관하여 중앙공론사의 사장이 그 게제를 반대하였음에도 불구하고 내(미시마)가 압력을 가하여 계제한 것 같이 전하여지고 있는 것 같은데 그것은 전혀 당치 않은 오해이고 추천한 사실도 없다. (주. 357쪽.).

그런데 또한 미시마는 이 사건에 촉발되어 「憂國」을 썼다고 하였다. 「風流夢譚」에 관하여 다음과 같이 말한 일도 있다.

> 예의 深澤씨의 신작(풍류몽담)과 나의 「憂國」을 나란히 게재하면 어떨까 편집장에게 전하여 주시오. (350쪽.)

실제로 미시마는 『風流夢潭』 사건과 관계되어 우익으로부터 미시마의 집에 협박장이 날라 왔었고 경찰은 미시마에게 호위병을 붙였었다.

이 사건은 일본에서의 60년안보투쟁의 세력이 강력하게 대두하고 있던 가운데 우익의 공격이 집요한 상황에서 중앙공론사 사장이 사죄하기에 이른 사건이다.

되풀이 말해서 1960년은 안보소동이 일어나던 해이다. 내셔널리즘과 반미주의(反美主義)와 좌익적 붐이 기묘하게 얽혀있던 시대다. 그리고 이 시기는 일본의 경제적 번영기이기도 하였다. 일본은 패전 후 20년 간은 부흥과 재건에 주력하였고 그 대단한 업적이 쌓여져 그 결과 패전일본은 「선진국(先進國)」이라고 칭하여지는 국가로 부활하였다.

1970년의 안보 소동과 전공투세대

1970년 佐藤(榮作)내각은 「미일안전보장의 자동연장」을 성명하였다. 여기에 반대하는 데모가 있었다. 이에 내각은 「미일안전보장」의 필요성을 강조하여 처음으로 「방위백서(防衛白書)」를 발표하였다.

1960년대 말부터 1970년대에 걸쳐서 전공투(全共闘)라고 불리는 反체제 운동이 일본전국을 뒤흔들었다. 당초에는 신좌익계(新左翼系)의 대학생운동가들이 일으키는 경우가 많았는데 운동이 거대화하는 경향을 띠면서 그 중추를 짊어지는 측은 조직이나 당파를 거부하는 대학생들에게로 이행하여 투쟁의 무대가 대학으로부터 고등학교로, 다시금 예비학교나 각종학교로 널리 퍼져 베트남전쟁반대투쟁이나 공해반대(公害反對)운동 등과 호응하여 하나의 뚜렷한 성격을 띠고 있었다.

그것은 이들 반체제운동이 특정의 정치적 당파에게 지도되는 것이 아니라 어디까지나 집단구성원의 자발적인 연대로 지탱해가는, 조직을 갖지 않은 운동체로서 운용되어간다는 말하자면 대중봉기의 형태를 띤 것이었다. 초기의 운동형태의 하나였던 일본대학 투쟁의 형태, 또는 이미 1965년에 출발한 평연(平連, 베트남에 평화를! 시민연합)의 형태가 전체의 흐름을 지배하고 있었다.

그래서 신좌익계(新左翼系)의 모든 당파 안에는 운동이 거대화해가면서 해체하는 경우가 많았다. 「봉기」에 가까운 데모를 하나의 전술로 하던 중핵파(中核派)나 동대전공투와 결별하여 조직유지를 기도하는 혁마르파(革마르크스파) 등의 혁공동계당파(革共同系黨派)는 살아남았으나 1960년 안보 후의 공산당계 당파들은 시대착공적인 경향을 띠는 경우가 많았다.

즉 전공투운동이라는 것은 국가라든가 민족이라든가 하는 대상황을 상대로 하는 것이 아니라 학교라든가 직장이라든가 지역 등 자신들을 둘러싼 소상황과의 대립을 반체제라고 하는 공통의 방향으로 합류시킨 것이라고 보는 편이 알기 쉽다. 그래서 그 기본이 되는 것은 다양화에로의 지향이었다.

미시마의 단편집 『꽃 만발한 숲(花ざかりの森)』의 해설에 다음과 같은 기술이 있다.

> 무척 젊었을 적에(1943년), 즉 18세의 시절에 쓴 「中世에 있어서의 한 살인상습자가 남긴 철학적 일기의 발췌(中世に於ける一殺人常習者の遺せる哲學的日記の拔萃)」일 것이다. 이 짧은 산문시풍(散文詩風)의 작품에 나타난 살인철학(殺人哲學), 살인자(殺人者. 예술

가)와 항해자(航海者, 行動家)와의 대비(對比) 등의 주제에는 후년의 나의 수개의 장편소설의 주제의 맹아가 무척 많이 함유되어 있다고 말해도 과언이 아니다. 거기에는 1943년이라고 하는 전쟁의 한가운데서 살고 대일본제국의 붕괴로 기울어져 간다는 예감 속에 있던 한 소년의 암담한 또한 분명한(눈부시게 아름다운) 정신세계의 우유(禹喩)가 빈틈없이 새겨있다. 또 하나의 전시 중의 작품『花ざかりの森』을 상기한 것과 비교해도 나는 이미 애착이 없다. 1941년에 쓴 이 릴케풍(風)의 소설에는 오늘날에 와서는 무엇인가 낭만풍의 악영향과 젊음에 빠진 것만 같은 것만이 눈에 띄어 어쩔 수가 없다. 16살의 소년은 독창성을 손에 넣으려 하여도 아무리해도 손이 닿지 않아 어쩔 수 없었다는 기분에 빠지는 것이다.

Ⅱ. 미시마의 '일왕관'

– 미시마, 「일본국 헌법」개정 요구

1. 미시마, '일왕주의(미카도이즘)' 찬양

미시마의 일왕에 대한 경의와 충성심이 얼마나 현격한 것인지는 다음과 같은 말에서도 드러난다.

> 「멸사(滅私)에 달하지 않는 사상이라고 하는 것은 비겁한 사상이다. ……그러한 것을 나는 무척 싫어한다. ……그대(石原愼太郎[4]을 보면서)가 공화제(共和制)를 주장한다면 나는 그대를 죽인다"[5]

미시마는 『憂國』은 「비극도 희극도 아니다. 한편의 지복의 이야기였다」라고 기술하였다.(「二・二六事件と私」(1966, 6月).

미시마는 유한적인 현실 속에서 좀 더 근원적이고 영원할 수 있는 가치를 지닌 무엇인가를 찾고 구하자는 것, 유한적인 생에서 초월하고자 하는 의지를 지니고 있었다. 그는 생의 유한성과 한계적인 존재일 수밖에 없는 인간이 찾는 출구를 탐색한 것이고 그 결과가 자신을 일왕에게 합일하는 일이었다. 그것이 자신의 생의 유한성에의 극복이었다.

---

4 石原愼太郎(이시하라 신타로)은 작가출신의 정치가, 현재 東京道知事.

5 〈제군(諸君)〉 1969년 11월호 참조.

즉 미시마는 『憂國』에서 남녀 주인공 중위의 '할복'과 처의 '자살'을 그들의 '지복(至福)'에 속하는 행위라고 하였다. 미시마는 '대의(大義)'와 '신위(神威)'를 위한 죽음(死)은 지복, 즉 지극한 행복이라고 말한 것이 된다.

2. 미시마, 패전 후의 일본국헌법 개정 요구

미시마의 연설이나 격문의 내용은 자위대가 신헌법(新憲法)을 부정한다고 볼 수 있을만한 궐기를 할 것을 외친 것이고 패전 전후체제의 타파를 목적으로 한 행동이었다.

일본의 헌법은 일본패전 후의 제1차 吉田내각 하에서 패전 전의 헌법의 개정초안이 제국의회에서 심의되어 약간의 수정을 거쳐 가결되었다. 당시까지도 제국의회였다. 귀족원과 참의원이다. 그래서 현재의 헌법은 제국의회에서 가결된 것이다.

일본국헌법이 공포되었다(1946. 11. 3.). 이 헌법은 반년 후에 실행되었다(1947. 5. 3.). 5월 3일은 일본의 헌법기념일이다.

개정된 일본국헌법의 제9조는 「육해공군, 그 외의 전력(戰力)은 보유하지 않는다」라고 선언하고 있다. 이 헌법에서의 일본은 1950년 자위대의 前身인 경찰예비대를 창설할 적에 정부는 이를 「경찰력을 보강하는 것」이라고 설명하였다. 그런데 마침내 전차와 대포가 도입되었다. 경찰이 전차와 대포를 소유한다는 일은 결코 들은 일이 없는 일에 속하였다.

이에 관하여 일본정부는 「이렇게는 말할 수 있다. 일본인들의 목적은 정의에 임하고 있다. 도덕에 따르고 있다. 그래서 올바르다」고 주장하였다.

패전후 일본의 경제우선 정책

吉田茂(요시다 시게루) 등은 패전 후의 일본의 경제 재건을 우선시하며 패전일본의 방위를 미국에 맡기는 전략으로 나갔다. 이러한 것이 곧 바로 미국과 일본과의 미일안전보장조약의 성립의 바탕이 되었다.

제2차세계대전에서 일본과 함께 패전한 서독의 경우는 헌법은 상당 기간에 걸치는 장기간의 준비를 마친 후에 무척 계획적으로 이루어졌다. 먼저 기본법(基本法)을 개정하고 여기에 이어서 일련의 재군비관계법제(再軍備關係法制)를 정비함으로서 완전한 법적 기초 위에서 명확하게 재군비를 추진할 수가 있었다. 그러나 일본의 경우에서의 자위력의 재건은 전력(戰力)의 보유를 금지하는 헌법 하에서 성장을 계속하여 왔다.

패전 후의 일본국헌법

일본패전 후의 점령군이 주도하는 패전일본의 민주화의 최대의 과제는 일본국헌법의 성립이다. 점령군의 맥아더 사령관은 일본의 패전전의 헌법의 개정을 시사하여 그 작업에 들어갔다.

헌법개정의 작업은 幣原의 내각에서 吉田茂 내각에로 이양되다.

幣原(幣原喜重郎, 시데하라 키쥬로, 1872-1951)[6]내각 '헌법조사위원회'(별명 '松本위원회'라고도 한다)를 조직하여 松本丞治(죠지) 국무상을

6 幣原喜重郎(시데하라 키쥬로, 1872-1951): 일본의 대표적 외교관. 국제협조를 주지로 하는 미국과 영국과의 친선외교는 幣原외교라 칭해진다. 패전후(1945년)의 수상, 진보당 총재, 중의원 의장 등을 역임.

위원장으로 하여 신헌법을 작성하였다.

이 과정에서 민간들에게서도 헌법구상이 몇 개인가 나왔다. 예를 들면 '憲法研究會'의 구상이나 高野岩三郎의 대통령제같은 개인적인 헌법안 등이 대두하였다. 그러나 이들의 것은 별다른 영향력을 행사하지 못하고 기본은 역시 정부중심으로 진전되었다.

그러나 幣原내각의 헌법초안이 있었으나 이 후 幣原내각을 지탱해 주는 당시의 정당 일본진보당이 선거에서 제1당이 되지 못해 幣原이 총사직하였다. 헌법개정의 작업은 幣原의 내각에서 吉田茂 내각에게로 이양되었다. 제1차 吉田茂내각 하에서 그 개정초안이 제국의회에서 심의되어 약간의 수정을 거쳐 가결되었다. 당시까지도 제국의회였다. 귀족원과 참의원이다. 그래서 현재의 헌법은 제국의회에서 가결된 것이다.

1) '일본국헌법'은 공포된다(1946. 11. 3.). 이 헌법은 반년 후에 실행되었다(1947. 5. 3.). 5월 3일은 헌법기념일이다.

특징:

(1) 전쟁 방기 – 소위 평화헌법이다.

미국이 일본에서 이미 외국이 아니게 된 날

아시아제국과의 관계에서 일본은 망각과 원망으로 일관하고 있는 중에서도 일본을 둘러싼 미일 관계는 무척 밀착됨을 지속하고 있다. 1951년 샌프란시스코강화조약의 조인과 동시에 일본은 미국과 동맹을 맺었다. 이것이 미일 안전보장조약이다.

3. 패전 전의 일본국 헌법(舊헌법)의 특색

군주로서의 일왕 = 국가

대일본제국헌법의 가장 큰 특색은 일왕통치대권(日王統治大權)과 신민(臣民)의 권리의미를 정한 것으로 일본의 국본의 근본이 되는 대법(大法)이었다. 신정부측에서 주도하여 만든 헌법으로 근대국가의 형성으로 만든 헌법 중 가장 특이한 것 중 하나가 왕대권이란 것이다.

상기한 바와 같이 대일본제국 헌법의 제1조는 '대일본제국은 萬世一系의 天皇이 통치한다'였다. 현재 재위의 왕이 주권자라기보다 만세일계의 왕이라는 존재가 일본의 주권을 갖는다는 뜻으로 왕이 유능한가 무능한가는 문제가 안 된다고 했다. 일왕통치대권은 광범위한 일왕의 특권을 말하는 것으로 왕에게 국토와 인민을 통치하는 권한이 주어진 것이다.

그리고 역성혁명을 배제했다. 역성혁명은 다른 외국의 경우에서 흔히 있는 일로 무력과 폭력을 동원하여 군주에게서 왕권을 빼앗는 일을 말한다.

1) 일왕은 '現人神'

제국헌법에서 헌법초안자들은 일왕을 기독교의 유일신과는 별개의 이질의 現人神이라는 것을 고안했다. 이는 기독교에서의 초월신과는 다른 인격과 신격을 동시에 겸비한 존재이고 그 법률적인 표현에 있어 '萬世一系의 天皇'에 합치하는 것이었다.

즉 국가=군주(天皇)를 표방한 것이 제국헌법이었다. 그리고 그러한

天皇을 표징하는 것으로서 '萬世一系'라고 하는 신화(神話)를 창출하여 그 신화를 개입시키는 것으로서 '天皇'의 존재성을 인간적인 事象의 모든 것에서 이탈시키는 것에 두었다. 그러한 신화 창출의 연장선상에서 보아야만 '現人神'이라는 어휘의 본질이 나타난다고 하겠다.

혈연적인 일체성을 기초로 하여 그 종가로서의 '萬世一系'

일본위정자들은 제국헌법에서의 '萬世一系'를 일본국민들의 정신생활에 필사적으로 정착시켜 나가도록 노력했다. 후일 청일전쟁과 러일전쟁에서 승리한 이후는 더욱 현저하게 나타나는 현상이었다.

福澤諭吉은 일본의 왕실이 존중될만한 이유를 '그 기원을 천지개벽과 함께 하면서 왕실 이전에 일본에 가족 없고 그 이후 오늘날에 이르기까지 국내에 사는 국민은 모두 그 지류에 속하는 것'이기 때문이라 했다.

이러한 혈연적인 일체성에 근거하는 '민족'을 기초로 하여 왕지배의 정당성을 설명하려 하는 것이 헌법해석을 둘러싸고서의 논의 속에서 명확히 드러난다.

군주지배의 정당성을 논하는 자들 중에서는 '민족이 혼돈을 이룰 때에 혈족으로 단결'되지 못하는 서구의 여러 나라와 비교할 때 '조상을 숭배한 종교'에 근거하여 '민족의 종교로서의 왕실을 숭앙하는 마음'을 유지하는 것으로서 '일국(一國) 사회를 단결하여야 한다'가 있는 것에서 일본이 뛰어나다는 것의 이유가 설명된다고 했다.

또한 '일본민족의 고유한 체제는 혈통단체다. 혈통단체라고 하는 것은 민족이 공동의 시조를 경애하는 이유이고 공존단체를 이루고 조상의 위력에 복종하는 이유로 조상의 위력에 복종하는 데에 이유가 있고 평화와 질서를 유지하는 것이다' -라고 한다.

加藤弘之(카토 히로유키, 1836-1916)는 남작의 작위를 가진 법학자로 東京대학 총장과 제국학사원장을 지냈다. 그는 처음 자신이 저술한 「國體新論」(1875년)에서 天賦人權論과 평등론을 주창했다. 그러나 얼마 안가서 이 저서를 재빨리 절판시키는 것으로 없애고 국권론자로 변신하였다. 국권론자로 변신한 다음 그는 '우리 입헌적 족부통치의 정체'(1905년)에서 '서구 각국은 오늘날 순수한 한 민족 또는 한 민종(民種)'이라고 말할만한 것이 한 나라를 형성하는 일이 없고 많은 민족과 많은 민종이 혼합하든가 한 민족이나 한 민종이 여러 나라로 분할하여 군집하는 일이 많다. 게다가 '역성혁명'이 있어 태고로부터 '萬世一系'라고 하는 계속된 왕실같은 것이 없으므로 민족 민종의 종가라고 할만한 왕위를 계승한 나라는 한 나라도 없다. 이러한 것과 비견하여 단지 일본만이 건국이래 하나의 왕실이 연속적으로 오늘날에 이르기까지 계속하고 있어 이는 우리 일본 민족의 종가이다.

그리고 일본민족의 족부(族父)인 왕이 군주의 위치를 지키는 나라로서 우리 방(邦)을 입헌적 군주통치국이라고 칭하여 입헌적 족부통치국이라고 칭하는 것은 지당하다 -라고 설파했다.

이와 같은 민족의 혈연적인 일체성을 기초로 하여 그 종가로서의 '만세일계'의 왕을 위치시킨다고 하는 단일민족적인 국가관이 생겼다. 이러한 가족국가관이 공식의 견해가 되어 '만세일계'의 왕의 통치의 정당성을 설교한 것이 된다. 이는 주로 교육을 통해 국민정신으로 정착시켜 나갔다.

'萬世一系' 비판

加藤弘之는 국권론자로 변신하기 전에는 자신의 저서 「國體新論」에서 '억조창생과 藩 모두 왕의 신하다'라고 하고 이것이 일본의 국체라 하고 이것이 '本邦의 萬國과 다른 탁월함'이라고 하는 국학자류의 견해는 '실로 웃을 수밖에 없는 일'이라고 비판을 했었다.

2) 일본의 구(舊)헌법은 국가주의에 집중

일본의 패전 전의 헌법, 구(舊)헌법은 '항상 국권을 중히 알고 국법을 존중한다'라는 헌법에 연계되는 것으로 국민생활의 전부를 국가주의에 집어넣었다. 그 사상은 충과 효를 중심으로 한 유교적인 가족국가의 사고발상에 기초했다. 교육칙어에서는 왕에게의 충성과 부모에게의 효를 도덕의 중심으로 하고 다시 전쟁이 일어나면 왕을 위해 목숨을 버린다는 각오로 왕을 절대적 주권자로서 국가에 충성을 다한다는 것이었다. 교육칙어는 군주에의 충성이 도덕의 중심이었다.

3) 大日本帝國憲法(明治헌법)을 공포했다(1889년).

국가의 통치권은 일왕에게 있다는 것을 명백히 하였다. 일본의 국가상은 주권이 국민에게 있는 것이 아니고 국가의 통치권자인 일왕에게 있다는 것이다. 이러한 과정에서 다시금 '公' '忠' '義理'의 관념이 강화되었다. 국가가 '公'이고 국가의 주인인 군주(=日王)에게 국민은 忠을 받쳐야 한다고 했고, 사사로운 私情을 버리고서라도 '公'과 '忠'을 위해 '義理'를 다하는 것이 요청되었다. '국가를 위해 진력한다'가 일본전국민의 올바른 모습이라고 강조했다.

이전의 江戶시대의 '國'은 領(藩)이었고 일본국은 아니었다. '國'을 위해서 진력하는 의무는 모두가 무사계급으로 한정되어 있었다. 다시 말해서 근대의 유신신정부는 전국민을 일본의 국가, 즉 일왕에게 충성을 다하는 신민(臣民)으로서 무사(武士)가 되어야 한다는 정책을 추진한 것이었고 국민의 도덕은 무사의 윤리를 규범으로 하는 것이었다.

이전의 領에게 바치던 충성을 국가에게 한다는 내셔널리즘을 육성해 나갔다. 이를 전폭적으로 상징하는 것이 교육칙어의 발표(1890년)였다. 황국을 위해 일신을 바쳐야 한다는 등의 14개 덕목이 들어있다. 교육칙어는 전국의 학교에 보내져 축제일에는 '군주의 대(君が代)'를 부름과 함께 교장에 의해 교육칙어의 낭독이 행해졌다. 교육칙어, 국가(國歌), 수신(修身)의 수업, 국가를 위해 심신을 바친 위인의 이야기가 학교교육의 주류가 되었다. 초등학교 때부터 '小國民'의 양성의 실현이었다.

4) '日王像(天皇像)'은 유신혁명기부터 새로 정립되었다

여기서 주의가 가는 것은 제1조에서 왕을 '天皇'이 아닌 '天子'라고 호칭하고 있는 점이다.[7]

'天皇'이 유신혁명기부터 새로 만들어졌다고 보는 역사적 사실에 확증을 주는 것은 이 시기부터 '天皇'이 일본역사상에 크게 대두하는 때문이다.

江戶시대는 德川家康(토쿠가와 이에야스)이 초기에 막부를 세우면서 왕은 결코 정치에 관여하지 못하게 법을 만들어 금지했다.[8] 왕실이 정치

---

7 大石愼三郎.『德川十五代』, 實業之日本社. 1996. 12. 184쪽.

8 막부의 禁中並公家諸法度(1615. 7). 家康이 제정한 것으로 전부 17조로 되어 있다. 왕과 공가의 행동을 자세하게 규제한 것으로 이후의 막부와 왕실과의 관계, 즉 막부에 의한 왕과 공가의 지배 통제의 법적 근거가 되는 중대한 의미를 지

에 관여하지 못하도록 금지한 禁中並公家諸法度의 제1조는 '天子御藝能之事, 第一御學問也'로 시작한다. 왕의 행동을 규제하는 것이었다.

근세시대 이전에도 鎌倉막부시대나 室町막부시대나 왕의 존재란 거의 보이지 않았다. 그 이전인 平安시대 역시 귀족이 발효한 시대로 초귀족이 정권을 장악하고 있었고 平安시대 이전은 大和시대로 그 때는 '天皇' 칭호는 없는 시절이었다. '倭王' '大王' 등의 호칭이 있던 시절에 해당한다. 근대 유신기 초기의 자유당의 창당선언문에서도 '天皇'이 아닌 '황제'로 표기하고 있었다.[9]

大久保利通 등은 유신신정부에 적합하다고 생각되는 새로운 '일왕상' 개조에 착수했다.

大久保利通 등은 유신신정부에 적합하다고 생각되는 새로운 '일왕상' 개조에 착수했다. 그들은 왕을 시중들던 여관들을 모두 면직하고 대신 학자와 무인들을 배치하였다. 학자로는 주자학의 元田永孚(모토다 나가자네), 독일법학자 加藤弘之(카토 히로유키), 국학자 福羽美靜(후쿠바 비세이) 등이 시강을 맡아 한학과 서양학과 국학을 강의하게 했다. 山岡鐵舟(야마오카 뎃슈) 등은 검도와 말타기를 가르치며 훈련에 임했다.

이렇게 하여 군주는 종래의 여성 분위기에서 남자의 이미지를 강조하는 길로 나갔다. 이를 위해 군주에게 수염을 기르게 하기도 하고 여러

님. 제1조는 '天子御藝能之事, 第一御學問也'로 시작한다. 왕의 행동을 규제하는 것이었다. 여기서 주의 할 것은 제1조에서 왕을 '천황'이 아닌 '天子'라고 호칭하고 있는 점이다. 제2조 이하는 공가와 왕자 및 문벌(왕족, 공가가 출가하여 入寺한 절)을 대상으로 한 규정이다. 이 법도는 강호막부 말기까지 계속되는 막부의 왕실과 공가지배의 중요한 기본법이다.

9 longus, 최문희 역, 『다프니스와 크로에』, 2007, 84쪽 참조.

모습에서 근대초기 유신신정부의 상징으로서의 군주의 모습을 새로 정립하여 나갔다. 또한 유신혁명기에 와서는 유신신정부는 睦仁(무쓰히토, 明治)왕을 신으로 제사지내기 시작했다. 이 경우는 확실히 기독교의 영향이 있었다. 일본의 神道의 一神教化, 기독교화의 일환이었다.

伊藤博文은 이것을 자각적으로 다음과 같이 말하고 있었다.

> 서구에서는 종교같은 것이 있어 이것이 근간이 되어 깊이 사람들의 마음에 침투하고 사람들은 종교에 귀의한다. 유럽의 사회를 지탱하고 있는 것은 기독교다. 일본이 근대국가를 만들어 나가는 데는 역시 그러한 종교적 정신적 기축이 필요한데 일본의 전통적인 불교나 신도에는 그런 힘이 없다. 우리나라(*일본)는 종교같은 것이 있다해도 무척 미약하여 하나도 국가의 기둥이 될만 한 것이 없다.…… 그러한 것을 생각하여 萬世一系의 왕실을 가져오는 것이다. 그런 과정에서 明治王이 신으로 떠받쳐지는 것이다.

伊藤은 일본에 있어 국가의 기본적인 축이 될만한 것은 단하나 황실이 있을 뿐이라고 하고 '대일본제국은 만세일계의 왕(*천황)이 이를 통치한다'라고 명기했다.

伊藤의 위와 같은 발언에서 유신혁명기 이전에 일왕을 신으로 제사지낸 일은 없었다는 것이 명확해진다. 만일 있었다면 위와 같은 발언이 필요하지 않았다.

이러한 여러 가지 정황을 미루어 볼 때 필자는 '天皇' 호칭도 일본의 근대 초기 유신신정부 때 새로 만들어진 칭호라고 보고 있다. 이는 당시의 '유신신정부'의 계획 하에 새롭게 일본역사서가 정리 정돈되는 형태로 만들어지면서 역사의 왜곡과 조작 등이 이루어지고 있었다고 보이는 때문이다.

5) 대일본제국 헌법, 일본의 비밀외교 조장

1889년 2월에 공포된 대일본제국헌법(舊헌법)은 기안자 이등박문(伊藤博文, 이토 히로부미)은 '군권(君權)을 공고히 하고 또한 이를 가장 중시하는 목적으로 기안하고 일왕에게 무제한의 대권을 주면서 인민의 기본적인 권리를 제한하여 의회에도 본질적인 권한을 주지 않는다'.[10] 그중에도 군사대권에 대해서는 제11조에서 '일왕은 육해군을 통수한다'를 규정하여 제12조에서 '일왕은 육해군의 편제 내지 상비병액을 정한다'라고 규정하였다.

헌법의 공식의 주해서인 이등박문의 『憲法義解』는 통수권을 '지존의 대권으로 하여 완전히 유악(帷幄)의 大令에 속한다'라고 설명했다. 그리고 이를 근저로 하여 책임대신의 보좌에 두어 누구나 역시 군주의 군령에는 균등하며 지존의 대권에 속할 뿐이며 그래서 의회의 간섭도 역시 받지 않는다.[11]라고 해설하였다.

상기와 같은 해석으로 해서 통수권의 행사는 참모총장, 군령부장의 보좌로 하는데 내각의 직책을 그곳에 두고 국무대신이 그 책임을 맡는 것으로 했다. 그 결과 국방계획, 용병 등은 통수권 사항으로서 국무로부터 독립하는 일이 헌법상 확정되어 소위 2중 외교의 기초가 되었다.

---

10 藤村道生. 상게서. 14쪽.

11 위의 책. 14쪽.

후일 헌법학자 上杉愼吉(우에스기 신키치)은 통수권과 편성권을 분리하면 통수권은 실제 그 용도를 할 수 없다는 이유를 들어 통수, 편성, 어느 범위에 속할지 분명하지 않을 경우에는 통수권의 범위에 속하는 것으로 하는 것이 지당하다고 주장했다.

上杉의 주장이 뜻하는 대로 군 당국이 최초부터의 해석에서 군부대신은 순전히 군사사항만이 아니고 군의 편성 그 외의 군정사항에도 각의에 제출하지 않고 직접 군주에게 알려 재가를 받았다.

그 때문에 수상의 간섭을 받지 않는 별개의 행정기관이 내부에 성립하여 사실상의 이중내각이 되었다고 했다.

제국헌법은 또한 제13조에서 '天皇은 전쟁을 선포하고 화전 및 조약을 체결한다'라고 규정했다.

외교대권인데 추밀원의 심의 과정에서 무역과 국민의 부담에 관련된 조약에 대해 국회의 승인을 조건으로 해야 한다는 지적이 있었다.

그러나 이등박문은 '외교상의 조건은 완전히 군주권에 속하고 이는 추호도 의회에 상정되는 것을 허하지 않는다'라고 단언했다.[12]

외교대권의 설정은 의회가 외교를 통제하는 수단을 단절하고 비밀외교를 조장했다. 국민은 자신들이 알지 못하는 채로 전쟁을 하게 되는 위험에 빠지게 되어 있었다.

제국헌법(舊헌법)의 군사적 성격은 헌법발표가 있은지 1년이 지나 '장래 무공발군'한 자에게 金鵄훈장(금빛 소리게 훈장, 태평양전쟁 때까지 계속)을 제정하였던 것에서 상징적으로 나타난다.

---

12 위의 책. 15쪽.

6) 대일본제국헌법(大日本帝國헌법, =明治憲法)과 국회개설

伊藤博文의 유럽 헌법조사

1880년대 이후 大久保利通, 西鄕隆盛, 木戶孝允의 뒤를 이어 유신정부의 중심이 된 자가 伊藤博文이다. 자유민권운동자들의 신정부비난이 계기가 되어 발생한 '1881년의 정변'에서 모략으로 大隈重信을 신정부에서 몰아낸 후 伊藤은 자유민권운동자들을 회유하는 정책으로 '국회개설론'을 발표했다. 즉 헌법을 제정할 것과 10년 이내(1890년경)에 국회를 개설하겠다고 약속했다. 헌법의 발포는 국회개설과 함께 자유민권운동의 큰 목표였기 때문이다.

국회개설을 하기 전에 유신신정부는 伊藤博文을 유럽에 헌법조사를 하기 위해 파견했다. 즉시 伊藤은 베를린으로 갔다. 베를린에서는 공법(公法)학자 쿠나이스로부터 '의회의 권한을 약하게 하고 군주의 권한과 행정권을 강하게 하여야 한다'는 충고를 받았다. 다음에 간 곳은 오스트라리아의 수도 윈이었는데 이곳에서도 같은 의견을 들었다.

귀국하는 도중 伊藤은 上海에서 岩倉具視(이와쿠라 토모미, 유신신정부의 중심적인 정치가, 1825-1883)의 죽음을 들었다. 시대는 이제 岩倉에서 伊藤 자신의 시대를 예고하고 있었다.

당시 일본이 헌법제정을 하는데 모델로 할 나라는 영국과 독일 두 나라였다. 영국은 입헌군주제로 국왕은 군림하나 정치에는 직접 관여하지 않는 구조였다. 반면 독일의 국왕의 권한은 대단히 컸다. 일본에는 군왕이 있으므로 일본이 군왕을 중심으로 하는 체제를 성립시켜 나가기 위해서는 독일 체제가 적당하다고 伊藤은 판단했다.

伊藤은 영국과 독일의 국체(여기서는 헌법이 규정하는 각국의 정치형태를 말함)를 각각 다음과 같이 간단히 요약했다.

'국회에 있어서의 衆論의 다수를 점하는 당파의 수령같은 것의 정치'
'정부는 국회 중의의 臣僕'
'정부에 있는 자는 중의를 채택하더라도 독립의 권한이 있다'

결국 伊藤은 독일에서의 정부(행정)가 국회(입법)에 대해서 갖는 독립행위의 권한에 주목하고 정부의 권한을 국회의 권한보다 상위에 놓는 형태를 취하였다. 그리고 정부의 권한보다 더 상위에 군주를 존재시켰다.

伊藤이 영국式을 취하지 아니하고 독일式을 택한 이면에는 당시 일본 지도자들 중에 팽배해 있는 자유민권운동이나 국회기성론자들의 반정부파들의 주장을 염두에 두고 있었던 것도 빼놓을 수 없다. 伊藤은 영국式을 그대로 도입하는 것은 위험하다고 판단했던 것이다. 영국式의 도입은 왕실을 동요시키고 대권을 실추시키는 위험성이 있다고 보았다.

伊藤은 군주의 힘이 강한 독일(프러시아)의 헌법을 배우면서, 독일(푸러시아)식의 입헌군주제를 모범으로 한다는 기정방침의 의미를

> 군주의 인가를 얻지 않고서는 하나의 법률이란 것 없고, 군주의 허락 없이는 하나도 시설하는 것이 없는 주뇌

이와 같은 것에 두었다. 즉 독일의 입헌군주제는 국왕의 권한이 대단히 큰 것이었다. 伊藤은 '입법행정의 대권을 군주가 장악한다'라고 하는 '군주'를 세움으로서 국회나 정부를 능가하는 상위의 권한을 군주에게 집중시키는 형태를 취했다.

伊藤은 '군주'에 대한 이해를 위해

> 우리나라(*일본)는 즉 군주라 하고, 군주는 즉 우리나라(*일본)라 말하는 것이 가하다

라고 하는 것으로서 일본의 특수사정과 관련지어 한걸음 더 진전시켰다. 이것은 군주를 국가와 일체화하는 것으로서 그 국가와 일체인 곳에 있는 군주에게 헌법뿐만 아니라 국가 그 자체의 궁극적인 위상을 놓는다는 것이었다.

이와 같은 발상은 국회개설을 요구하는 사람들에게는 전제와는 다른 입헌군주로서의 군주상을 보여주면서도 실제로는 입헌군주로서의 직능을 훨씬 능가하는 존재로서의 군주를 정위하는 기사회생의 길이 내포된다는 뜻이 들어 있었다.

그래서 반정부운동의 행위에 대해 이를 억압하는 법적인 제약을 여기서 찾을 수 있어 유리하다는 판단도 작용했다. 그러나 어디까지나 '일본은 즉 군주이고 군주는 즉 일본'이라는 국가=군주로서의 일왕론을 전제로 하고 있다는 것이 크게 부각되는 일이나.

伊藤은 먼저 制度取調局을 설치하여 스스로 초대장관이 되었다. 다음은 자신을 따르는 무리들, 소위 伊藤파의 관리로 불려지는 井上毅(이노우에 코와시)[13], 金子堅太郎(카네코 켄타로), 伊東巳代治(이토 미요지)들을 모았다.

---

13 井上毅(1844－1895)는 유신신정부의 법제도의 어느 것 하나 손대지 않은 것이 없을 정도로 大久保와 伊藤의 참모로서 활약했다. 신정부가 주도하는 국가건설의 중추에 관한 모든 것에 참여했다. 그는 병약해서 헌법발포가 있은지 6년 후에 병사.

井上毅이 헌법과 왕실전범을, 伊東巳代治가 의원법(議院法)을, 金子堅太郞(카네코 켄타로)가 귀족원령과 중의원선거법을 위탁받았다. 그러나 중심인물은 井上毅였다. 당시 내각총리대신은 黑田淸隆이었다.

7) 대일본제국 헌법의 요점

헌법의 초안이 마련되었다(1888. 4. 明治 21). (전전의)대일본제국헌법 〈第一章 天皇〉은 다음과 같이 시작한다.

第一條, 대일본제국은 만세일계의 천황이 통치한다.

第二條, 황위는, 황실전범이 정하는 것에 따라, 황실 남자 손자가 이를 계승한다.

第三條, 천황은, 신성해서 침해할 수 없다

第四條, 천황은, 국가의 원수로서 통치권을 총람하여, 이 헌법의 조규에 의해 이를 행한다.(이하 생략)

대일본제국의 헌법이 갖는 사상은 한 마디로 말하면 第一條에 집약된다고 할 수 있다. 伊藤은 황실전범과 헌법의 의해(義解)를 완성한 뒤 伊東巳代治에게 영역할 것을 명했다. 영역을 보면

The Empire of Japan shall be reigned over and governed by a line of Emperors unbroken for ages eternal.

[義解]에는 '통치'를 정의하기를, '통치는 大位에 있고, 대권을 통해 국토 및 臣民을 통치한다.' 라고 지극히 간단하게 설명했다.

왕이 참석한 가운데 왕의 최고고문기관으로 새로 등장한 추밀원(樞密院)에서 초안의 심의를 거쳐 1889년 2월11일 왕이 제정한 것이라는 형

태로 대일본제국헌법이라는 이름으로 발표했다. 추밀원은 왕이 상담하는 고문기관을 말한다. 초대 추밀원의장은 伊藤이었다.

8) 원로그룹

왕이 모든 국가의 대권을 행사할 수 없으므로 왕을 보필하는 기구, 다른 말로 하면 왕을 빙자하여 왕권을 행사하는 그룹이 대권을 행사하게 된다. 그것이 바로 헌법에 없는 원로이다.

원로그룹은 伊藤博文이라든가 山懸有朋(야마가타 아리토모, 일본의 근대군부의 제1인자, 1838-1922)같은 자들이 형성했다. 또한 군부가 왕에게 직속되어 있었다.[14] 이것은 통수권인데 왕에게 직속한다는 작전권, 즉 군통수권이라는 것은 국가의 운명을 좌우하는 것이므로 정치가들에게 맡길 수 없으며 왕에게 직속되게 해야 한다는 것이다. 군부가 내각보다 더 강한 힘을 지니고 있었던 이유는 여기에 있었다.

부언하면 내각을 구성할 때 내각 속에는 군부대신(육군대신, 해군대신)이 있는데 이들보다 더 큰 힘을 발휘하는 것은 육군참모본부나 해군군령부였다. 내각이 구성된다든가 내각의 해체는 군부 측에서 이용할 수 있었다. 그래서 내각을 구성할 때도 마음에 안드는 총리가 나오면 군부에서 군부대신을 보내지 않을 수도 있다. 이렇게 하여 군부 측에서는 민간인 내각을 조종할 수 있는 힘이 있다는 것을 실제로 보여주게도 되었다.

---

14 大日本帝國憲法 第11條. 天皇ハ陸海軍ヲ統帥ス(天皇은 육해군의 군사지휘명령권을 행사한다.)

4. 일본의 정당, 자민당(자유민주당의 약칭)
– 자유와 민주주의의 문제

佐藤은 1964년부터 1972년까지 수상이었다.
미시마의 작가로서의 활동기에 해당한다.

자민당(自民党, 自由民主党의 약칭)이 결성될 때까지 보수정치가 주류를 형성하였다. 후일 鳩山一郎(하토야마 이치로, 1883–1959)은 정치권의 실력자로 부상하면서 자유당과 민주당을 합쳐 거대 정당인 자유민주당(自由民主党)을 창당했다. 자유민주당은 1955년에 결성된 보수정당으로 약칭 자민당이다. 자민당은 현재까지도 장기 정권을 유지하고 있다.

자민당의 집권기, 자민당은 선거정책 초두 부분에 「자유와 민주주의의 이념」「의회제 민주주의의 옹호」를 내걸고 제1항을 「민주적 의회정치의 옹호」를 내세우면서도 은밀하게는 일본의 공산당과 혁신통일세력에 공격을 퍼부었다. 자민당은 정책에 있어서도 헌법개정을 「국가최고의 과제」로 검토할 것을 내세우고 있다. 佐藤(榮作)수상은 선거에서 개헌에 필요한 「안정세력」을 확보할 일을 공공연히 발설하였었다. 佐藤은 1964년부터 1972년까지 수상이었다. 佐藤은 현재의 수상 安倍晋三의 (친)작은 외할아버지다.

자민당의 이 개헌이 목적으로 하는 것은 군국주의(軍國主義)의 전면부활을 겨냥하는 것으로 일왕의 원수화(元首化)와 전력(戰力) 확보를 금지한 헌법 제9조의 폐지와 일본군대의 공인, 국민의 기본적 권리의 제한 등 총체적으로 일본의 신헌법에서의 평화적, 민주적 조항을 말살하려는 데 있다. 또한 「사법권의 독립존중」이나 「사법권의 행사에 개입하는 일을 배제 한다」에서는 자민당의 임의대로 자민당의 내각이야말로 최고재판소의 장관과 판사를 사법특권 관료와 외무부 관료를 임명하여 자민당의 독재정치에 영합하고 추수하는 「최고재판소의 체제」를 만들어 왔다.

현재의 일본정부 자민당은 재판관에 대한 「마녀사냥」을 실행하고 함께 학술회의에 관하여서도 편향적이 되어 자민당의 의향에 맞지 않는데 대해서는 차차로 탄압하는 파쇼적인 자세를 강화하고 있다. 자민당은 자민당에 대한 국민의 정당한 비판을 말살하는 경향이 짙다.

이러한 자민당의 행위는 일본국민의 사상이나 신조의 자유를 억압하여 일본의 민주주의의 경향을 근본부터 뿌리 뽑으려 하려는 행위이다. 자민당은 「의회제 민주주의」와 「자유와 민주주의의 옹호」가 아니라 그 파괴자이다. 1971년의 참의원 선거에서는 자민당 후보자들 중에는 태평양전쟁 중에 정치탄압에 혈안이 되었던 당시의 내무성경보국장이나 내무성경보국보안과장 등의 이름은 말할 것도 없고 대동아전쟁(*태평양전쟁의 일본표기) 대신을 지내면서 일본인을 전쟁으로 내몰던 전쟁범죄자도 끼어 있었다.

자민당에는 민주주의와는 거리가 먼 자들이 수없이 포함되어 있었다. 자민당은 「자유」나 「민주주의」를 말할 자격이 없는 정당이다.

5. 전사공동체(戰士共同體)

미시마는 신체 만들기(body-building)를 통하여 육체 그 자체를 변하게 하여 자신이 육체와 언어와의 양극(兩極)을 지니는 교류발전기(交流發電機)로 변한 것을 자랑스럽게 여겼다. 그 감각을 맛보게 되는 기회는

「한가지로 영광과 死」를 소망하는 「戰士共同體」를 얻는데 두었다.

전사공동체의 의미

> 힘(力)의 행사, 그 피로, 그 땀, 그 눈물, 그 피가 「同苦」를 통하여 「나는 여러분과 마찬가지다」라고 하는 신조를 가져온다. 「나는 여러분과 마찬가지다」라는 신조는 개성을 표현으로 하는 문학의 대극에 위치하는 것임은 말할 나위도 없다. 하지만 미시마에 의하면 「집단은 개인이 도달 할 수 없는 '神聖'으로까지 사람을 끌어 올릴 수가 있다」 「육체는 집단에 의하여, 同苦에 의하여 처음으로 개인으로서는 도달할 수 없는 어떤 육체의 높은 수위에 도달할 것이다. 여기에서 神聖이 항간에서 볼 수 있는 수위에까지 넘쳐흐르기 위하여서는 개성의 液化가 필요하였다. 뿐만 아니라 끊임없이 안일과 방종과 나태로 빠져들기 쉬운 집단을 끌어 올려 점점 더 집합되는 同苦와 고통의 극한의 死에로 이끌어가는, 집단의 비극성이 필요하였다. 집단은 死를 향하여 연마되어 나가지 않으면 안 되었다. 나는 여기서 戰士共同體를 의미하고 있다는 것은 말할 나위도 없다」(510쪽).

미시마가 여기서 말하는 집단은 자위대원이 아니라 그가 함께 한 「조국방위대」의 젊은이들을 지칭한다.

아침 일찍부터 집단의 한 사람이 되어 이마에 일장기(日章旗)를 새긴 머리띠를 매고 몸이 얼어붙을 만큼의 반라의 모습이 되어 계속 뛰는 나는 그 同苦, 그 같은 함성, 그 같은 보조(步調), 그 합창을 함께 하면서 자신의 살갗에 차츰 솟아나는 땀과 같은. 동일성의 확인이외는 아닌 것, 「비극적인 것」 이 군림하여 오는 것을 분명하게 느낀다.…… 「몸을 내던져 바치고 있다」는 감각은 근육을 약진시키고 있다. 우리는 한가지로 영광과 死를 희망한다. 희망하고 있는 것은 나 하나가 아니었다.

미시마, 일왕의 부활과 무사도 정신의 존중

미시마 사후의 10년경에 발표한 그의 논술의 표제는 「무사도와 군국주의」였다. 그리고 「정규군(正規軍)과 비정규군(非正規軍)」이라는 부록이 붙어 있었다. 미시마가 그의 논술에서 설파하고 있었던 것은 「문제제기(일본국헌법)」와 그 외의 것을 말하고 있었던 것과 마찬가지로 「일왕의 전통의부활과 무사도(武士道) 정신의 존중」이었다. 「문학의 언어」라는 표현으로 그가 말하고자 한 것은 예컨대 「일본인의 혼의 회복」이었다.

Ⅲ. 2 · 26事件(1936년)과 군부의 폭주

1. 2·26사건에 동조하는 미시마

1925년경의 격동의 시대의 전반(前半)의 20년 간은 군인이 일본을 움직인 시기다. 군인들은 일왕의 통수권을 자기들 임의대로 침범하여 정치를 농단하여 마침내 태평양전쟁을 일으키고 결과적으로는 일본을 패전국으로 만들었다.

미시마는 「나는 서서히 2 · 26시건 비극의 본질을 이해하게 되었다」고 하였다. 미시마는 2 · 26사건을 일으킨 궐기장교들에게 자신을 거의 동화시켜 나갔다. 「지복」의 이야기로서의 『憂國』은 그곳에 다다르는 길의 출발점이었다.

『憂國』을 쓰는 것으로서 미시마는 새삼 더욱 2 · 26사건 그것에 대한 흥미를 느끼고 청년장교들의 심중에 강한 공감을 느끼고 있었다. 『憂國』에서는 2 · 26사건은 「지복」의 愛와 死, 그리고 젊은 두 사람을 이끌어가기 위한 무대가 되었다.

미시마는 1956년 희곡 『鹿鳴館』을 발표한 즈음부터 정치와 연애와의 얽힘같은 것을 주제로 하여 작품을 쓰고 싶다는 희망을 가졌다(361쪽).

미시마가 할복자살하기 10년 전에 쓴 작품이 『憂國』이다. 이 작품에서는 신혼의 처의 앞에서 할복자살을 하는 군인이 그려져 있다.

> 나는 지금 戰場의 모습을 처에게 보여주는 것이다.
>
> 이는 잠간동안의 이상한 환상으로 중위를 이끌어갔다.
>
> 전장에서의 고독한 死와 눈앞의 아름다운 처와. 이 두 개의 차원에 발을 들여놓고 있을 수도 없을 것 같은 2개의 공재(共在)를 구현하여, 지금 자신은 죽으려하고 있다는 감각에는 말할 수 없는 감미로움이 있었다. 이것이야말로 지복이라고 하는 것이 아닐까라고 생각하였다.

인용문에서의 「말할 수 없는 감미한 것」에의 동경이 미시마의 생애에서 그의 뇌리에 강하게 새겨져 있던 것이 된다. 미시마의 내면 속에는 동경의 강(川)이 흐르고 있다. 그것은 조상이나 일본이라는 국가와 연계되고 있었다.

그는 자신이 16세였던 시기에 쓴 작품, 『花ざかりの森』에서 「자신의 동경이 강처럼 흐르고 있다」고 쓰고 있었다.

> 진기한 것으로 나는 무가(武家)와 공가(公家)의 조상을 갖고 있다. 그 어느 쪽의 고향으로 향할 때에도 우리들의 열차(列車)에서 그러했던 것처럼 아름다운 강이 보였다 숨겨졌다 한다. 우리들의 여행을 그 이상 있을 수 없는 것 같은 우아함(雅び)으로, 지켜주는 것처럼. 아, 저 강, 나는 그것을 알고 있다. 조상으로부터 나에게로 계속되고 있는 그 하나의 묵계, 그 동경은 어느 때는 솟아오르고 어느 때는 숨겨진다. 하지만 죽어있는 것은 아닌, 오래된 대나무 울타리의 장미가 오늘도 다시금 살아 있는 것처럼 조모와 모친에게 강은 그 지하에 흐른다. 부친에게는 그것은 시냇물처럼 졸졸 흐르고 있다. 나에게 있어서는 －아아, 그것이 도도한 큰 강(大川)이 되지 않고 무엇이 되겠는가. 능직(綾織)처럼, 신의 축복의 노래처럼.

2. 2·26사건, 청년장교들이 일으킨 쿠데타사건

육군 내부의 황도파와 통제파의 대립

일왕을 절대시하는 정신주의(精神主義)로 과격한 행동도 불사하겠다는 그룹이다.

2·26사건은 청년장교들이 일으킨 쿠데타 사건으로 미수에 그쳤다. 그러나 이 사건에서 온건파의 정치리더들이 암살됨으로서 결과적으로는 그후의 일본의 진로를 크게 바꾸어 놓은 사건이다.

2·26사건 등을 거치면서 군부가 폭주하여 패전(1945년)에 이르는 시기까지 군부의 폭주가 계속되었다.

2·26사건은 황도파(皇道派)가 중심이 되어 쿠데타를 일으킨 것이다. 1936년 2월 26일, 육군의 황도파 청년장교들이 무력(武力)으로 정치개혁을 목적으로 하여 하사관과 병졸 등을 이끌고 일으킨 쿠데타사건이다. 이들은 일왕을 중심으로 하는 국가사회주의를 실현하려는 목적이었다.

그 배경에는 육군의 내부의 항쟁이 있었다. 당시 육군 군부 내에는 통제파와 황도파로 갈리어 격렬하게 대립하고 있었다. 통제파는 주로 엘리트 코스를 밟아가는 중견급 내지 고급 장성들의 그룹이고 황도파는 주로 잡초같이 거친 중하급 장교들로 구성된, 그들이 중심이 된 불만그룹이다. 불만그룹 황도파들은 통제파들에게 학대당하고 있다는 생각들을 하고 있었다. 특히 황도파들의 불만이 집중된 이유에는 인사문제가 있었다. 두 파는 격렬하게 주도권 싸움을 하고 있었는데 우위에 선 것은 통제파였다.

통제파의 중심 永田鐵山 참살사건

2·26사건의 전 해(1935년) 황도파의 相澤三郎(아이자와 자브로)가 황도파의 중심인물 眞崎甚三(마사키 잔자브로)의 갱송에 분격하여 통제파의 중심 永田鐵山(나가타 뎃잔) 군무국장을 참살하였다. 이 사건으로 두 파의 대립은 더욱 격렬하여졌다.

황도파는 형세불리한 상황을 무력을 사용하여서라도 실권을 자신들이 장악하려 하였다. 구데타라도 일으켜 일변시키려는 의도가 잠재하여 있었다.

간단히 말하면 황도파는 일왕을 절대적으로 중심에 놓고 그것을 바탕으로 군사정권(軍事政權)이 일왕의 의사에 근거하여 정치도 장악하여 나가여야만 한다는 주장이다. 덧붙여 말하면 황도파는 앞으로 전쟁에서 중요한 것은 일본국민 의식의 통합과 군대의식이 중요하므로 총력전에서 자원의 문제보다는 일왕을 정점으로 자기 몸을 불사르는 충성심, 황도(皇道)가 중요하다고 주장하였다. 여기서의 자원이라는 문제는 통제파의 주장을 발한다.

즉 통제파는 앞으로의 전쟁은 국가의 자원을 조직적으로 군부에서 재분배하고 그것을 전쟁목적을 위해 이용해야 한다는 것이었다.

두 파 모두 육군지상주의(陸軍至上主義)를 주장하고 있는 점에서는 같으나 그 방법론에는 거리가 있었다. 통제파측은 합리적이고 한편으로 온건한 방법으로 목적을 달성하려한 반면에 황도파는 일왕을 절대시하는 정신주의(精神主義)로 과격한 행동도 불사하겠다는 그룹이다.

결과적으로 2·26사건은 군부가 결정적으로 권력을 장악하는 결과를 초래하였다. 즉 일본의 정치의 주도권이 정당(政黨)으로부터 군부로 완전하게 이동되는 결정적인 사건이 되었다.

1936년 육군의 청년장교들이 일으킨 쿠데타는 미수에 그쳤다. 그러나 이 쿠데타에서 온건파(穩健派)의 정치 리더들－내대신 齊藤實, 장상의 高橋是淸 등 정당정치가들이 다수 암살되었다. 당시의 총리 岡田啓介도 수상관저에서 습격당하였으나 겨우 목숨을 건졌다. 오늘날에도 수상관저의 정면 현관에는 2·26사건 때의 것으로 보이는 총탄의 흔적이 남아 있다. 청년장교들은 그후 국회의사당과 수상관저 주변 등을 점령하였다.

결과적으로는 2·26사건은 이후의 일본의 정치 진로를 크게 변화시키는 사건이 되었다. 군부는 이후 테러를 계속하고 정치계와 언론계를 협박하였다. 이로 인하여 이때 정당정치가들이나 매스컴 등은 군에 대하여 크나큰 공포심을 갖게 되고 웅축되었다. 즉 일본의 군부가 중일전쟁(中日戰爭)과 태평양전쟁으로 돌입하는 중에서 그들 많은 정당정치가들이나 매스컴 등은 군부와 정면으로 대결하는 일을 피하는 계기가 되었다.

1) 정당같은 것 부셔버려라!

일부 육군의 청년장교와 하사관들이 '정당 같은 것 부셔버리자, 헌법도 중지시켜라, 天皇의 명령 하에 강한 군사정권을 만들자'라는 기치를 높이 들며 대규모의 쿠데타·반란을 일으켰다. 그 수는 약 1400명이 넘었다.

이러한 살벌한 분위기 속에서 1936년 결정적으로 군부가 권력을 장악하는 2·26사건이 일어났다.

2) 岡田내각

2·26사건으로 역사상에 이름을 남기게 된 사람은 岡田啓介(오카다

케이스케, 1868−1952)이다. 그는 제31대 수상에 취임한 해군대장이다.

1936년 2월 20일의 총선거에서는 일본국민 다수가 파시즘에 반대하고 파시즘에 대한 방파제로서 岡田내각을 옹호하자는 주장을 하고 있었다. 그런데 겨우 수일 후에 2·26사건을 일으켜 정변을 야기시켰다.

1936년 2월 26일 아침, 육군청년장교가 인솔하는 약 1400명의 부대가 岡田수상관저와 대신 관저, 경시청, 朝日신문사 등의 東京 소재의 중요지역을 습격하였다. 그리고 그들은 高橋是淸(타카하시 코레키요) 대장대신, 齊藤實 내대신, 渡辺錠太郎(와타나베 죠타로) 교육총감 등을 살해하였다. 鈴木貫太郎 시종장은 중상을 입었다. 岡田수상은 하녀방으로 피해서 숨어 간신히 난을 면하였다.

3) 일왕과 2·26사건

2·26사건이 일어났을 때 히로히토 일왕은 극단적인 군부의 황도파를 인정하지 않는다는 방송을 하여 황도파가 물러났다. 2·26사건은 불과 사흘이 안 되어 끝났다. 그 결과는 군부는 이제는 완전히 통제파가 정권을 장악하게 되었다.

3. 2·26사건의 본질

2·26사건(1936년) 당시의 일본의 육군에서는 병과(兵科)의 구별이 확실하게 구별되어 있어 옷의 견장의 색을 보는 것만으로도 어느 병과에 속하는지를 알 수 있었다.

2·26사건의 본질은 2가지로 요약될 수 있다. 1) 소수가 폭력을 행사하여 정권을 좌우하려 했던 것에 있었다. 이것이 파시즘운동이었다.

2) 그 폭력을 행사한 주체가 일반시민이 아닌 군대였다는 점이다.

파시즘이 정도가 아닌 것은 폭력을 행사하여 사회의 다수의 국민의 의지를 무시하는 것에 있다. 사회는 여러 잡다한 성원의 집단이고 정치는 모든 성원의 공유재산이다. 정치를 어떻게 좌지우지하는가 사회조직을 어떻게 변혁하는가에 대해서는 모든 성원이 평등하게 가결을 결정할 권리가 있다. 그런데 2 · 26사건은 소수가 나서서 다수의 국민이 알지도 못하는 사이에 다수의 국민의 의사를 유린하는 특권을 행사한 것이 된다.

간단히 말해서 2 · 26사건의 본질은 모든 성원의 공유재산이 일부 소수의 사람들에 의해 좌지우지되는 것이 파시즘인데 2 · 26사건은 파시즘의 성향을 띠고 있었던 것이 된다. 파시즘은 도저히 타당하다고는 볼 수 없다.

다른 하나의 본질이 되고 있는 것은 육군이 일으킨 사건이라는 점이다. 이에 관해서는 1천여명의 군대가 수명의 대신들의 생명을 빼앗아 죽이고 정권을 탈취하여 軍制내각을 성립하려 했던 점이다.

이 사건은 무마되었으나 문제로 남는 것은 이들이 무기를 들고 수일간 수도의 한 지역에서 활거하면서 쉽게 항복하지 않았던 점이다.

2 · 26사건에서 당시 그들이 내건 사건의 의도의 내용은 국방의 충실과 사회조직의 변혁이라는 것을 내세우고 있었던 점이다.

2 · 26사건은 이미 중대사이기도 하지만 더욱 중요한 것은 그 수일간을 두고 치안유지를 담당하는 당국 사이에서도 2 · 26사건을 야기한 군인들에 대해 이들을 반군으로 할 것인가 아닌가를 두고 그 귀결에 방황하였던 점이다. 그리고 일반인들 사이에서도 이들을 반군으로 보느냐 아니냐를 놓고 논의가 상반되고 있었던 점이다.

군부대신현역무관제 부활

2 · 26사건은 「군부대신현역무관제(軍部大臣現役武官制)」를 부활시켰다. 내각의 육군대신, 해군대신은 현역군인(現役軍人)이 아니면 안된다는 규정이다. 즉 이는 육군이나 해군이 「no」라고 하면 조각이 성립될 수 없게 되었다. 즉 내각을 부수는 것도 내각을 구성하는 일도 군부가 뜻하는 바대로 성립된다는 것을 의미하였다.

2 · 26사건 직후 廣田수상에게 寺內육군대장은 자유주의를 배격하는 것을 근간으로 하는 여러 요구를 제출했다. 그리고 寺內는 그것을 육군대신의 입각의 조건으로 내걸었다. 만일 廣田수상이 자신들이 내건 조건을 받아들이지 않을 경우 寺內가 입각을 거부하는 것은 물론 全육군이 육군대신을 보내지 않겠다는 뜻이 들어 있었다. 이에 수상은 그 조건을 받아들이고 寺內를 육군대신으로 입각시켜 내각을 성립시켰다.

이와 같이 일본에서는 滿洲事變으로부터 2 · 26事件에 이르기까지 점차로 테러와 파시즘운동이 세력을 떨치며 성행하게 된다. 그 다음 해에 중일전쟁(中日戰爭)이 일어났다.

4. 2 · 26사건과 군부의 폭주

일본에서는 1945년의 패전에 이르기까지의 역사– 1926년~1945년–을 탐구하는 일은 무척 중요하다고 보고 있다. 왜냐하면 역사는 70년~80년의 사이클로 되풀이된다고 이해한다면 현재로부터 70년~80년 전에 일어난 일들을 이해하는 것은 그대로 현재 일어난 일의 의미를 이해하는 것이 되기 때문이다.

그 것을 위하여 다음과 같이 교과서에서 「1926년~1945년」(半勝一利, 平凡社)의 저자 半勝은 일본의 근대사는 40년마다 나누어 생각할 수 있다고 했다. 다음과 같다.

Ⅰ기 …… (근대)유신전야의 1865년부터 러일전쟁 승리까지의 40년간. 러일전쟁의 승리로 세계에 일본을 알리게 된 일. 국력상승기(國力上昇期).

Ⅱ기 …… 러일전쟁(1905년)부터 패전(1945년)까지의 40년간. 2·26사건 등을 거쳐 군부(軍部)가 폭주하고 패전에 이르는 시기. 국력쇠퇴기(國力衰退期).

Ⅲ기 …… 패전부터 1985년까지의 40년간(Ⅰ기의 재래(再來). 패전의 폐허에서 부흥하여 경제대국으로 상승(國力上昇期).

Ⅳ기 …… 1985년부터 다음의 40년간(Ⅱ기의 재래) 다시금 쇠퇴기로 향하고 있다고 보는 견해(국력쇠퇴기).

상기한 역사 가운데서 가장 중요한 상징적인 일은 2·26사건이라고 보았다. 되풀이 말해서 2·26사건은 1936년 2월 26일, 육군의 황도파 청년장교들이 무력으로 정치개혁을 겨냥하여 하사관·병졸들을 이끌고 일으킨 쿠데타사건이다. 이 사건이 있은 후 군부는 테러 재발의 움직임을 보인 일이다. 2·26사건이 일어난 1936년에 「군부대신현역무관제」가 부활하였다. 이는 육군이나 해군이 no라고 하면 조각을 이룰수 없게 되어 내각(內閣)을 조직하는 일도 내각을 부수는 일도 군부의 뜻대로 할 수 있다는 것을 의미하였다.

이미 알려져 있는 바와 같이 일본은 2·26사건이 일어나기 3년 전에 국제연맹에서 탈퇴하였고 1937년의 노구교사건(盧溝橋事件)을 고의로 일으키고 중일전쟁과 태평양전쟁으로 치달았다.

2・26사건이 일어나기 4년 전(1932년)에는 5・15사건도 일어났었다. 2・26사건은 육군이 일으킨 것이었고 5・5사건은 해군하사관들이 일으킨 것으로 당시의 犬養毅 수상이 암살되었다.

1932년에 일어난 5・15사건

2・26사건이 일어나기 4년 전인 1932년에는 5・15사건이 일어났었다. 2・26사건은 육군장교들이 일으킨 것인데 반하여 5・15사건은 해군사관들이 일으킨 것이었다. 당시의 太養毅 수상이 암살되었다.

5. 남성에게 철저하게 종속되고 있는 여성

태평양전쟁 중의 일본에서는, 일본의 위정자들은 『憂國』에서처럼 철저히 여성을 가부장적 종속자로 만들었다. 『憂國』은 일본의 근대의 사상을 여과 없이 표출하였다.

미카도이즘에서는 여자의 주인은 남자. 그 위에 일왕이 있을 뿐이다. 그 일왕을 신(神)으로 섬기는 남자. 남편에게 맹종하는 여성 이미지가 있다. 여성의 순종을 미덕으로 세뇌시켰다. 일본근대에서의 '현모양처'란 바로 이러한 구조 속의 여성・처・母를 일컫는다.

> 레이코는 꿇어앉은 채 눈길을 떨어뜨리고 있었다.…… 중위는 불면(不眠)에도 불구하고 맑고 시원스런 눈을 들어 처음으로 아내의 눈을 똑바로 보았다. "나는 오늘 밤 할복한다." 레이코의 눈은 움찔하지도 않았다.…… "각오는 하고 있었습니다. 당신을 따라가게

해 주세요" …… 어째서 이렇듯 중대한 응낙이 그처럼 홀가분하게 나올 수 있는지 모를 지경이었다.

(김후란 번역본, 『우국』, 218-219쪽)

흰 종이에 쓰는 글씨는 남자이고 남편이다. 남자가 쓰는 글씨는 일왕에게의 충성이다. 그런 뜻에서 『憂國』은 무척이나 완벽하게 일본의 근대를 표출하였다. 아마도 『憂國』같은 작품은 드물는지도 모른다.

여기서 주의가 가는 것은 이 시기에 일본위정자들이 여성에게 주입시키는 '현모양처(賢母良妻)'는 바로 『憂國』에서의 여주인공의 모습이 하나의 모델로 작용될 수 있다. 주인을 섬기는 여성은 그 일에 대한 기쁨, 쾌락을 준 일이 다. 남자 주인공 중위의 기쁨은 주군 즉 일왕을 위하여 죽는 기쁨이다. 하지만 육체의 기쁨은 인간의 자연스런 기쁨에 해당하는 것이 아닌가.

6. 미시마의 할복자살의 의미

누구를 위하여? 무엇을 위하여 작가 미시마는 할복자살하였는가? 그 해답은 『憂國』에서 찾아 낼 수 있다고 필자는 생각한다.

미시마는 할복자살로 자신의 본질을 표하려 하였다. 일체의 타협을 거부하고 자신의 신조(信條)를 위해 자신의 생명을 던져 할복자살하였다. 순(殉)하였다. 미시마는 한편으로 평화와 번영과의 물결에 흠뻑 빠져 있는 일본사회 전체를 향하여 피를 내뿜는 할복자살로 경고하였다. 그것이 미시마가 선택한 길이었다. 그것이 바로 소설 『憂國』에 드러나는 그의 '우국'이다.

「憂國」은 완벽하게 일본의 근대 – 전전을 소설로 표현하여 낸 데에 대한 놀라움이 있다. 여자는 「백색」이다. 레이코는 다만 흰색일 뿐 주인 남자를 위하여 식사를 준비하고 목욕물 준비하고 그리고 섹스의 대상이다. 마침내는 남편의 뜻에 따라 남편이 할복자살 한 후 자신도 남편의 뒤를 따라 자살하였다.

할복자살은 자신이 자신의 배를 가르고 자살하는 행위를 말한다. 일본의 근세 강호(江戶)시대에는 무사에게 행하게 하는 하나의 사형의 방식이었다. 참수보다는 명예에 관한 행위로 여겼다.

7. 무사는 왜 할복을 하는가?

무사가 할복을 하는 경우는 무사가 자신이 중시하는 명예와 관계되는 사건이 생겼을 때 그 문제해결을 위하여 행하는 일이 많았다. 단지의 자살의 방법이 아니고 「법률상 및 예법상의 하나의 제도」였다. 할복은 일본 역사상의 중세에 시작되었는데 무사가 죄를 씻고, 잘못을 사과하고 치(恥, 부끄러움)를 면제받고 동료 · 우(友)를 구하고 자신의 성실을 증명하는 행위였다.

외국인들은 할복하는 광경을 보면서 놀라고 일본을 야만국이라고 경멸하는 경향이 강하다. 그러나 일본인들은 「무척 높은 기상의 행위이고 무척 감동적(感動的)인 비화(悲話)의 실제적인 예」라고 하면서 미덕(美德), 위대(偉大), 숭고(崇高)한 행위로 간주하고 있다는 생각들을 하고 있다.

배(복부)를 가르는 것은 그곳이 「혼(魂)이 머무는 장소」이기 때문이고 배를 펼쳐 보여 스스로의 혼이 더럽혀져 있는가, 깨끗한 가를 상대에게 판단시키고자 하는 의미가 있다고 말한다.

할복은 여러 경우에 행하여졌다. 명예가 실추된 무사는 그 회복을 위하여 할복을 한다. 또는 불상사가 일어났을 때 그 책임을 지기 위하여 할복을 한다. 예를 들면, 1808년 영국의 군함이 長崎항구에 불법 침입하여 당시 영국과 교전상태에 있던 네덜란드의 상관원(上館員) 2명을 잡아놓고 식량 등을 요구하는 횡포를 행하였다. 이런 일이 발생하자 당시의 長崎의 봉행(奉行, 무가시대의 職名, 무사의 우두머리) 송평강영(松平康英, 마츠다이라 야스히데, 1768-1808)은 영국 군함이 長崎 항구에서 퇴거한 날 밤에 죄송하게 되었다고 하면서 뜰에 명석을 깔고 할복하였다. 그의 부하 6명도 할복하였다. 또한 長崎 항구의 경비를 맡고 있던 佐賀蕃(사가번)에서는 부대의 지휘관 2명이 할복하였다. 막부의 조처를 기다리지 않고 모두 자발적으로 책임을 진 것이다.

이러한 경우 만일 그대로 생명을 연장하여 살고 있다면 자손에 이르기까지 무사 신분으로서는 살아나갈 수 없게 된다. 불명예(不名譽)는 무사에게는 최대의 수치이기 때문이다. 깨끗하게 가문의 명예를 지키는 것이었다.

자신에게 죄가 없는 경우에도 사건을 마무리하는 수단으로 할복하는 경우도 많았다. 강호시대(江戶時代) 막부 말기, 京都에서 치안 유지를 맡고 있던 회진번(會津蕃, 아이즈)의 번주(藩主) 송평용보(松平容保, 카타모리, 1835-1893)는 1864년 5월 6일, 수상한 자가 잠입하였다는 보고를 받고 잡으려 출동하였는데 그 중의 한 사람이 도망가려하자 체포하기 위하여 창으로 그의 배를 찔렀다. 그런데 그의 정체는 토좌번(土佐蕃, 토사항)의 번사였다. 이로해서 회진번과 토좌번 사이에 긴장이 감돌았다. 창으로 찌른 회진번의 당사자는 「나의 한 목숨을 바쳐 일이 수습된다면」 하면서 주군의 은혜에 보답한다는 뜻을 밝히고 할복하였다. 또한 사고를 당한 토좌번의 번사도 번에서 쫓겨나고 나서 할복하였다. 두 번의 당사자가 같이 할복하였기 때문에 사건은 마무리가 되었다.

강호시대에는 단지 자사(自死)에 그치는 것만이 아니라 형벌의 하나가 되었다. 이러한 경우에는 법률상, 예법상(禮法上)의 하나의 제도였다. 당연히 의식을 갖추면서 거행되었다.

할복이 법률상의 벌(罰)로서 강제되는 경우에는 장엄한 의식이 행하여졌다. 그것은 세련된 자살이다. 극도로 냉정한 감정과 침착한 태도를 취하지 않으면 아무도 시행할 수 없는 일이었다. 그러한 강력한 정신력이 필요하였기 때문에 할복은 어떻든 무사의 신분에 걸맞은 것이 되었다.

이러한 형벌로서의 할복은 무사계급에게만 주어진 특권이었다. 그러나 같은 무사라 할지라도 신분에 따라 다소의 차이가 있었다. 신분이 높은 사람은 할복할 경우, 옆에 놓은 다다미에 길이로 두 장을 나란히 놓고 그 위에 방석을 깔았다. 하급의 무사의 경우에는 다다미 한 장 위에 앉아서 그곳에서 할복하였다. 그런데 할복은 무사의 명예라는 인식이 컸기 때문에 남용되는 측면도 많았다. 부조리한 이유에서 또는 조금도 죽어야할 이유가 합당하지 않은 경우에도 젊은이들이 할복을 하였다.

8. 무사의 충의

무사도의 교육과목 중에는 거의 모두가 무사가 전장에서 어떻게 실천하여야 하는가 하는 군사교육에 관한 것이다.

무사도의 덕목 가운데서 제1로 중시하는 덕목은 충의(忠義)였다. 모든 덕목 중에서 최상위에 위치시키고 있다. 무사가 무엇보다도 명예로서 희구한 덕목이 충의였다.

그러나 그것은 주군(主君)을 향한 무분별한 복종을 뜻하는 것은 아니었다. 또한 주군을 향한 아첨이나 추종도 아니다. 충의를 다하는 것은 그 자체가 무사에게 있어서는 명예로운 행동이었다.

무사의 주군에 대한 충의는 주군에 대한 무조건의 복종을 뜻하는 것은 아니다. 주군이 올바르지 못하다고 판단될 경우에는 무사는 말없이 인내하며 주군에 추종하는 것이 아니고 올바르게 간하는 것도 충의이다. 무사는 자신의 목숨을 걸고 주군이 지성과 양심을 되찾을 때까지, 최후까지 간하는 것이 무사로서의 바람직한 행위였다

말하자면 주군이 제멋대로 행동하거나 잘못을 범할 경우, 주군의 총애에 연연하거나 처벌받는 일이 두려워 주저하는 것이 아니고 무사는 자신의 목숨을 걸고 어떠한 수단을 써서라도 간하는 것이 충의의 길이라고 하였다. 그로 인해 주군에게 처형당하는 일이 있더라도 그 길은 무사의 명예로운 길이라 하였다.

충의를 위한 자기 희생

무사는 사(私)적인 것보다는 공(公)을 우선시 하였다.

주군을 위하여 목숨을 버리는 것은 충의이고 한편으로 무사에게 있어서는 최고의 명예이다. 예를 들면 주군에게의 충의를 위하여, 주군의 자손을 살리기 위하여 주군의 자손 대신 자신의 아이를 희생시키는 일같은 것이 하나의 예가 될 것이다.

이러한 무사도의 관념은 부친과 자손, 남편과 아내가 따로 따로 별개의 이해관계를 갖는 서양의 개인주의와는 전혀 다른 형태이다.

가족 사이에 있어서 자식은 부모에게 효도를 하여야 한다가 큰 도의이지만 그것도 주군을 향하게 될 경우에는 주군을 향한 충의가 효도보다는 앞서는 일이 되었다. 또한 무사의 아내도 주군을 위하여서는 자신의 모든 것을 희생하여야 하였다.

9. 미시마의 노기(乃木) 따라 하기

– 노기의 순사

미시마의 할복자살 사건은 이전의 노기 마레스케(乃木希典, 육군대장, 1849–1912)의 할복자살 사건의 순사(殉死)를 떠올리기에 충분하다. 순사는 주군이 죽었을 때 부하가 배를 가르고 죽어 저 세상까지 따라가 주군을 모신다는 살벌한 기풍을 말한다.

패전 전의 일본육군의 교육은 일반적으로 군인정신을 주입시킨다는 의미에서 정신적인 면이 중시되었다. 육군의 정신주의가 표방하는 것은 대체로 노기의 경우가 모범적이었다. 노기의 할복자살의 순사는 일본육군의 교육의 정신상을 간략하게 설명할 수 있는 표상적인 것이기 때문이다.

노기는 무쓰히토(睦仁)일왕의 장례의 날에 처(靜子)와 함께 순사하였다. 노기는 '이 세상에서 신(神)이 사라져 대군의 뒤를 따르고 싶어 나는 간다(따라 죽는다)'라는 유언을 남겼고 노기의 순사의 뒤를 이어 그의 아내(精子)는 '출타하시어 돌아올 날 없다 들어 슬픔에 차 오늘 만나려 하네'라 하고 남편의 뒤를 따라 자살하였다.

육군은 노기의 정신주의와 테라우치의 규율주의

육군은 乃木希典(노기 마레스케)의 정신주의와 寺內의 규율주의에 덧붙여 비밀주의에 휩싸였다.

乃木은 長州의 지번인 長府번의 문관출신이다. 번교 明倫館에서 공부를 했다. 20살 때 유신혁명이 시작되었다.

1877년(明治10) 서남전투 시절이었다. 態本鎭台 사령관 谷干城(타니칸죠)은 코쿠라(小倉)에 있는 제14연대장인 乃木소좌에게 원군을 청했다. 그러나 이 일이 제대로 되지 않아 군기를 西鄕군대에게 빼앗기게 되었다.

군기는 대원수인 왕이 각 연대에 하사한 물건이다. 말하자면 군대의 혼(魂)이다. 그것을 적군에게 빼앗겼다는 것은 군인으로서는 말할 수 없는 굴욕이라 생각하여 乃木은 자결하여 죄를 갚으려 했다. 그러나 자결할 각오라면 전공을 세워야 한다는 만류를 들었다. 나이 29살 때였는데 이때의 일이 후일 무쓰히토왕(睦仁, 명치왕)의 사후 함께 순사하려는 결심을 하게 되는 동기가 되었다.

乃木은 그후 잠시 퇴역하고 있다가 청국과의 전쟁인 청일전쟁 때 출정하였고 러시아와의 전쟁인 러일전쟁 때는 제3군 사령관으로서 여순공격을 지휘하였다. 이 전투에서 그의 두 아들이 전사하였다.

무쓰히토왕의 장례 날에 '이 세상에서 신(神)이 사라져 대군의 뒤를 따르고 싶어 나는 간다(따라 죽는다)'라는 유언을 남기고 순사했다. 乃木의 순사의 뒤를 이어 그의 아내(精子)는 '출타하시어 돌아올 날 없다 들어 슬픔에 차 오늘 만나려 하네'라 하고 남편의 뒤를 따라 자살했다.

寺內正毅(테라우찌 마사타케, 1852－1919)은 육군군인의 지도자 급이면서 정치가였다. 입헌정치를 반대하는 비입헌자(非立憲者)다. 대한제국(大韓帝國, 韓國)통감으로서 한일합방을 추진한 후 초대 조선통감을 지냈다.

일반적으로 육군의 교육은 군인정신을 주입시킨다는 의미에서 정신적인 면이 중시되었다. 여기서 육군의 정신주의가 표방하는 것은 대체로 상기한 乃木의 경우가 모범인 것임을 추측하게 한다. 乃木의 순사는 일본육군의 교육의 정신상을 간략하게 설명할 수 있는 표상적인 것이기 때문이다.

순사는 주군이 죽었을 때 그 뒤를 이어 부하가 배를 가르고 죽어 저 세상까지 따라가 주군을 모신다는 살벌한 기풍을 말한다. 순사는 원래 전장에서 주군과 생사를 같이 한다는 뜻에서 온 것인데 후일에는 주군을 따라 죽는 것이 충의인 것으로 생각하는 자들이 많이 배출되었다.

할복은 주군에 대한 의리를 위해 자신의 의지로 죽는 형태라는 성격을 띠고 있어 이런 모습은 무척 감동적일 수 있었다. 보는 이들을 감상적으로 빠져들게 하여 눈물을 자아내게 하는 일면이 있었다.

寺内의 '벚꽃 이데올로기'

'벚꽃 이데올로기'라는 것은 군국주의 하에서 극단적인 의미를 지니게 된 벚꽃관을 말한다.

寺内가 육군의 정신의 지주로 거론되고 있던 것은 그가 非立憲수의자였던 때문으로 풀이된다. 또한 寺内시절 널리 확산되고 있었던 일본의 '벚꽃 이데올로기'와 관련이 있는 것도 주지의 사실이다.

군국주의 하의 일본에서는 벚꽃은 총을 들고 싸우는 병사의 벚꽃, 세계만방 위에 군림하는 일본의 벚꽃으로 급속히 벚꽃의 이미지가 변해갔다. 벚꽃이 화사하게 피었다가 한꺼번에 확 지는 벚꽃의 특성을 두고 병사들이 전장에 나가서는 이와 같이 군주를 위해 충성으로 목숨을 바쳐야 한다는 의미가 내포되어 있다. 이처럼 군국주의 하에서 벚꽃은 극단의 의미를 지니며 大和魂의 표상으로 크게 선전되었다.

여기서 '꽃은 벚꽃' '사람은 무사'라는 벚꽃론이 생기고 벚꽃은 일본의 정신주의의 표상으로 고정되어 나갔다.

10. 군부의 독자성

일본 신정부 내에서의 기본은 유신헌법(維新憲法 =明治憲法) 체제로서 여기에는 군부의 독자성이 인정되었고 또한 선거권은 아주 제한되어 있었다.

다시 말해서 1932년 군부 내의 젊은 장교들이 수상을 암살한 5・15사건이 일어난 후 이때부터 정당정치는 군부의 세력 하에 들어간다.

육군은 乃木希典(노기 마레스케, 1849－1912)의 정신주의와 寺內正毅(테라우치 마사타케, 1859－1919)의 규율주의에 덧붙여 비밀주의에 휩싸였다. 乃木은 서남전투(西南戰鬪, 1877년)에서 사족들을 중심으로 반란을 일으킨 西鄕隆盛(사이고 타카모리, 1827－1877)군대에게 군기(軍旗)를 빼앗긴 일이 있었다. 군기는 대원수인 일왕(日王)이 각 연대에 하사한 물건이다. 말하자면 군대의 혼(魂)이다. 그것을 적군에게 빼앗겼다는 것은 군인으로서는 말할 수 없는 굴욕이라 생각하여 乃木은 자결하여 죄를 사죄하려 하였다. 그러나 자결할 각오라면 전공을 세워야 한다는 주위의 만류로 뜻을 굽혔다. 나이 29살 때였는데 이때의 일이 후일 무쓰히토(睦仁)왕의 사후 함께 순사하려는 결심을 하게 되는 동기가 되었다.

乃木은 무쓰히토(睦仁)왕의 장례 날에 유언을 남기고 순사했다. 乃木의 뒤를 이어 그의 아내(精子)도 남편의 뒤를 따라 자살하였다.

일반적으로 육군의 교육은 군인정신을 주입시킨다는 의미에서 정신적인 면이 중시되었다. 여기서 육군의 정신주의가 표방하는 것은 대체로 노기의 경우가 모범적이었다. 노기의 순사(殉死)는 일본 육군의 교육의 정신상을 간략하게 설명할 수 있는 표상적인 것이기 때문이다. 노기는 무쓰히토(睦仁)일왕의 장례의 날에 처(靜子)와 함께 순사하였다.

순사는 주군이 죽었을 때 부하가 배를 가르고 죽어 저 세상까지 따라가 주군을 모신다는 살벌한 기풍을 말한다. 순사는 원래 전장에서 주군과 생사를 같이 한다는 뜻에서 온 것인데 후일에는 주군을 따라 죽는 것이 충의인 것으로 생각하는 자들이 많이 배출되었다.

주군에 대한 의리를 위해 자신의 의지로 죽는 형태라는 성격을 띠고 있어 이런 모습은 무척 감동적일 수 있었다. 보는 이들을 감상적으로 빠져들게 하여 눈물을 자아내게 하는 일면이 있었다.

11. 무사도가 이상으로 하는 아내의 덕목

「딸이었을 때는 부친을 위하여, 처로서는 남편을 위하여, 모친으로서는 아들을 위하여 여성은 자신을 희생하였다」.

한 집안의 남자에게 종속되어 봉사하는 것이 여성의 생애였다. 남자가 주군을 위하여 목숨을 버리는 것과 마찬가지로 여성은 남편과 가정을 위하여 자발적으로 목숨을 던졌다.

이러한 것이 일본근대 일본위정자들이 여성에게 가르친 '현모양처(賢母良妻)'이다.

일본의 근대유신신정부 수립이래, 전전기(戰前期)의 일본의 여성의 지위는 말할 수 없이 낮았다. 무사에게 시집을 간여성은 가문의 명예를 위하여 봉사하여야 하고 고통을 감내하면서 일하고 때로는 자신의 목숨마저도 버려야 하였다.

이와 같이 여성들은 일생이 남편에게 종속되어 있고 봉사하는 생활을 하여야 하였다. 여성경시가 현저하였다. 마치 노예와 같은 위치였다.

그러나 일본인들은 여성이 남성의 노예는 아니었다고 주장한다. 거기에는 '여성들의 자발적인 자기 희생의 정신이 있었고 그것은 무사가 주군을 위하여 목숨을 바치는 것과 같은 모양의 행위였다'이다.

한편, 무가의 여성들은 무술(武術)의 소양을 몸에 익힐 것이 요구되었다. 그 목적은 단지 전장에서 활약하기 위한 것은 아니었다. 자신의 몸을 지키고 가정을 지키기 위한 것이었다. 정조관념이 컸다. 즉 여성은 「남편이 주군의 몸을 지키는 것과 마찬가지로 그러한 열성으로 스스로의 순결을 지켰다」. 성인이 된 여성은 부모로부터 단도가 주어졌다. 만일 폭한에게 당하게 될 때에는 그 단도로 적의 가슴을 찌르든가, 아니면 여성 자신의 몸을 찌르든가 하라고 교육받았다. 자해의 방법을 모르는 것은 여성의 수치이고 목의 어느 곳을 정확하게 찔러야 하는 가를 알아야 하였다. 그러한 때에 어떠한 고통에도 시체가 되었을 때의 모습이 흐트러지지 않도록 자신의 무릎을 단단히 묶어 놓고 나서 자해하였다.

무사의 아내들의 자해에는 많은 에피소드가 있다. 풍신수길(風臣秀吉)의 아들 풍신수뢰(風臣秀賴)의 휘하에서 분전하던 목촌중성(木村重成, 키무라 시게나리)의 처는 남편이 자신과 헤어지는 것에 마음 쓰는 일이 없도록 남편이 전장에 나가기 전에 먼저 자해하였다.

12. 일본자위대 출범결성의 동기

– 6 · 25전쟁이 원인

일본의 패전이 있은 후, 1950년 1월 1일, 패전일본의 점령관 맥아더장군은 연두의 성명에서 일본의 방위문제를 강조하였다. 이때 발생된 7만 5천여 명의 국가경찰대 설치와 해상보안청의 증강이라는 것이 현재로 계속되는 자위대의 시작이다.

일본에서 자위대(自衛隊)가 생겨나는 직접적인 계기는 우리나라에서 발발한 6 · 25전쟁(1950년)이다. 일본에 진주하고 있던 4개 사단의 미군이 6 · 25전쟁 전투에 동원되었다. 그 치안을 메꾸기 위해 맥아더 원수의 지시로 발생한 것이 일본의 경찰예비대(警察豫備隊)다.

제3차 吉田내각기에는 1950년 6월 6 · 25전쟁 직후 맥아더(D. MacArthur)의 지령에 의해 준군대적(準軍隊的) 조직의 경찰예비대를 창설했다. 또한 다음해(1951년) 9월에는 미국을 중심으로 한 48개국의 자유주의 진영 제국과 강화조약을 체결하여 일본의 안전보장은 미일안전보장으로 위임했다.

1952년에는 경찰예비대가 외국으로부터의 간접침략에 대응하는 보안대(保安隊)로 개편되었다.

1952년에 경찰예비대가 보안대(保安隊)가 되고 해상보안청의 증원(增

員)은 해상경비대에서 경비대가 되었다. 그리고 이 2개의 부대를 관리 운영하는 조직이 총리부(總理府)의 외국(外局)으로서 설치되었다. 이것이 후일 방위청(防衛廳)이 되는 보안청(保安廳)이다.

다시 2년 후인 1954년 6월 9일 방위청 설치법과 자위대법이 시행되었다. 이를 근저로 하여 방위청과 자위대가 성립했다. 육해공자위대(陸海空自衛隊)의 발족은 이후 약 1개월 후인 1954년 7월 1일이다. 이때 육상자위대는 13만명, 해상자위대는 1만 5천명, 항공자위대가 6천명에 이르렀다.

해상자위대와 항공자위대는 필요로 하는 정면장비(正面裝備)의 수가 컸으므로 미국의 원조를 받으며 급격히 발전했다. 해상경비대는 발족할 때 2만7천 톤이었던 함정수(艦艇數)가 발족 후 4년 후인 1958년에는 8만 천 톤이나 되었다. 항공자위대는 발족 할 때 보유기(保有機)가 겨우 150기였는데 겨우 4년 후에 970기로 증가했다.

Ⅳ. 미시마의 일왕관(日王觀, =미카도이즘)

미시마의 '일왕주의' 예찬

– 미시마, 일본의 근대 예찬

1. 미시마, 자위대의 궐기 호소

주의가 가는 것은 미시마는 일본의 패전 후의 체제, 즉 전후민주주의 체제를 부정하고 비판하였다. 그리고 이전의 패전 전의 전전체제(戰前體制)로의 회기를 주장하고 있는 점이다. 즉 일왕주의(=미카도이즘) 체제로 돌아가야만 한다는 것이 주였다. 또한 일본패전 후의 미점령 하에 이루어진 '新헌법은 부정하여야만 한다'고도 주장하였다.

일본근대의 정치체제

일본의 근대의 정치적 체제는 간략히 말하면 대일본제국헌법(=明治헌법)이 단적으로 표상해주고 있다. 대일본제국헌법의 제1조는 '대일본제국은 萬世一系의 天皇이 통치한다'이다. 즉 일본은 만세일계의 군주가 통치하는 나라이므로 우리나라나 중국 역사에서와 같은 역성혁명은 없다고 했다. 또한 제3조에서는 '天皇은 신성하여 불가침이다'라고 해서 天皇은 문자 그대로 神이라고 명백하게 헌법조항에 규정되어 있나. 따라서 유신혁명초기에서부터 신정부의 최고의 지도자들이 군주를 神으로 받들었다. 伊藤博文은 서구의 정신적 지주가 유일신 그리스도인 것에서 그리스도의 자리에 天皇을 대치시키고 그와 버금가는 神이라고 했고 무쓰히토왕이 사망하자 神으로 제사지냈다.

즉 국가 = 군주(天皇)를 표방한 것이 제국헌법이었다. 그리고 그러한 天皇을 표징하는 것으로서 '萬世一系'라고 하는 神話를 창출하여 그 신화를 개입시키는 것으로서 '天皇'의 존재성을 인간적인 事象의 모든 것에서 이탈시키는 것에 두었다. 그러한 神話창출의 연장선상에서 보아야만 '現人神'이라는 어휘의 본질이 나타난다고 하겠다.

일본위정자들은 제국헌법에서의 '萬世一系'를 일본국민들의 정신생활에 필사적으로 정착시켜 나가도록 노력했다. 후일 청일전쟁과 러일전쟁에서 승리한 이후는 더욱 현저하게 나타나는 현상이었다.

군주를 받드는 일본의 국민의 의무와 권리는 교육칙어(教育勅語)에 축약되어진다. 일본인은 군주에게 절대적인 충성을 하여야 한다－로 되어 있다. 즉 교육칙어는 제국헌법의 틀 안에서 조금도 벗어나 있지 않다.

따라서 만세일계의 군주를 헌신적으로 충성으로 받드는 일이 국민의 의무가 되는 국가지상주의와 연계되어 있다.

유신신정부 내에서의 기본은 대일본제국헌법 체제로서 여기에는 군부의 독자성이 인정되어 있었다. 이는 대일본제국 헌법에서 가장 특이한 것으로 통수권이 헌법에서 독립되어 군주 대권으로 되어 있는 점이다. 이것이 후일 군국주의 체제로 나가는 데에 중요한 요소로 작용했다.

즉 일본의 군국주의는 새로운 정변이 아니라 대일본제국 헌법 내에서 변형된 것이라 할 수 있다.

'天皇'호칭의 정착

미카도가 '天皇'이라는 호칭으로 정착되는 것은 거의 1882년경부터다.

'1881년의 정변'(=明治14年의 政變)

유신신정부가 새로운 정치체제를 창출해 나가고 있을 때 자유민권운동이 거세게 일어났다. 이 때 대외중신(大隈重信, 오쿠마 시게노부, 1838-1922)이 즉시 국회를 개설할 것을 주장하고 나섰다. 유신신정부의 참의 이등박문(伊藤博文, 이토 히로부미)이 이를 강력하게 반대했다. 이 와중에 개척사관유물불하사건(開拓使官有物拂下の事件)[15]이 터지자 여론의 공격이 신정부에 퍼부어졌다.

유신신정부는 이등박문의 모략대로 대외중신이 이 여론과 관계가 있다고 하여 대외중신을 파면하고 대일본제국헌법의 기본 방침을 결정하고 국회개설을 10년 이내에 개설 할 것을 공약했다.

이 정변의 의의는 이등박문이 대구보리통(大久保利通, 오쿠보 도시미치)의 빈자리를 메우는 막강한 세력을 지니게 한 일에 있다. 즉 1878년 참의겸 내무대신 대구보리통이 암살되어 강력한 지도력이 결여되어 있던 신정부에 이등박문을 등장시킨 일이다. 이등박문이 라이벌인 대외중신을 모략으로 몰아내고 자신의 세력 기반을 확고히 한 것이다.

또한 '1881년의 정변'으로 이등박문 등을 중심으로 하는 살마(薩摩, 사쓰마)·장주(長州, 쵸슈)파의 정권이 확립되었다.

---

15 1881년(明治14년) 개척사 소속의 관유물을 불하하는 과정에서 구 薩摩령 출신의 개척장관 黑田淸隆(쿠로다 키요타카)이 부당한 싼 값으로 같은 령 출신의 政商 五代友厚(고다이 토모아쓰) 등의 관서무역상에 불하하려한 일이 문제된 일. '1881년의 정변'으로 불하는 중지되었다.

'1881년의 정변' 다음해 우리나라 조선에서 임오군란(1882년)이 일어나자 일본의 내정과 외정의 교차선상에서 미카도를 유신신정부(*領閥專制政府)의 외형적 핵으로 위치시키는 동시에 군국주의적 국권확장의 선두에 서게 만들었다. 미카도가 '天皇'이라는 호칭으로 정착되는 것은 이 시기부터다.

1882년 궁내성 1등 출사 이지지정치(伊地知正治, *원로원 의장)는 다음과 같이 말했다.

'天皇 또는 천자라고 존칭한다. 또는 각국 대등의 공문서에는 天皇이라고 칭하는 것으로 정하고, 기타는 쓰지 않는다'라고.

당시 天皇이나 天皇陛下라는 말을 사용은 해왔으나 황상(皇上), 성상, 성왕, 지존, 주상, 천자, 황제, 국제(國帝) 등 여러 가지였다.[16]

미카도가 '天皇'이라는 호칭으로 정착되는 것은 거의 이 시기경부터다.[17]

---

16 上同.

17 ① 이제까지 나(*田中彰)는 편의상 天皇이라는 말을 한결같이 사용하였으나 天皇이라고 하는 호칭이 정착하는 것은 거의 이즈음부터이다.(明治14년의 정변, 임오군란이 일어난 시기) – 田中彰, 『近代天皇制の道程』, 상게서, 255쪽. ② 고영자, 『일본의 두 얼굴』 참조.

2. 미시마가 예찬하는 일본의 근대

일본은 20세기 초두에 유신혁명(明治維新)에 성공하여 근대국가로서의 발전을 이룩해 나갔다. 유신혁명의 성공으로 이루어낸 유신신정부(이하 신정부)는 바로 전 시대의 江戸막부의 모든 것을 부정하면서 새로운 정치 사회 질서체제를 확립하고자 했다. 즉 신정부는 江戸막부의 장군체제에서 벗어나 군왕을 통치의 상위에 놓고 서구적인 정치체제를 도입하여 건설해 나갔다.

전시대인 江戸막부는 봉건제도 체제로서 大名에 의해 분할 지배되고 있었다. 그리고 막부 정치체제의 원칙은 領이 독자적으로 경제개혁이나 군사력 강화를 진전시키는 것이어서 막부는 모든 大名의 정치에는 간섭하지 않는 것이었다. 간단히 말해서 江戸막부의 領(=藩) 체제는 어떤 의미로 보면 '연방국가'와 비슷하여 독립국가 공동체 같은 체제였다.

> 이 시대의 정치형태는 徳川가문에 의한 전국통일정권은 결단코 아니다. 오히려 아메리카 합중국적인 '連邦國家'의 이미지와 가깝다. 幕府는 일본 전체의 레벨로 본다면 군사권과 외교권, 그리고 통화발행권을 장악하고 있었을 뿐 연방을 구성하고 있는 독립국가인 모든 領(藩)의 정치에 개입하는 일은 없었다.[18]

이러한 막부의 원칙이 막부 말기에 이르러서 오히려 '領이 막부정치에 개입 한다'라는 형태로 막부가 쓰러졌다. 막부를 쓰러뜨린 領은 주로 강령(强領)에 속하던 薩摩와 長州이다. 막부말기에 막부를 대항할 수 있

18 大石愼三郎. [日本近世史](講談社現代新書). 1996.

는 세력이라면 薩摩와 長州 두 領뿐이었던 것이다. 두 領은 1830년에서 1843년까지 13회에 걸쳐 領내에서의 정치를 개혁하고 재정을 정비해나갔다. 식산흥업, 서양식 군비의 채용과 인재의 양성 등에 진력했다.

이러한 급진적인 개혁의 주체는 하급무사들이었다. 이들 하급무사들은 자신들의 실력을 배경으로 혼돈을 거듭하는 막부의 정국을 좌지우지하는 리더쉽을 쟁취하는 일에 성공했다. 따라서 바로 이들 강령의 하급무사들이 주축이 되어 武力으로 성취시킨 혁명이 곧 20세기 초의 유신혁명(=明治維新)이었다. 자연히 신정부의 새로운 지도자들은 서남강령(薩摩, 長州, 土佐, 佐賀)들이 독점하게 되었다. 특히 薩摩와 長州가 신정부의 정치지도의 헤게모니를 쥐고 그들은 정치 방침을 서구 문명의 도입을 꾀하면서 中央集權化와 富國强兵의 길로 진전시켜 나갔다.

구체적으로는 통치기구의 개혁을 위해 閉藩置縣을 단행했다. 징병제도를 실시하고 근대적 재정제도의 확립을 위해 地租改正을 실시했다. 大韓侵論(征韓論, 1873년)에서는 정치지도자들의 의견이 분열하여 신정부는 큰 위기에 직면했으나 西南전투(1874년)[19]에서 승리하여 신정부의 기초가 안정되었다.

여기서 주목을 요하는 것은 청일전쟁은 바로 우리의 대한제국의 국권을 빼앗기 위해 일본이 승리할 수 있다는 자신감을 가지고 청나라에 선전포고를 하고 일으킨 전쟁이었던 점이다. 청나라로서는 피하고 싶었던 전쟁이었다. 청나라는 1894년경 '잠자는 사자'라고 불려지던 아시아의 유일한 강국이었는데 청나라와 전쟁을 일으켜 일본은 승리를 거두었다.

갑오경장(甲午更張, =甲午改革, 1894)은 청일전쟁과 거의 같은 시기에 일어난 내정개혁이었다. 대한제국에서 주로 개화파로 일컬어지는 조

19 대한제국침략론에서 패하여 하야하고 있던 西鄕隆盛를 중심으로 한 鹿兒島 사족의 반란 西鄕은 이 전투에서 신정부군에게 패하고 자살했다.

정대신들이 이루어내려는 내정개혁이었으나 일본의 신정부가 대한제국을 침략하기 위해 개입한 개혁이어서 실패로 끝났다.

다시 말해서 대한제국의 내정개혁의 움직임을 일본의 신정부는 교묘하게 이용했다. 갑오경장에 일본의 대한침략 정책을 결부시켜 나간 것이다. 신정부의 대한제국 정책을 지도하기 위해 와있던 井上馨은 개화파의 金弘集, 魚允中, 金玉均, 朴泳孝 등 조정대신들에게 세계의 대세와 일본의 근대화의 실정 등을 설명하며 주한공사 花房義質(하나부사)과 함께 내정개혁의 정당성을 설파함과 동시에 적극적으로 시행하여 나갈 것을 권고[20] 하는 한편, 井上馨은 군함과 총기류를 대한제국에 주겠다고 하면서 다시금 신정부의 군사교관을 파견하여 대한제국의 군제개혁을 권고하면서 원조를 약속하기도 했다.[21]

井上馨은 일관하여 김옥균과 박영효 등의 친일 개화파를 지원하면서 이들을 이용하여 대한제국의 내정간섭의 실현을 위해 진력했다.

또한 山縣有朋은 '주권선'과 '이익선'이라는 것을 노골적으로 제안하면서 '주권선'은 영토의 보존을 일컫고 있으며 일본의 '이익선'은 '조선'을 침략하는 것이라고 설파했다.[22]

일본은 '조선은 뒤떨어진 나라, 발전이 없는 나라'라고 경멸했다. 그래서 조선의 침략은 어렵지 않은 일로 확신하였다. '조선은 형편없는 사회, 그러한 조선을 열심히 공부할 생각은 일어나지 않는다' – 라는 것이 일본인의 '조선 정체론, 조선 낙오론'에 포함되어 있었고 이것이 일본인의 상식이 되있다. 여기에는 福澤諭吉의 '脫亞論'의 영향이 깄다고 본다. 福

20 井上馨侯傳記編纂會編. 「世外井上公傳」第三卷 (內外書籍) 1934. 439-443쪽.

21 1880年5月7日附 三條宛 井上馨附屬書 (花房義質駐韓公使宛訓令案). 「外交」13, 420-425쪽

22 中塚明. 「近代日本と朝鮮」. 三省堂. 1977. 51쪽.

澤은 대한제국의 침략을 목청을 높여 외쳤다.

福澤諭吉은 이미 「時事小言」(1881년)에서 일본의 신정부의 지도하에서의 대한제국의 근대화가 이루어져야 한다고 주장했다.[23] 임오군란 이후에는 특히 김옥균과 박영효 등에게 조정 내에서 내정개혁을 하라고 부추기며 권고했다.[24] 또한 福澤은 문하생 井上角五郎(이노우에 가쿠고로, 1860!)을 1938) 대한제국에 파견하여 김옥균 등의 협력을 얻도록 조처했다.

福澤은 角五郎에게 다음과 같이 훈시했다.

> 일본 이외의 어느 나라든 조선에 손을 대게 할 수는 없다. 일본이 독자적으로 이에 임하는 것이 일본의 권리이자 그 의무이다.[25]

福澤의 대한제국 멸시와 함께 일본의 대한침략을 무척 부추기고 있었다는 사실이 드러난다. 角五郎은 福澤과 김옥균의 만남에 대해 다음과 같이 말하고 있었다.

> 선생(*福澤)은 이곳에서 김옥균에게 조선은 완전히 독립하여야 하며 지나(*중국)에 부속되어 그들과 최후의 운명을 함께 하는 것은 조선을 위해서 보더라도 어리석다.

---

23 外務省官房記錄課編. 「日韓交涉略史」(外務省). 1894. 10丁. 及 「外交」六, 177-178쪽. 「外交」九, 145-146쪽.

24 1879. 10. 8. 附. 突戶璣駐淸公使宛井上訓令. 「外交」12. 189-190쪽.

25 井上角五郎. 「福澤先生と朝鮮經營と現代朝鮮の文化について」

김(*김옥균) 역시 본래부터 그러한 뜻을 갖고 있어 서로 의기 투합하여 담화는 빨리 진행되어 선생은 그 최후의 목적은 동양 삼국이 제휴하여 구미세력의 동점(東漸)에 맞서기 위함이라 하였고……[26]

井上角五郎은 1882년 임오군란 이후 대한제국 고문이었고 1883년 〈한성순보(漢城旬報)〉 창간을 주도했다. 갑신정변(甲申政變, 1884) 후 본국으로 돌아갔다가 미국으로 갔었고 귀국하여 後藤象二郎(고토 소지로) 등과 대동단(大同團, 신정부의 藩閥정치 등에 대한 배격) 운동에 참가했다.

福澤의 활동은 인용문에서 알 수 있는 바와 같이 井上馨를 위시한 일본의 신정부의 대한침략정책을 도와주고 보완해 주는 성향이 짙었다. 신정부의 대한침략이 점점 그 성과를 더해 나감에 따라 福澤의 대한제국 멸시관은 더욱 그 도가 심해졌다.

저 불을 먹으려는 자를 보라, 가령 내 한집을 돌집으로 지어도 판잣집과 같은 보잘 것 없는 집이 옆에 있을 때는 결코 안심할 수 없다. 그러므로 화재를 예방하려면 내집을 방비하면서 인근을 위한 예방책도 마련하여야 하며 만일의 경우에는 응징함은 물론이요 평상시에는 그 주인에게 이야기하여 우리 집과 같은 돌집을 짓도록 하는 것이 중요하나……

동양의 여러 나라, 특히 우리 이웃인 지나(*중국) 조선 등이 우둔하여 그 기세에 대항하지 못하는 것은 목조건물이 화재에 견디지

---

26 井上角五郎.「故友 金玉均君の回想」 - ≪古均≫ - 1935. 5月號

> 못하는 것과 같다. 그러므로 우리 일본의 무력으로써 이에 응원하는 것은 단순히 남을 위함이 아니라 자신을 위하는 것이라는 점을 알아야 한다. 무력으로서 이를 보호하고 문으로서 이를 유도하여, 신속히 우리의 예를 따라 근대의 문명으로 들어서도록 해야 한다. 우리는 부득이 한 경우 힘으로써 그들의 진보를 협박하는 것도 가능한 일일 것이다.[27]

福澤은 인용문과 같은 과격한 침략론을 펼치면서도 개화파의 김옥균에게 도와주겠다는 언약은 계속하면서 그치지 않았다. 여기서 김옥균을 위시한 개화파 인물들이 현실을 간파하지 못하는 우를 범하게 되었다. 즉 바로 福澤을 위시한 일본의 정치가들의 동지와 같은 입장을 보이면서 하는 언변들은 대한제국을 진심에서 도와주겠다는 뜻에서가 아니라 어디까지나 침략을 위해 내정간섭을 하기 위해서 일본이 자신들을 이용물로 하고 있다는 그 저의를 알아차리지 못한 점에 있다.

갑오경장에서의 福澤諭吉, 井上角五郞, 井上馨은 대한제국 국권찬탈의 선두자들이다.

마침내 신정부는 청나라와 청일전쟁을 일으켜 승리하여 그 전승의 결과로 대한제국의 국권을 빼앗는 일에 성공하였다.

그러나 다시 대한제국에 러시아의 세력이 침입하는 기세가 있자 제국 러시아와 전쟁을 시작했다. 러일전쟁이다. 당시 러시아는 세계5대 강국의 하나였다. 일본은 러일전쟁에서도 승리하여 대한제국을 완전히 점령하여 지배하는데 성공했고 청나라에서도 크나큰 이권을 획득했다.

이 두 전쟁에서의 승리는 구미 열강으로 하여금 아시아에 일본이 있

---

27 1881. 9월 간행. 福澤諭吉. [時事小言] 제4편 －國權之事－

다는 데에 주목하고 일본을 인정하기에 이르렀다.

이렇게 볼 때 일본은 근대적인 의미의 통일국가로의 형성을 목표로 한 이래 약 40여년 간에 걸쳐 완전한 근대국가로의 변혁의 완성을 보았다고 할 수 있다.

자신감을 얻게 된 일본은 유럽에서 제1차세계대전이 일어났을 때 이 전쟁에 아무 상관도 없을 것 같았는데도 일본은 참전하였다. 그리고 일본은 이 전쟁에서 패한 독일의 항복으로 인해 어부지리를 얻어냈다.

'15년戰爭'의 범위 안에 드는 태평양전쟁은 일본이 미국에 선전포고도 하지 않은 채 갑자기 진주만을 공격하면서 전쟁을 시작했다. 결국 이 전쟁에서 일본은 연합군에 패하여 무조건 항복을 함으로써 미국의 점령하에 들어갔다.

일본의 근대사, 1931년부터 1945년까지의 15년 전쟁시대[28]는 일본근대사에 있어 대단히 중요한 시기이다.

일본은 만주 전토를 점령할 목적으로 만주사변을 일으켰고 이는 中日전쟁으로 확산되었다. 만주는 청나라의 발상지로 청의 영토였는데 일본은 무력을 앞세워 청과 조약을 맺어 만주에서 여러 권익을 쟁탈했다. 구체적으로 말하면 遼東반도에 있는 旅順, 大連을 빼앗아 지배하에 넣었다. 또한 러일전쟁에서의 승리한 덕으로 일본은 러시아와의 조약에서

---

28 15년전쟁이란 역사문언은 일찍이 광범위하게 사용되었던 것은 아니다. 15년전쟁이란 말을 처음 사용한 자들은 「知識人と戰爭責任」中央公論. 1956.년 1月號이고, 그 발상의 근저를 설명한 것이 「日本知識人のアメリカ像」中央公論. 1956. 7月號였다. 家永三郎 「太平洋戰爭」岩波書店. 1968. 출간된 서적의 서문에서 15년전쟁이란 어휘로 시기를 나누어 놓은 일이 있었다.

여러 이권을 획득했다. 그 하나가 關東州, 즉 요동반도의 거의 전부를 청나라로부터 인계받아 자유로 사용하는 권리를 얻었고 남만주 철도경영권을 획득했다. 그리고 安奉철도라고 하는 국경선의 安東(현재의 丹東)에서부터 奉天(현재의 瀋陽)간의 군용철도의 경영권도 획득했다. 만주 남부의 철도경영권을 거의 획득한 것이 된다. 다시금 남만주철도 연변에 속하는 탄광의 채굴권을 얻었다. 더욱 중요한 것은 철도의 안전을 지킨다는 명목으로 일본의 군대를 진주시키는 철도수비의 군대 주둔권을 얻은 일이다.

이러한 일들로 하여 일본은 만주에 군대를 파견하는 빌미가 형성된 일이다. 즉 일본의 방위선으로서의 만주가 중요 지역이 되었다. 처음에는 철도와 일본인 주민을 보호한다는 명목으로 주둔한 군대는 1만명 정도였으나 나중에는 70만명에 이르렀다. 그리고 旅順과 大連에 사령부를 두었기 때문에 關東軍이라고 칭한다. 또한 일본의 본토가 좁다고 하여 이민정책을 펴서 수많은 일본인이 만주로 이주했다. 이들은 옛부터 만주인이나 몽고인 그리고 조선인이 개척하여 살고 있던 토지를 빼앗거나 헐값으로 사들여 원한을 사게 되었다.

이러한 큰 역할을 담당하는 만주를 어떻게 경영하는가가 정치의 중심과제로 떠오르고 있었다. 일본은 앞으로 자국중심주의(自國中心主義)인가, 국제주의(國際主義)로 나가고자 하는가. 국가주의인가, 시민주의인가. 군사력 중시인가, 평화주의인가.

유신혁명은 바로 하급무사들을 주축으로 하는, 말하자면 국내에서의 전투, 즉 내란의 성격을 띠우면서 달성할 수 있었던 점이다. 유신혁명을 달성시킨 이들의 무력은 다시금 외국을 향한 침략전쟁으로 이어져 나갔다. 20세기 이전에도 일본의 戰國시대는 국내에서 합전과 전투가 끊일

날이 없을 정도였다. 더욱이 우리나라와의 관계에서는 조선시대에서의 임진왜란을 들 수가 있다. 결국 임진왜란 후 19세기 말기에 대한제국은 일본에게 국권을 빼앗기는 수난을 겪어야 했다.

3. 교육상의 국가주의

교육칙어에서는 군주에의 충성이 도덕의 중심

신정부는 교육에 의해 국가에 봉사하도록 국민의 정신까지 인위적으로 만들어 나가려 했다. 교육은 국가주의로 한정되어 왕을 절대시하는 군주제적 국가주의의 첨병의 역할을 떠맡게 되었다. 이를 가장 단적으로 말해주는 것이 1890년(명치. 23) 10월 30일에 발표한 교육칙어다. 헌법이 만들어진 후 의회가 열리기 전에 교육칙어는 발표되었다.

이 교육칙어는 국가주의를 지상으로 했다. 대일본제국헌법에 의해 왕을 신성한 권위위에 앉히고 그 밑에 정치를 장치하는 신정부는 교육에 의해 국가에 봉사하도록 국민의 정신마저 만들어 내려 했다. 이러한 것을 기본으로 하여 만들어진 것이 교육칙어다. '항상 국권을 중히 알고 국법을 존중한다'라는 헌법에 연계되는 것으로 국민생활의 전부를 국가주의에 집어넣었다.

그 사상은 충과 효를 중심으로 한 유교적인 가족국가의 사고발상에 기초했다. 교육칙어에서는 왕에게의 충성과 부보에게의 효를 도덕의 중심으로 하고 다시 전쟁이 일어나면 왕을 위해 목숨을 버린다는 각오로 왕을 절대적 주권자로서 국가에 충성을 다한다는 것이었다.

4. 군인칙론

군인이 갖추어야 할 덕목

명치왕은 1882년(명치 15) 1월 4일 육해군인에게 요지문을 내렸는데 주요부분을 보면 다음과 같다.

(一) 군인은 충절을 다하는 것을 본분으로 한다.……

(一) 군인은 올바른 예절을 갖추어야한다. 대저 군인에게는 위로 상사로부터 아래로 졸병에 이르기까지 직함의 계급이 있다. 신임인 자는 구임자에게 복종하여야만 한다.……

(一) 군인은 무용(武勇)을 지녀야 한다. 이 무용이란 것은 일본에서는 옛부터 존귀하게 여겨 신민은 모두 무용을 갖추어야만 했다. 따라서 군인은 전장에 나가 적을 만나면 어느 때고 무용을 발휘하는 일을 잊어서는 안된다.

그런데 무용에는 대용(大勇)과 소용(小勇)이 있어 같지 않다. 혈기에 차서 휘두르는 조폭(粗暴)같은 것은 무용이라고 말하기 어렵다. 군인은 항상 의리에 강하고 담력을 기르고 사려를 깊이 하여 일전에 임해야 한다. 작은 수의 적이라 하여 깔보고 대적이라 하여 무서워하지 말아야 한다.……

(一) 군인은 신의(信義)를 두텁게 해야 한다. 대저 신의를 지킨다는 것은 도의에 있는 것으로 군인이 신의가 없다면 하루도 대오 속에 섞여질 수가 없다. 신이라는 것은 자신의 말을 지키는 것이요 의라는 것은 자신의 본분을 다하는 것이다.……

(一) 군인은 검소해야 한다. 검소를 중시하는 일은 문약에 빠져 경박

함으로 달려 간교하고 사치하고 화미의 풍을 좋아하여 마침내는 탐욕에 빠져 뜻도 이루지 못하게 된다.

위의 5개조는 군인인 자는 언제나 명심해야 한다. 그런데 이를 행함에 있어서는 성심이 중요하다. 이 5개조는 일본의 군인의 정신으로서 하나의 성심은 또한 5개조의 정신이고 성심을 다하지 않으면 어떠한 미사려구나 선행도 모두 말의 장식일뿐 아무런 소용이 없다. 마음에 정성을 다하면 어떤 일도 성취할 것이요, 더구나 이 5개조는 천지의 공도요 인륜의 상경(常經)이다.……

'일본' 국호의 변천

일본 국호의 변천은 奈良(나라) → 大和(야마토) → 倭(중국 漢에서 賜姓) → 日本이다.

'나라(奈良)'는 우리나라 말의 '나라(국)'에서 온 것이므로 우리나라 역사와 떼어 놓을 수 없는 연관관계가 있는 것이 확실하다. 日本은 한자로 볼 때 태양의 근원이라는 뜻이라고 했다. '日本'이라는 한자를 쓰게 된 시작이 언제인가는 확실하지 않다. 다만 대한반도를 거쳐 중국문화를 받아들여 중국의 屬領이 되었기 때문에 '日本'이라는 한자를 썼다고 했다. 중국에서는 달력의 제작은 천자의 권위의 일부가 되어 있었다. 그래서 중국의 달력의 기초인 천자의 연호(年號)를 사용하는 영역은 넓은 의미에서 중국권이라고 말해졌다.

일본의 聖德(쇼토쿠) 태자가 중국 隋煬帝에게 두 번 째로 遣隋使를 보낸 때가 607년의 일이라고 한다. 이때의 견수사인 小野妹子(오노노 이모코)에게 가져가게 한 국서에는

'해가 돋는 곳의 天子, 글을 해가 지는 곳의 天子에게 보내드립니다.……'[29]

라고 적었다고 기술하고 있다. 일본 역사책에서 聖德태자 이야기가 나올적에 대체로 인용되고 있는 위와 같은 인용문대로라면 隋나라의 역사책 「隋書」에 '日本'이나 '天皇'이 표기되어 있어야 마땅하다. 그러나 「隋書」는 '倭王'이라 기술하고 있고 중국 역사서에 '日本'이라고 적기 시작한 것은 10세기에 쓰여진 「舊唐記」부터다.

국체

江戸막부 말기경(1853년) 미국의 페리함대가 내항하여 개항을 요구하고 나선 이후 '왕정복고'의 논리를 정당화시키기 위해 일본의 국체론이라는 것이 대두되기 시작했다. 그 핵심은 '만세일계'라는 것을 강조하는 일이었다.

국체론자들은 일본의 국체가 외국과 다른 대의라는 것을 주장한다. 중국은 '인민 있어 천자 있다'라고 하고 있으나 일본은 이와는 달리 '신성함 있어 그 다음에 창생 있다' -가 일본의 본래의 모습이라고 역설했다. 따라서 '위의 天朝로부터 하열의 領地(藩)에 이르기까지 천만년 세습하여 나가는 것이므로 중국과는 비견될 수 없다.…… 우리 邦의 신하는 주인과 사생을 같이 하고 죽음에 이르기까지 주인을 버리고 사라지는 길은 없다'라고 하는 것이 일본 군신관계의 특질이라고 했다.

'역성혁명'이 용인되는 중국과를 대조하면서 일본은 왕통의 영속성과

29 石川晶康「日本の歴史」. 語學春秋社. 2002. 90쪽.

군신관계의 절대성이 일본의 국체의 독자성이고 우수성이라는 것을 표하는 것을 강조한 것이다.

> 대일본 제국은 만세일계의 천황황조의 신칙을 받들어 영원히 이를 통치한다. 이는 우리 만고불변의 국체이다. 그래서 이 대의에 근저하여 일대 가족국가로 하여 억조창생 한 마음으로 받들어 지극한 충효의 미덕을 발휘한다. 이를 우리 국체의 精華로 한다. 이 국체는 우리나라(일본)의 영원불변의 큰 기축이고 국사를 관통하는 축으로서 빛나고 있다.[30]

외국과 다른 일본의 국체의 대의

국체론을 실현하는 것이 근대초기 일본 신정부가 해야 하는 일이었다. 이러한 취지를 백성들에게 알리고 일왕의 권위를 민중에게 보급하는 것이 신정부의 중요한 과제였다. 이를 위해 신정부는 '만세일계'의 국체론을 강조하며 일왕에 대한 은혜를 감사해야 한다고 역설했다. 또한 이와 병행하여 '대한침론'이 고조되었다.

臣民의 권리와 의무

제국헌법은 제한석이긴 해노 국빈의 자유노 인정하였으나 군대의 통수권, 외교대권, 관료의 임명이나 사면권 등은 왕이 쥐고 있어 왕의 권한은 절대적인 것이었다. 국민의 권리와 의무는 왕의 친정을 대원칙으

30 文部省, 「國體の本義」, 1937. 5. 9쪽.

로 하고 그 범위 안이었으므로 자연히 신민으로서의 틀을 벗어날 수 없었다.

신민에게는 절대적인 충성이 요구되었다. 모든 서구의 경우처럼 국민 모두가 자유권을 주장하는 경우와 크게 다르다.

정부, 재판소, 의회의 규정도 외국의 경우처럼 3權分立이 아니고 일왕이 특수한 방법을 동원한다는 성격이 있다. 즉 일왕의 친정의 보조역할을 확실히 하기 위해 설치된다는 것이다.

관료의 양성을 위해 설립된 東京대학

관료와 엘리트 양성을 위하여 東京대학을 설립하였다(1877년). 그리고 많은 외국인 강사를 초빙하여 고등교육을 시켰다. 교원양성을 위한 사범학교도 설립하였다.

일본의 관료

일본관료들은 생활비나 자동차에 들어가는 돈은 줄여서라도 연간 300권의 책을 사서 책을 읽는다.

물론 개인차도 있다. 관료 중에서는 대량의 책을 읽는 그룹과 그다지 책을 읽지 않는 그룹으로 2극화되고 있는 감이 있다.

관료의 하는 일은 정책 만들기인데 반드시 자신만의 상세한 정책분야만에 한하지 않는다. 정책입안에 임하여서는 담당분야의 대학교수나 업계의 경영자 등 톱 클라스의 전문가와 의논하여야 하는 경우가 많기 때문에 전문서나 전문지 등의 독서를 통하여 그 분야의 지식을 쌓는 일은 대단히 중요하다.

일본의 관료는 좋게 말하든 나쁘게 말하든 두뇌집단(頭腦集團)으로 밤이고 낮이고 자료 수집과 정보 분석을 하고 있는 면에서는 무시할 수 없는 중요한 위치에 있다.

관료의 직무의 일의 기초는 먼저 「문서를 읽는 일」이다. 예를 들면 국가의 관청의 주된 제품은 법률이나 백서(白書)인데 하나의 법률이나 백서를 작성하는데 100책 단위의 책이나 자료를 읽고 많은 정보 소스에서 필요한 정보를 취한다.

5. 기독교 금지

유일신의 기독교사상 배격

유신혁명기의 기독교를 보면 1872년 橫浜(요코하마)에 일본인 최초의 교회인 일본기독공회가 생겼다. 이 교회를 통해 뛰어난 지도자가 태어났다. 이 뒤를 이어 同志社, 明治학원, 靑山학원 등의 기독교계통의 학교가 생겨 문화사업과 사회사업을 하게 되었다.

그러나 제국헌법은 신앙의 자유에 제한을 두고 있었다. 왕을 기독교의 유일신의 위치에 두고 있는 유신헌법의 입장에서는 기독교의 유일신 사상은 결코 받아들일 수 없는 종교였다.

정당내각에서 군사정권으로

또다시 山縣有朋 내각이 등장했다. 제2차 山縣내각이다.

일본의 군국주의는 새로운 정변이 아니라 제국헌법 체제 안에서 변형되었다. 군국주의가 나타나는 데에 중요한 요소가 된 것은 헌법 내의 초헌법적인 규정, 그 가운데서도 통수권이 독립되었다는 점이다. 즉 유신신정부 내에서의 기본은 제국헌법 체제로서 여기에는 군부의 독자성이 인정되었고 또한 선거권은 아주 제한되어 있었다.

유신신정부의 원로들은 일본을 강하게 만들기 위해 국민통합이라는 한 방향으로 나가야 한다고 생각했다. 육군사관학교, 국립대학, 해군병학교 등에서 집중적으로 일본의 지도층을 양성하려 하였고, 이 새로운 지도층은 또한 이념화된 집단으로 만들어야 한다고 생각했다.

일본에서 군국주의가 뚜렷하게 그 모습을 나타날 때 일본이 처한 경제는 국제적인 경제변화에 적응하기 어려웠다. 제1차대전 이후의 시설문제, 임금의 문제, 국내의 경제불황, 외국선진국과의 관계 등 많은 문제를 안고 있었다. 또 국수주의 이념은 이전부터 일본사회가 다원화되면서 극단적인 한편에서 나왔기 때문에 더할 나위 없는 것이었다.

이런 상태에서 일본은 대외적인 위기의식을 느끼고 그 것을 강조하면서 군국주의 분위기를 이끌어 갔다. 일본이 그대로 있으면 러시아, 미국, 영국 등으로부터 완전한 독립을 할 수 없기 때문에 반대 세력도 그 한계를 벗어나지 못했다. 군국주의를 수용하는 경향으로 나간 것이다.

6. 군대 교육

1) 육군의 전범령

러일전쟁 후의 시기에는 독자적인 군사사상과 조직원리가 군부 내부에서 확립된 시기이기도 했다. 육군에서는 러일전쟁의 전훈(戰訓)을 채택하는 형태로 전범령(典範令, 공식적으로는 典令範) 등의 발본적인 개정이 연이어 행해졌다. 전범령이란 육군의 교육훈련을 통일화하여 표준화하기 위한 기본적인 교본의 총칭이었다.

군대내무서의 개정(1908년), 步兵操典의 개정(1909년), 野戰砲兵操田(1910년), 騎兵操典의 개정(1912년), 군대교육령의 재정과 工兵操典의 개정(1913년) 등등이 이 시기에 행하여졌다.

이 시기까지의 육군의 전범령은 기본적으로는 프랑스육군이나 독일육군의 전범령의 모방이었고 여기에 일본의 실정에 맞추어 약간의 수정을 가한 것에 지나지 않았다.

러일전쟁 이후 일본군 독자적인 사상과 원리의 모습이 대두하게 되었다. 구체적으로 말하면 과학적인 합리주의가 빠진 정신주의, 강경노선을 지향하는 공격 제1주의와 보병의 총검공격만능주의론 그리고 극단적인 전군획일주의(全軍劃一主義) 등등이 채택된 일이다.

(1) 步兵操典의 개정에 대해서의 기본 방침은 '제반의 제도적 방식, 훈련 및 戰法에는 모두 國體, 民情, 地形에 적합하게 한다' —라고 하는 것처럼 일왕제 이데올로기와의 접합이 명확하게 들어가 있는 것이 특징이다. 왕족남자의 육해군 군무관으로 임명되는 것이 원칙으로 의무화되었다. 이는 왕족신위령(王族身位令, 1910년)에 따른 것이다. '군주의 軍隊'라는 성격이 확실하게 나타났다.

2) 일본의 군대교육제도

군대는 어떤 의미에서 거대한 교육기관이라 할 수 있다. 그래서 많은 학교가 있었다. 육군의 경우, 학교의 대부분은 교육총감부의 관할이었고 長官은 육군교육총감이라 불렸다. 육군엘리트 양성으로서 중요한 것은 육군사관학교(陸士), 육군대학교(陸大), 해군병학교(海兵), 해군대학교(海大)가 있었다.

陸士는 기본적으로는 육군 유년학교 졸업자와 중학교 4학년 정도의 학력이 있는 16세로부터 20세의 남자가 시험을 치고 입학하였다. 장교가 되기 위한 약 4년간의 교육을 받았다. 육군 유년학교는 중학1년 정도의 학력을 가진 13. 4세의 아이들을 시험을 보아 입학시켜 약 3년간 교육을 시켰다.

육사에서는 유년학교 졸업자 쪽이 중학교졸업자들의 입학자보다 엘리트의식을 강하게 가지고 있었다. 육군의 요직도 유년학교졸업자 쪽이 훨씬 우세였다.

그러나 이러한 유년학교졸업자들의 경우 어렸을 적부터 군인이 되기 위한 교육을 받아 시야가 좁은 군인이 양성된다는 비판을 받고 있었다.

육사졸업자의 1할 정도가 陸大에 입학했다. 陸大 입학자격은 2년 이상 부대에서 근무를 한 중위나 소위가 부대장의 추천을 받아 시험을 보고 입학하여 3년간의 참모교육을 받게 된다. 육대의 졸업자는 육군의 엘리트로서 군대의 요직을 역임하였다.

3) 해군의 교육

해군은 육군에서와 같은 유년학교는 없었다. 해군장교를 지원하는 자는 해군병학교(海兵)에 들어갔다. 입학자격은 15세부터 19세까지로 학력제한은 없었으나 중학4년 1학기 정도의 학력을 테스트하는 시험이 있었다. 교육기간은 시대에 따라 달랐으나 3년에서 4년이었다.

海大에는 몇 종류의 학생이 있었는데 갑종학생이라고 불리는 高等兵

學을 배운 학생이 소위 말하는 엘리트 집단이었다. 海大의 입학자격은 대위 임관후 1년의 해상근무를 경험한 자로 이런 점에서 육대와 무척 달랐다.

해군은 기계 다루기가 주여서 理科的 합리교육이 행해졌다. 그러나 폭력이 병행하는 군인정신교육이 이루어진 것은 육군이나 해군이나 한 가지였다.

군사 대국화에서 보면 해군은 山本權兵衛(야마모토 곤노효에, 1852－1933)의 전통을 계승하여 비교적 능력주의를 통해 왔다. 山本權兵衛는 薩摩 출신으로 청일과 러일 두 전쟁에 임했던 해군 장성이다. 역대의 내각에서 해상(海相)을 지냈고 일본의 해군의 확장을 추진한 사람이다.

7. '황운을 무궁하게 기리는 것'이 국민의 도(道)

교육칙어에 나타나는 일본 국민이 지켜야 하는 道는 '황운(皇運)을 무궁하게 이어지게 하는데 전력을 다해야 하는 충성의 대도(大道)'였다.

일본 국민의 모든 본래의 의무는 이 대도를 지키기 위한 것으로 귀착되었다. 따라서 일본 국민의 모든 양심은 이 대도를 기준으로 하여 취사선택하여야 하는 것이어서 거취에 방황하는 경우는 전혀 없다고 가르쳤다.

문자가 없는 일본의 옛날에도 이 도라는 것이 없어도 대도는 국체를 기본으로 하여 일본인의 조상이 실천하고 체험해 온 대도라 했다. 따라서 이 대도는 도덕상의 절대 진리이다. 단지 귀찮은 규범이나 법칙 같은 것이 아니고 일본인의 마음속에서 솟아오르는 생명에서 우러나오는 길이라 했다.

그래서 옛부터 이 도를 위해 목숨을 버리는 일도 기꺼이 감행하는 충신, 효자, 지사, 의인이 끝없이 나타났다고 했다.

8. 사라지지 않는 일본패전 후의 전전체제

전전체제(戰前體制), 태평양전쟁 전의 일본의 국체의 뚜렷한 상징은 일왕주의·미카도이즘, 왕의 치세(君ガ代, 일본의 國歌), 일장기(日の丸, 日章旗) 등이 거론 될 수 있다.

일본의 국체에서의 전전의 「국민의 도구시(道具視)」, 즉 「국가의 국민조종(國民操縱)」같은 형태가 일본의 패전 후에는 단절되어야만 했다. 전전적인 것이 사라져야 하는 것은 당연지사였다.

이는 패전일본인들의 상식에 속했다. 승전국 미국점령군 주도하의 GHQ의 「상징일왕제」(象徵日王制)는 그러한 체제를 뜻한다. 패전 일본이 국제적으로 약속한 일에 속한다.

하지만 패전 후의 일본은 헌법적으로도 「전전 적인 것」으로부터의 단절을 표하고 있음에도 불구하고 여전히 전전적인 것이 그대로 연속성을 가지고 계승되고 있는 것이 현실이다.

이는 물론 승전국 GHQ의 정책을 부정하는 입장이 되기도 한다. 샌프란시스코강화체제를 부정하고 그것을 전제로 한 한일조약(韓日條約)이나 중일공동성명(中日共同聲明)을 부정하는 것과 연계된다. 뿐만 아니라 장래에는 미국과 적대관계에 들어서는 것을 의미한다.

패전한 전후의 일본은 평화국가의 모습을 보이고 있기는 하지만 이는 어디까지나 美占領 치하에 있어 그렇게 보일 뿐이다.

9. 일왕의 인간선언

1946년 1월 일왕의 인간선언이 시행되었다. 따라서 그때까지 '신민(臣民)'이라 불리던 것이 '국민(國民)'으로 불리게 되었다. 그때까지 神으로 일본인 모두가 예배의 대상으로 숭앙되던 대상이 '나는 인간이다'라는 선언을 한 것이다. 일왕 스스로가 자신은 神이 아니라는 것을 고백한 것이 된다.

태평양전쟁은 일본이 무조건 항복을 함으로써 끝났다. 東條 내각은 총사퇴하고 東條는 1급 전범으로써 교수형에 처해졌다.

포츠담선언에 의해 일본은 GHQ점령체제로 들어갔다. 맥아더 원수가 최고사령관으로 패전한 일본의 민주화를 시행하여 나갔다. 그간의 전쟁에서 악행을 수행하던 극단의 군국주의자들과 국가주의자들이 공직에 머무르는 일이 금지되었다.

예컨대 일본은 20세기를 오로지 전쟁으로만 광분하면서 武力의 확충과 증진에 골몰하였고 전쟁을 수행하기 위해 일본 국민의 모든 인권과 생활을 희생으로 하는 군부 중심의 군국주의 체제로 일관하였다.

V. 미시마와 동대전공투(東大全共闘)

미시마는 민주주의 시대의 인간일왕(人間日王)을 책망하고 있다.

미시마와 동대전공투(東大全共闘)와의 토론은 1969년 5월 13일, 동경대학 교양학부에서 동대전공투 駒場共闘焚祭委員會의 주최로 개최되었다. 이는 「토론 三島田紀夫 vs 東大全共闘－美와 공동체와 東大투쟁」으로 정리되었다.

民主主義日王制 － 미시마는 「英靈의 聲」(1966년)에서 영령의 입을 빌리기도 하고 林房雄(하야시 후사오, 1903－)과의 대담인 「對話・日本人論」(1966년)에서 민주주의 시대의 인간일왕(人間日王)을 책망하고 있다.

六全協 － 1955년 8월에 열린 일본공산당제6回全國協議會. 레드파지로 잠적하여 있던 野坂參三 등의 간부가 출석하여 화염병 투쟁 등의 무력투쟁 방침을 철화하다고 발표하고 무력투쟁 방침을 청산하였다. 이 방향전환은 그때까지 무력투쟁을 정당하다고 생각하여 오던 젊은 세대에게 큰 충격을 안겨 주었다.

게바르트(獨, Gewalt)는 폭력을 의미하는 독일어인데 이 말이 1960년대 후반에 격화한 좌익학생의 학원투쟁이나 그룹상호 간의 난투극사건에 한정하여 사용하게 되었다. 좌익학생 그룹이 난투사건이나 경찰관에 저항하면서 사용한 각재(角材)의 일이 게바르트라 불려 이들 그룹은 학생그룹의 대명사가 되어 게바르트, 게바棒은 1968년의 유행어가 되었다.

大아시아주의

패전일본에서의 외교에 있어서의 「大아시아주의」는 바로 전쟁 전의 「대동아공영권(大東亞共榮圈)」과 일치하는 면이 있다. 즉 일본은 태평양전쟁을 대동아전쟁(大東亞戰爭)이라고 칭하면서 태평양전쟁을 긍정하는 입장을 지키는 정객들이 많았다. 그들이 주장한 정책에서의 대동아공영권은 중국이나 동남아시아를 침략하는 전쟁을 합리화하기 위하여 태평양정쟁 바로 전부터 외치던 슬로건이다. 일본의 아시아 지배를 정당화하기 위하여 외친 슬로건이다. 즉 구미 제국의 아시아에서의 식민지 지배를 바꾸어 나가, 일본이 아시아의 모든 민족을 위한 아시아민족의 공존공영(共存共榮)의 신질서를 확립한다는 것이다.

패전 후, 일본인의 근대전쟁에 대한 인식에 대해서는 다음과 같은 견해가 주류를 이루고 있다고 믿어진다.

① 일본의 경우 점령군이 일본의 정부를 부정하지 않고 이를 활용하는 '간접(間接)점령'의 방식을 취한 때문에 정치 지도자의 레벨에서 戰前과 戰後가 연속되었다. 그 가장 좋은 예가 미카토이즘(日王制)이라고 본다.

(1) 일본의 군인, 군속(軍屬)의 복권(復員)과 점령지에서 생활하고 있던 일본인의 귀환은 일본국내의 인구를 급증시켰다. 1947년 7월 발표의 『경제실상보고서』(經濟白書)는 1947년 5월말까지의 21개월 사이에 해외에서 돌아온 복원병 · 인양자의 합계는 536만 명이라는 후생성(厚生省)의 자료를 인용했다.

이러한 대량의 복원병・인양자들로 해서 식량과 그 외의 필수물자를 보장하고 취업기회를 보장하는 일이 가능한가 어떤가가 패전 직후의 최대의 사회문제의 하나였다.

(2) 일본은 전전부터 주요 식량인 쌀을 자급하는 일이 불가능하여 점령지였던 대한반도와 대만으로부터 대량으로 대부분 무상으로 가져오다시피 하여 충족시켜 왔었다.

(3) 대량 실업의 발생

일본은 패전과 함께 군수산업(軍需産業)이라고 하는 취업기회가 한꺼번에 소멸했다. 전전의 민수산업(民需産業), 유통업, 서비스업 등의 취업자는 전쟁경제와 물자통제의 강화로 직장을 잃어 실업자는 증가추세였다. 패전직후의 각 관청과 도도부현(都道府縣)의 보고에 의하면 당시와 가까운 장래의 실업자 수는 400만 명에 달한다고 기술했다.[31]

일본은 패전 후 20년 간은 부흥과 재건에 주력하였고 그 대단한 업적이 쌓여져 그 결과 패전일본은 「선진국(先進國)」이라고 칭하여지는 국가로 부활하였다.

1970년 佐藤내각은 「미일안전보장의 자동연장」을 성명하였다. 여기에 반대하는 데모가 있었다. 이에 내각은 「미일안전보장」의 필요성을 강조하여 처음으로 「방위백서(防衛白書)」를 발표하였다.

---

31 正村公宏, 상게서, 113쪽.

자연이 물질인 것처럼 인간도 물질이다.

미시마는 자신이 건강하지 못하고 육체가 빈약한 것에 대해서 마음을 쓰고 있어 자기 혐오감에 빠져 있었다.

미시마는 기독교의 근본적인 신념은 무엇보다도 '反자연적인 것을 「정신」이라고 부르는 데에 있다. 인간의 육체도 자연의 일부분이기 때문에 기독교와 함께 정신은 인간에게서 떠나는 것이 된다. 하지만 한편에서는 자연과학의 발달이 18세기 이후 계몽주의를 탄생시켜 자연을 「물질」로 보는 방법이 확대되어 왔다'고 그는 말한다. 「계몽주의적 인간주의는 완전히 유물적인 인간주의이다. 자연과학뿐이 그러한 인간주의를 가르치고 자연을 물질로 보고 자연을 정복하고 자연을 도구로 분리하고 …… 마침내 인간도 물질로 보는 방향으로 유도하였다.

왜냐하면 자연을 물질로 보는 것은 드디어 「인간도 물질이라고 보게 되는 때문이다」.

패전 후의 일본문화의 개념

일본문화란 무엇인가라는 물음에 대하여서는 패전 후는 일본의 외무관료나 문화관료에 의해 무척 적확하게 답이 나와 있다. 이는 패전 후의 미점령정책에 따르는 일이었는데 「국화와 칼」의 영원한 연환(連環)을 끊는 것이었다. 「국화(菊)」와 「칼」은 「일왕」과 「무사(군대)」를 뜻한다.

Ⅵ. 일본국 헌법

1. 일본의 現헌법

미시마는 일본의 현헌법을 비판하였다. 개정하여야 한다고 강력하게 주장하였다.

패전 후에 제정된 일본국헌법에는 「일왕은, 이 헌법이 정하는 국사(國事)에 관하는 행위만을 행하고 국정(國政)에 관한 기능은 갖지 않는다」라고 규정하고 있다. 이 조항을 준수하는 일을 염두에 두고 일왕의 존재를 탐색하여야 한다. 헌법은 국가의 최고 법규이다. 여러 법률의 으뜸이 되고 있다.

자유민주당(自由民主黨)은 1955년 결당 이래 헌법개정(憲法改正)을 당시(黨是)로 하여왔다. 참으로 오랜 기간 일본의 여당으로서 정권을 장악하여 온 당이 실은 헌법을 개정하고 싶어하고 야당의 입장은 헌법을 준수하고 싶어 한다. 이러한 가운데 헌법개정이 어려우면 헌법의 개정규정인 제96조를 변경하면 될 것이라는 생각이 부상하였다. 그래서 한때 '헌법제9조를 개정하기 어려우면 헌법제96조를 개전하면 좋다'라는 측이 부각되었다. 그러나 그러한 수법이 개헌파 학자들까지도 비판을 쏟아낸 결과 최근에는 완전히 그 경향은 사라졌다.

일본 헌법을 둘러싸고서는 입헌주의(立憲主義)라는 것도 각광을 받고 있다. 입헌주의라는 것은 권력자에게 헌법을 준수하도록 라는 기능이 있다. 권력을 가진 자들에게 권력을 갖지 않은 사람들이 「헌법을 지켜라」

라고 명령하는 것이다. 즉 헌법은 권력자가 지켜야만 할 최고법규(最高法規)이다. 헌법을 준수할 의무가 있는 측이 권력자, 즉 공무원이다.

이는 헌법제99조에서 다음과 같이 정하고 있다.

제99조. 일왕 또는 섭정 및 국무대신, 구회의원, 재판관 그 외의 공무원은 이 헌법을 존중하고 옹호할 의무가 있다.

일본국헌법에는 전문(前文)과 본문(本文)이 있다. 본문은 제1章부터 제11장까지로 되어 있다. 전문은 헌법의 취지에 관하여서의 선언. 말하자면 국민을 대표하여서의「선서」같은 것이다.

태평양전쟁 후 일본의 패전으로 일본을 점령한 GHQ(연합국군총사령부)의 맥아더 사령관은 일본측에 민주적인 헌법을 제정할 것을 명령하였다. 그러나 일본측은 대일본제국헌법(소위 明治헌법)과 별로 차이가 없는 헌법을 만들어냈다. 이를 알게 되어 격노한 GHQ는 GHQ측에서 초안을 작성하여 일본측에 넘겼다. 일본측은 초안의 영문(英文)을 일본어로 번역하는 한편, 일본 독자적으로 수정하기도 하여 현재와 같은 헌법을 제정하였다. 1946년 11월 3일 공포하여 다음해 5월 3일 시행하였다.

이러한 경위가 있어「일본국 헌법은 미국이 강제로 시킨것이다」라는 비판이 일고 있었다. 하지만 GHQ가 헌법을 작성할 그 당시에도 일본 국내의 여러 단체가 발표하고 있었던 헌법개정안을 참고하였고 GHQ가 제시한 초안도 일본측이 수정하였기 때문에 일방적으로 GHQ가 강제하였다고는 결코 볼 수 없다.

또한 일본국헌법의 전문은 1945년 6월에 조인한 국제연합(국련)의 헌장도 참고되어 있다.

일본국헌법의 전문을 초역(招譯)한 것은 다음과 같다.

일본국민은 정당한 수순을 밟은 선거로 국회의원을 선출한다. 이들 국회의원이 국민의 대표로서 일을 행사한다. 헌법을 제정하고 법률이나 예산을 작성한다.

우리는 우리 자신과 우리들의 자손을 위하여 외국과 협력하고 자유를 굳건하게 지킴으로서 국내의 번영을 기한다. 정부가 다시금 비참한 전쟁을 일으키지 않도록 우리는 결의한다.

2. 일본국헌법의 내역

제1장. 일왕

제1조. 일왕의 지위, 국민주권

일왕은 일본국의 상징이고 일본국민 총합의 상징이어서 이 지위는 주권이 있는 일본국민의 총의(總意)에 근거한다.

제2조. 황위의 세습과 계승

황위는 세습하는 것으로 국회가 의결한 황실전범이 정하는 것에 따라 이를 계승한다.

제3조. 일왕의 국사행위와 내각의 책임

일왕이 국사에 관하는 모든 행위에는 내각의 조언과 승인을 필요로 하고 내각이 그 책임을 진다.

제4조. 일왕의 기능의 한계, 일왕의 국사행위의 위임.

① 일왕은 이 헌법이 정하는 국사에 관한 행위만을 행하고 국정에 관한 권능(權能)은 지니지 않는다.

② 일왕은 법률이 정하는 것에 따라 그 국사에 관한 행위를 위임할 수 있다.

제5조. 섭정

황실전범이 정한 것에 따라 섭정을 둘 적에는 섭정은 일왕의 이름으로 그 국사에 관한 행위를 행한다. 이 경우에는 前條 제1항의 규정을 準用한다.

…………

3. 전쟁의 방기

헌법 제9조와 자위대

현행 일본의 헌법을 둘러 싸고서의 최대의 논쟁은 제9조의 해석일 것이다. 전쟁방기를 말하고 있는데 자위를 위하여 무력을 지니는 것은 과연 옳은가 어떤가라는 점이다.

1946년 6월에 중의원(衆議院)에 제국헌법(=舊헌법) 개정안이 제출되었다. 그 시점에서의 헌법 제9조의 조문은 다음과 같다.

제2장. 전쟁의 방기, 제9조. 국가의 주권의 발동에서의 전쟁과 무력(武力)으로서의 위협, 또는 무력(武力)의 행사는 타국과의 사이의 분쟁의 해결의 수단으로서는 영구히 이를 방기한다.

제2항. 육해공군, 그 외의 전력(戰力)은 이를 保持하지 않으면 안 된다. 국가의 교전권(交戰權)은 그것을 인정하지 않는다.

이 안문(案文)은 미점령 초기의 芦田均(아시타 히토시, 제47대 수상, 1948. 3. 10.－1948. 10. 15.)이 위원장을 맡은 중의원제국헌법개정안위원소위원회에서 몇 개인가의 수정이 가해졌다. 소위 「芦田均 수정」이라고 칭해진다. 이때 포기(抛棄)는 방기(放棄)로 고쳤다. 크게 수정 된 곳은 다음에서 〈 〉로 표한다.

제2장. 전쟁의 방기 제9조 〈*일본국민은 정의와 질서를 기조로 하는 국제평화를 성실하게 희구하여*〉 국권의 발동인 전쟁과 무력(武力)에 의한 위협 또는 무력의 행사는 국제분쟁을 해결하는 수단으로서는 영구히 이를 방기한다.

제2항. 〈*전항의 목적을 달성하기 위하여*〉 육해공군, 그 외의 전력(戰力)은 이를 보유하지 않는다. 국가의 교전권(交戰權)은 이를 인정하지 않는다.〈*전항의 목적을 달성하기 위하여*〉라는 문장을 삽입하였다. 이 항목에 따라 '자위대는 헌법위반은 아니다'라고 주장하게 되었다.

이 제2항이 들어온 것에 따라 '자위대가 헌법위반은 아니다'라고 하는 논리가 성립하는 이유는 '무력으로서의 위협 또는 무력의 행사'를 위한 '전력(戰力)은 갖지 않는다'라는 것으로 '그 외의 목적이라면 전력을 갖는 것도 할 수 있다'가 된다는 해석을 한다. 즉 '자위를 위하여서는 무력을 갖는다'가 된다는 뜻이다. 초기의 국회논의에서는 정부가 자위권도 부정하고 있었다.

예컨대 자위대가 발생하는 계기가 된 것은 말할 것도 없이 대한반도에서 발생한 6·25전쟁 때문이다. 여기서 주목하여야 할 일은 6·25전쟁은 북한이 남한을 침략한 데서 일어난 것이라고 하는 것이 정설이 되고 있지만 그 내면에는 패전 일본이 6·25전쟁이 일어나도록 하는 음모를 꾀하고 있었다는 사실은 결코 잊어서는 안 된다.[32]

6·25전쟁 발발로 인하여 패전일본의 오늘날에서 보는 바와 같은 일본의 부흥이 가능하여졌다는 사실은 반드시 기억하여야 할 일이다.

다시 말해서 6·25전쟁이 일어나자 미국은 패전일본에 주유하고 있던 7만5천명의 군인을 대한반도에 대한민국국군을 돕기 위하여 보냈다. 그로 인하여 패전일본에서의 군사적 공백을 막기 위하여 미국점령군 맥아더 사령관은 패전 일본에 「경찰예비대」를 발족시켰다. 이 경찰예비대가 오늘날의 자위대로 발전한 일은 이미 잘 알려져 있다.

즉 1952년 경찰예비대는 11만명으로 증원되어 해상경비대와 함께가 되어 보안대로 바뀌고 1954년에는 육상자위대, 해상자위대, 항공자위대가 발족하여 총수가 25만명으로 확대되었다.

일본의 패전후의 위정자들은 '자위대를 설치하는가 어떻게 하는 가를 결정하는 일은 정치가가 결정할 일'이라는 주장을 계속 펼쳐오고 있다.

그동안 계속 성장을 거듭하여 거대한 존재가 된 자위대는 자민당의 헌법개정안에서는 자위대를 「국방군(國防軍)」라고 위치시키고 있다. 군대로 취급한다는 뜻이다.

4. 자위대간부학교의 애국심 고양

자위대의 엘리트간부는 어떻게 생성되는가? 神奈川·三浦반도의 동남측, 東京灣을 내려다보는 절호의 장소에 장래의 자위관(自衛官)을 양

32 고영자, 『6·25전쟁과 일본 – 6·25전쟁 뒤에 일본있다』 『6·25전쟁과 한반도 전략』 등 참고.

성하는 방위대학(防衛大學)이 있다. 졸업생은 약 2만5천명. 구군(舊軍) 출신자가 정년퇴관한 후 육·해·공 각 자위대의 톱인 막료장(幕僚長)은 방위대학교 졸업생이 독점하여 왔다. 동경대학 졸업생 이외의 일반대학의 졸업자는 장관(將官)을 시키지 않는다.

태평양전쟁에서 舊일본군의 침략행위를 정당화하는 논문을 공표하기도 한다.

매년 입학하는 방위대학생에게 나누어 주는 필독자료집에는 역대교장의 강화가 수록되어 있다. 제4대교장이었던 土田國保(元警視總監)는 1984년 입학하는 제32기생에게 하는 강화의 테마는 애국심이었다. 이때 그는 돌출나게 「일본패전 후의 정신적 공백기에 돌출적으로 나타난 것이 마르크스·레닌주의이다」라고 말한다. 마르크스·레닌주의는 계급 없는 사회를 만들기도 하고 국가를 소멸시키는 사상이라고 단정한다. 그리고 그러한 견해가 일교조(日教組, 日本教職員組合)을 중심으로 패전 후의 교육계에 크나큰 영향을 주어 현재에도 그 영향이 계속되고 있다고 한다. '애국심이 빈약한 것은 교육이나 일본교조에 원인이 있다'라는 주장이다. 간부자위관이 「애국심」을 발언할 적의 논법과 무척 일치한다.

2003년 7월, 항공자위대간부의 등용문인 간부학교지휘막료과정의 선발제1차시험이 있었는데 그 논문의 테마는 「애국심」이었다. 시험 후의 소견을 보면 주임시험관의 소견은 「극히 일부의 수험생에게서 보이는 일이었지만 패전 후의, 말하자면 자학사관 교육에 따르는 영향에서 벗어나 있지 못하고 그 생각을 옳다고 보는 자가 있던 일은 무척 유감이었다.」라고 하였다.[33]

---

33 半田滋, 『日本は戰爭をする－集團的自衛權と自衛隊』, 岩波新書, 2014, 197쪽,

이러한 소견에서 볼 수 있는 것처럼 「일본의 식민지 지배와 침략으로 많은 나라들, 말하자면 아시아나라 사람들에게 대해 다대한 손해와 고통을 주었습니다」(1995년 「전후 50주년종전기념일에 기하여」, 「村山談話」)라는 담화를 배경으로 한 답안은 점수를 받지 못하여 합격에 영향을 주지 않았을까하는 의구심을 낳게 하였다. 선발제2차시험에서 다른 주임시험관은 「방위문제(專守防衛, 공세작전, 무기수출3원칙 등)는 고등교육을 받은 수험생들은 종래의 틀 안에서 벗어나 있지 않은 발상밖에 보이지 않고 있었다고 느끼게 하는 경우가 적지 않았다」고 평가하였다.[34]

예컨대 헌법9조나 패전 후의 일본국시에 따르는 「종래의 틀」에 바탕을 둔 답안은 평가 받지 못하고 전수방위(專守防衛)를 부정하고 무기수출3원칙의 견해를 바꾸려는 주장을 하는 것 같은 답안이 높은 평가를 받았다.

자위대의 교육은 현장에 맡긴다」이다. 일본의 과거의 침략전쟁을 정당화하고 지금의 헌법은 부자유라고 불만을 터뜨리는 방위대 출신의 간부는 많다.

그 동안 자위대가 폭주하지 않고 오히려 자중하고 있는 것처럼 보이던 것은 역대의 자민당 정권이 자위대의 활동에 헌법9조를 의식하여 왔던 때문이다.

일본정부의 견해가 바뀌면 자위대도 바뀐다. 냉전 후 국내외의 활동을 통하여 힘을 비축하여 온 자위대를 더욱 활성화시키는가 아닌가는 정치가의 정치에 달려 있다.

---

34 半田滋, 『日本は戰爭をする－集團的自衛權と自衛隊』, 岩波新書, 2014, 197쪽.

4장. 미시마의 「문화방위론」

– 미야비(우아함 =風雅)를 체현하는 일왕

Ⅰ. 「죽은 문화」에서 「창조적인 문화」로

1. 일본문화의 특색 탐구

미시마의 「문화방위론」 속에 있는 「일왕론」은 난해하다. 그가 할복자살을 앞에 두고 명확하게 밝히지 않으려고 비밀한 복자(伏字)를 포함시킨 문장을 넣기도 하고 고의로 난해하게 하였다고 자신이 고백하고 있는 부분도 있어 그러하다.

그는 먼저 자문자답한다.

일본의 방위란 무엇인가?
일본을 지키는 것이다.
그러면 일본의 무엇을 지키는 것이 참으로 일본을 지키는 것인가?

자위대의 교관(教官)은 자위대 대원들에게 「너희들의 아버지, 어머니, 형제들이 있는 따뜻한 가정을 너희들의 힘으로 지킨다는 기분으로 하여라」라고 가르치고 있는데 '가정은 미점령하 헌법에서는 망해가고 있다. 지켜야할만한 따듯한 가정은 이미 존재하지 않는다'고 미시마는 단언한다. – 이는 누가 들어도 극단론으로 들리고 거의 논리를 벗어나 있는 것으로 느껴진다. 미점령하의 헌법이 어떠한 것이 써있다고 하여도 부부간이나 부모 자식 간의 결합은 멸하는 것이 아니다. 가정은 존속한다. 그런데 그는 민감하게 그리고 비타협적인 심정으로 자신의 생각만으로 이끌어나간다.

「오래된 집이 붕괴된 현대, 물론 그 속에는 좋은 가정도 남아있을 것이지만 그러한 것만을 지켜야 할 대상으로 하는 것이 좋다고만은 할 수 없다. 더욱 더 가열(苛烈)한 시대가 오고 있다」. 「가정을 지키고 가정의 연장으로서의 마을을 지키고 부와 현을 지키고 그리고 국가를 지킨다고 하는 일련의 지역공동체로의 연결이 있고 그것이 다시금 일왕에게로 연결되어 하나로 감자줄기 · 덩굴식으로 자신과 사회, 국가라는 것이 한 줄기의 연줄망(網)과 같았던 옛날과 달리, 그러한 연줄망이 현대에는 단절되어 있다. 그 일은 일본이 패전하였다는 그 이유만이 아니라 세계적인 현상으로서의 도시화 현상, 근대화 현상의 결과 그렇게 된 것이고 공업화의 추세가 자본주의적 지역공동체를 뿔뿔이 흩어지게 한 것이다」.

방위란 무엇인가를 묻게 될 때 국토를 외적으로부터 지키는 것이라는 대답이 있을 수 있고 또한 국민을 지키는 것이 일본의 방위라는 대답도 있을 수 있다.

미시마는 생각에 생각을 거듭한 다음 자위대원들과 좌익학생들에게 다음과 같이 이야기 한 일이 있다. 「가정을 지키는 것도 국토를 지키는 것도 국민을 지키는 것도 무의미하다. 이러한 것은 '일본을 지킨다'와는 연계되지 않는다」. 확실히 이러한 미시마의 논리는 극단론에 가깝다.

미시마는 다음과 같은 생각을 하였다. 예전의 「가정을 지키고 마을을 지키고 국토와 국민을 지키고 일왕을 지키는 것이 한줄기의 망처럼 연결되어 있다」를 인정하는데 그러한 것이 「도시화와 공업화로, 그리고 다시금 '미점령 하의 점령헌법'으로 흩어지고 말았다」고. 여기서 미시마의 「문화방위론」이 발생하였다.

미시마는 다음과 같이 주장한다.

「단지 문화를 지켜라」라고 하는 것은 무척 알기 어렵다. 그래서 '문화라고 하는 것은 특수한 재능을 가진 인간이 특수한 문화를 만들어 내고 있으므로 자신들과는 관계가 없다, 필요하면 돈으로 사면 된다. 지켜야 할 필요가 없다'고 생각하는 사람도 있을 것이다. 그러나 문화라는 것은 그러한 것이 아니다. 옛날식으로 표현하면 「한사람 한사람의 마음에 있는 일본정신을 지키는 일이다. 태고이래 순수하게 보존하여 온 하나의 문화의 전통, 한마디로 말해서 전통을 지켜온 정신을 지키는 일이다. 그러나 그러한 순수한 일본정신은 눈에 보이는 것이 아니고 어떤 형태로 표할 수 있는 것이 아니어서 '그것을 지켜라'라고 하여도 무척 어려운 일이 되고 있다」. 그래서 미시마 자신은 문화는 「눈에 보이는, 형태를 이룬 결과」로부터 판단하는 것이 옳다는 생각을 한다고 주장한다. 즉 형태가 없는 낡은 것을 생각하지 않고 형태가 있는 것, 눈에 들어오는 것, 일본정신으로 나타나고 있다고 생각되는 것을 모두 눈여겨보면 제절로 명확하여진다. 그리고 그것을 어떻게 하면 지켜낼 것인가, 어떻게 하면서 지키면 될 것인가를 생각하라」.

Ⅱ. 미시마의 '일왕무유(日王無謬)'

미시마는 '일왕무유'라는 말을 쓰고 있는데 이것은 그의 일왕에 대한 신앙을 표한 말이다. 그는 인간의 종교적 신앙과 비합리적인 행동에 강한 신뢰감을 지니고 있었다.

문화방위론은 무엇을 위하여 기술되었는가?

미시마의 창작태도의 한 특성으로서 「문화방위론(文化防衛論)」을 들 수 있다.

「문화방위론」은 1968년 7월 〈中央公論〉에 게재하였다. 미시마는 『憂國』을 저술한 이후 「문화방위론」이라는 평론을 쓰면서 2・26사건의 의미를 다시금 재고하고자 하였다.

미시마의 「문화방위론」은 그 중심이 「문화개념으로서의 일왕(日王)」이라는 키워드에 있다는 것은 쉽게 이해라 수 있다. 즉 「문화방위론」의 본질은 일본인의 문화의 「전체성(全體性)」에 맞는 유일한 가치가 「일왕」이라는 점일 것이다.

여기서 「전체성」이라는 문제는 결국 「일본문화라는 것은 무엇인가」를 생각하는 근본이고 이것이 「문화방위론」의 핵심이 되고 있는 것은 의심의 여지가 없다. 그래서 일본문화의 「전체성」의 명확한 논증이 본래 「문화방위론」이 성립될만한 부분이다.

그리고 그 전체성에 일정한 의미를 두는 것이 일본에 있어서는 '일왕' 이외에는 없는 것이 된다.

미시마는 자주 「국(菊)」과 「刀(*칼)」, 즉 「일왕」과 「무사(*군대)」를 강조한다.

미시마의 『문화방위론』에서 가장 본질적인 점은 일본인의 문화의 '「전체성(全體性)」에 걸맞는 유일한 가치는 「일왕」이다'에 있다. 다시 말해서 결국 근본적으로 「일본문화란 무엇인가」를 사색하는 일인데 미시마는 『문화방위론』에서 「문화개념으로서의 일왕」은 핵심부분이 되고 있다.

『문화방위론』에서 사용되고 있는 어휘에서 설명한다면 문화의 전체성이라는 것을 2가지로 나타내고 있는데 「예술작품뿐만에서가 아니라 행동 및 행동양식」을 포괄해서 「일본적인 것을 투시하는 형(形) 속에서 구하여지는 것」이 된다. 하지만 여기서 「일본적인 것」에 대한 정의는 무척 애매하다. 여기서 그 「전체성」이라는 것에 일정의 의미를 주는 것이 일본에 있어서는 「일왕이외는 없다」라고 하는 미시마는 자신의 사고의 근거로 작용한다. 미시마는 자주 「국화(菊)」와 「칼」, 즉 「일왕」과 「무사(군대)」를 강조한다.

그는 「일본의 역사와 문화와 전통에 관하여」라는 강연에서 다음과 같이 말한 일이 있다.[1]

> 현실을 움직이는 계기가 되는 불꽃은, 그것은 대단히 비합리적인 것이다. 거기에는 신앙의 요소가 있다. 예를 들면 베트남전쟁을 반대하여 분신자살하는 것 같은 불합리한 행위. 그러한 불합리한 행위. 그와 같은 우리들에게는 이해할 수 없는 것, 그러한 비합리적인 요소가 역사를 움직여 왔다. 그러한 것이 현실을 만들어가는 것이다. 비합리적인 요소가 나타난 그 때, 사람들의 마음을 움직이게 한다. 또는 이해시킨다.

---

1 林房雄, 『天皇の起源』, コアラブックス, 2006, 195쪽.

이는 미시마 자신의 최후의 행동 －할복자살－에 대한 해설같이도 되고 있는데 그가 말하는 「비합리적인 신앙에 대한 옹호」는 미시마의 「일왕관의 열쇠」로 작용되기도 한다. 현재의 일본에서, 그리고 세계에서 가장 합리적인 사고를 넘어선, 즉 비합리적인 존재의 하나가 일왕이다.

일왕은 있을 수 있다고 여겨지는 이론이나 주제, 예를 들면 유물사관(唯物史觀)이나 코뮨테른(Komintern, 공산주의 인터내셔널의 약칭) 테제로서는 도저히 이해할 수 없는 큰 수수께끼를 낳게 한다. 일왕을 「봉건적 유물」이라고 보는 측도 있으나 그러한 것으로는 정의(定義)가 성립되지 않는다.

한편 러시아사람들은 일왕을 이전의 러시아의 황제 비슷한 존재로 인식한다. 그래서 러시아에서 황제를 타도할 수 있었으므로 일본에서도 같은 수순으로 타도할 수 있을 것이라고 생각하고 있다. 그것은 완전히 잘못된 생각으로 나타난다.

다음과 같은 일본공산당의 내부에서부터 발표한 성명서가 있다.[2]

> 일본군주제를 러시아의 황제와 동일시하는 당의 반군주투쟁(反君主鬪爭)은 오류라는 것을 인정한다. 일본의 군주제는 민족적 통일을 표현하고 있다. 우리는 대중이 군주제에 대하여 지니는 자연적 감정을 있는 그대로 파악할 필요가 있다.

이러한 성명이 계기가 되어 공산당에서 전향하는 사람들이 줄을 이었다. 1912－1926년에 걸치는 시기의 공산주의 운동에 한 획을 긋는 정도의 결과를 초래하였다. 「일본의 군주제는 민족적 통일을 표현하고 있다」

---

2 林房雄, 『天皇の起源』, コアラブックス, 2006, 198쪽.

가 그들 공산주의자들의 마음에 새겨진 결과였다. 즉 만일에 일왕제가 코뮨테른이 단언하는 바와 같은 것이었다면 일본의 일왕은 「공산주의 혁명」이 다가오는 것을 기다릴 필요도 없이 소멸하였을 것이다.

우익성향의 일본위정자들이나 보수주의자들이 공산주의를 적극적으로 배격하는 원인에도 「일왕」의 존재가 크게 부각되고 있음이 확실시되는 상황이다. 일본민족은 근대 유신신정부가 들어선 이후 일왕 즉 일왕신론(神論)에 크게 세뇌되어 있어 당연한 일로 나타나고 있다.

다시 말해서 고대적인 제왕신격설(帝王神格說)과 비슷한 것이 근대의 프랑스나 러시아에서 부활하였고 그로 인하여 프랑스 왕이나 러시아의 왕은 인민혁명의 직접적인 대상이 되어 처형되고 암살되었다. 그러나 일본에서는 그러한 현상이 대두하지 않은 것은 유신신정부 성립과 더불어 일왕 = 현인신이라는 철저한 일왕관을 일본국민에게 주입시키고 세뇌시켰기 때문이다.

당연지사로 미시마가 공산주의를 강력하게 배격하는 일이나 또한 미시마가 일본패전 후, 점령군 맥아더 사령관의 명령에 의하여 일왕이 인간선언을 한 일에 대하여 반감을 표하고 있는 상황이 이해되는 일이다.

『문화방위론』은 결국 무엇인가?

『문화방위론』은 결국 무엇이었는가? 무엇을 위하여 썼는가? 그 유효성이라는 면에서 살펴보면

1) 2 · 26사건의 정당화
2) 절대 일왕제 실현의 이론화

3) 『문화방위론』이라고 하는 이름에 붙이는 미시마 특유의 반공활동

라는 점으로 집약된다. 먼저 1)에 관하여 살펴보면 미시마는 직접 '2 · 26사건에 관하여(2 · 26事件について)'라는 제목으로 정치적으로 논한 평론이 있다. 그 평론의 서두에 미시마는 누가 「2 · 26사건을 긍정하는 것인가 부정하는 것인가」하고 묻는다면 자신은 주저없이 긍정하는 편에 있다는 것은 이전부터 명확하게 답하고 있다고 확실하게 말하였다.

'2 · 26사건에 관하여'는 『문화방위론』보다 수개월 전에 쓴 문장이고 2 · 26사건을 역사적으로 다룬 것과는 다르게 주장하고 있는 것이 특색이다.

雅(미야비) · 雅趣

예컨대 『문화방위론』에서는 「雅(みやび, 우아, 풍류)」라는 개념을 가지고 2 · 26사건을 정당화 시키려는 모습이 여러 곳에서 나타난다.

2)에 관하여서는 미시마가 말하는 것처럼 「일본문화의 구성 요소에는 「국화(菊)」와 「칼(刀)이 본래 있다고 한다면 이 「국화」와 「칼」의 영원한 연환(連環)이 일본문화의 원형이라고 하는 것이 된다. '일왕을 위하여서의 궐기는 문화 양식에 배반하지 않는 한 용인된다'라는 면에서의 「雅」는 일본문화의 원형이다」라고 규정하는 『문화방위론』은 「따라서 또한 일본인들에게 언제인가 있을지 모르는 '비상시'에 취해야만 할 행동의 모범이어서 일본인들의 문화사 안에서 '어느 때는 나타나지 않고 어느 때는 격렬하게 촉발되어 일본인에게 전승하고 모방하는 일을 요청한고 있다'를 선동하는 일을 의중에 두고 쓰였다」라는 것이 문화방위론이 기술된 근거였다.

미시마는 일본의 현대사회가 「문화주의」에 휩쓸려 있는 것을 한탄한다. 일본의 현대사회가 문화를 「무해(無害)하고 아름다운 인간의 공동재산」이라고 취급하는 경향이라는 지적이다.

그는 문화는 「피투성이의(각고의 노력) 모태의 생명이나 생식행위로부터 떨어져 나와 '「(쓸만한)물건」으로서 안전하게 관리된다'에 있다고 한다.

미시마는 「문화를 지킨다」고 할 때 상상되는 것은 대체로 '「박물관적인 죽은 문화와 천하태평의 죽은 생활과의 2가지」에 지나지 않는다'고 주장한다. 그러면서 미시마는 그러한 원천에서 떼어 내어 단편화된 「죽은 문화」에 대해서 살아있는 창조적인 문화로 되돌려 놓으려 하였다.

그것을 위하여 미시마는 「인류의 문화라는 추상성」을 버리고 「국민적 특성」을 탐색한다. 그리고 일본문화의 특색으로서 「전체성, 재귀성(再歸性), 주체성」의 3가지를 든다.

미시마, 일본인의 「국민적 특성」을 탐색

미시마가 말하는, 먼저 일본문화의 특색으로서의 「전체성」이라는 것은 일본문화가 能의 型이나 다도, 華道 등에서 보여지는 것처럼 행동양식 자체를 예술작품화 하는 특수한 전통을 지니고 있는」, 때문에 「靜態」로서의 「말하자면 예술작품」뿐만 아니라 「動態」로서의 「행동」을 포함해서 포착하여야 할 필요성을 표한 개념이다.

그리고 「재귀성」이라는 것은 「코피(copy, 복사)에 오리지널의 생명을 의탁」하는 것으로 「코피 자체가 오리지널이 되는」라는 문화의 형태를 뜻한다. 그런 연유로 일본인은 「물건으로서의 문화에의 고집이 비교적 희박한」 것이다.

말하자면 「伊勢神宮의 造營」이나 가도(歌道)에서의 「本歌취함」 등에서 볼 수 있는 것처럼 「오리지널과 코피의 변별(辨別)」을 하지 않는다. 「주체성」이라는 것은 상기한 바와 같은 그러한 型이나 코피를 살아있는 것으로 하는 각자의 창조성을 의미하고 있다.

미시마는 이러한 3가지의 일본문화의 특질을 확인하였을 적에 「일견 잡연한 포괄적인 그 문화개념」에 「정말로 걸맞을 만한 유일한 가치 자체」로서의 「문화개념으로서의 일왕(日王)에 도달하지 않으면 안 된다」라고 논한다. 왜냐하면 내용상 그러한 일본문화의 중핵에 위치하는 것이 「雅」의 전통이기 때문이라고 한다.

미시마는 다음과 같이 말한다.[3]

> 「雅(雅趣)」의 원류가 일왕이라는 것은 미적 가치의 최고도를 「雅」에서 구하는 전통을 이야기 하는 것이고 좌익의 민중문화론이 시사하는 것으로서 일본의 민중문화는 일견해서 「雅를 망치는 것」으로 發하게 한다. 그래서 시대시대의 일본문화는 「雅」를 중심으로 한 위성적인 미적 원리, 「유현(幽玄)」「화(花)」「(한적한)정취(侘び)」「寂(한적의 정취)」 등을 성립시켰는데 이 독창적인 신생의 문화를 생성한 모태야말로 고귀하면서 진부한 雅의 문화이고 문화의 反독창성의 極, 고전주의의 극치의 비고(秘庫)가 일왕이다.

즉 미시마에 따르면 '일왕이 「진부하고」「反독창」적인 型으로서의 「雅」를 체현하고 있는 연유로 사람들은 그것을 「모방」「코피」하여

3 近代日本思想研究所, 『天皇論を讀む』, 講談社 現代新書, 2003, 82쪽.

「독창적인 신생의 문화」를 취득하는 것을 할 수 있다'이다.

이러한 일은 각 일왕이 「개인적인 재능이나 교양과는 거의 상관이 없는」 문제로 각 일왕은 「문화의 전체성」을 「남김없이 示現」하는 존재로서 「흡사 伊勢神宮의 式年造營처럼」 오리지널성을 계속하는 것이고 그것이야말로 「문화개념으로서의 일왕」이다.

미시마의 공산주의 배격

미시마는 자신의 『문화방위론』의 서두에서 다음과 같이 주장한다.

> 「우리는 모든 혁명에 반대하는 것이 아니다. 폭력적인 수단을 취하든지 그렇지 않든지 간에 공산주의를 행정권과 연결하려는 모든 기도, 모든 행동에 반대하는 것이다.… 공산주의가 행정권과 연결하는 모든 형태에 대하여 우리는 반대한다」.

미시마는 공산주의 정권에 의하여 「문화개념으로서의 일왕」이 「정치적 상징으로서 이용되어」 「전체주의의 정치개념에 포괄되게 된다」로 보면서 그것이야말로 「일본 또는 일본문화의 참으로의 위기」라고 강조한다. 때문에 「일왕과 군대를 영예(榮譽)의 틀 안에 묶어두는 일이 급선무」라고 주장한다.

미시마는 「창조적 주체의 자유와 그 생명의 연속성을 지키기 위하여서는 정치체제를 선택하지 않으면 안 된다」고 한다. 그 이유로 「언론의 자유」가 「그 자체가 때로는 문화를 부패시키는 일은 현재의 일본을 보는 그대로다」라 하면서 정치체제가 「문화의 전체성을 지탱하는 기술적 요건인 동시에 정치적 요건」이라고 하고, 그렇다고 한다면 「문화의 제1

의 적은 언론의 자유를 최종적으로 보장하지 않는 정치체제」기 되기 때문이라고 한다. 여기서 말하는 정치체제는 역시 미시마가 상정하는 것은 공산주의 정권을 말하고 있는 것이 된다.

미시마에 의하면 「지킨다(守る)」는 항상 검(劍)의 원리여야 하고 「문화가 문화를 지킨다」 등을 생각하게 되는 곳에 문화주의의 한계가 있다.

1. 선동자로서의 미시마

패전일본이 고도의 경제성장을 이루어내고 패전 후의 일본문화가 난숙기에 접어들었다고 생각되는, 그리고 대학생들의 운동[4]이 최고조에

---

4 학생운동. 일본의 학생운동은 1918년 12월 동경대학대학생들에 의하여 결성된 「동대신인회(東大新人會)」가 그 시작이라고 말해지고 있다. 이 운도의 근원은 제1차세계대전에 따르는 일본 국내의 자본주의의 성장과 反봉건적 생산관계의 위기, 세계적 데모크라시의 확신의 조류와 러시아혁명의 성공의 영향으로 사회주의, 공산주의가 대학에 침투한 것이 그 배경이 되었다. 1919년에는 早稻田대학에도 「건설자동맹」이 결성되어 동대신인회와 함께 학내 문제뿐만 아니라 지방에도 가서 데모크라시의 보급활동에 임하였다. 1922년 창립된 일본공산당도 대학생운동에 편승하여 학련(學連)의 활동에의 지도에 나섰다. 1925년경에 들어서서는 대학생들의 좌익적 운동은 문부성과 경찰당국의 강력한 탄압을 받았다. 공산당원이 대량으로 체포된 3·15사건(1928년) 등에서는 대학생들도 다수 체포되었다. 이로해서 학생운동은 큰 타격을 받았다. 1945년 태평양전쟁에서의 패전후 학생운동은 전시 중의 군국주의 교육에 대한 비판이나 패전 후에 전전과 크게 변하여 민주주의를 말하는 교사들에게 반발하여 학생운동이 부활하였다. 이 해 말에 京都대학학생연맹 등이 조직되어 各대학학생자치회의 연합체로서 전국학생자치회연합체도 발족하였다. 1948년 6월에는 전국학원 스토 등으로 대학관리 법안, 수업료 인상반대 등의 투쟁을 하였다. 이 스토가 계기가 되어 전학련(全學連, 전일본학생자치회총연합)이 결성되어 전국의 145개 대학이, 대학생이 가맹하였다. 미점령군의 정책이 변하여 공산주의에 대한 탄압이 시작되

달하였다고 보이는 1969년에 『문화방위론』은 간행되었다. 여기서 말하는 대학생들의 운동은 「전공투(戰共鬪, 全學共鬪會議의 약칭)」를 칭한다. 전공투는 1968－1969년, 전국적인 대학 투쟁의 주체(主體)가 된 대학생의 운동조직을 칭한다.

미시마는 1945년 일본의 패전으로부터 25년이 지난 여름 신문에 다음과 같이 기고하였다.[5]

> 나의 25년간을 생각하여 보면 그 공허(空虛)는 이제 새삼스럽게 놀라게 한다. 나는 거의 「살았다」고는 말할 수 없다. 코를 쥐면서 지나쳤다.
>
> 이 25년간, 내가 인식하는 것은 나에게는 불행밖에는 없었다. 나의 행복은 전부 다른 원천에서 가져온 것이었다. 실제로 나는 소설을 계속 써왔다. 희곡도 많이 썼다. 그러나 작품을 아무리 써서 쌓

자 전학련의 많은 학생들이 지하활동으로 들어갔다. 1955년 7월 공산당이 6전협(제6회전국협의회)에서 무장투쟁방침을 철회하였다. 이에 대하여 반발하여 공산당과 결별하거나 또는 제명된 학생들이 1957년 혁공동(革共同, 혁명적 공산주의자동맹), 1958년 분트공산주의자 동맹 등의 반공산주의동맹이 생겼다. 1960년 안보투쟁에서는 분트전략련이 투쟁의 주역이 되었다. 60년 안보투쟁후 분트전학련은 분열에 분열을 거듭하여 학생운동은 완전히 분열상태가 되었다. 1968년 1969년에 전국적으로 펼쳐진 대학분쟁에서 새로운 대학생운동조직 全共鬪가 생겼다. 이 전공투운동・대학투쟁이 경찰에게 진압된 1969년 후반이후 대학생들의 대중적 운동은 급격히 사라져 대학생들이 정치관여에서 떠나는 풍조에서 대학생운동에서 패배한 대학생들에 의한 적군파(赤軍派), 폭탄 그룹 등의 과격한 그룹이 생겼다. 이후 대학생활동은 급격히 급감하여 1990년 이후는 대체로 대학생운동은 존재하지 않는다고 해도 과언이 아닌 상황이 되었다.

5 三島由紀夫, 『文化防衛論』, 2015, 389쪽.

> 아도 작가 나에게는 배설물을 쌓아 둔 것과 같은 것이었다. 그 결과는 결코 현명하였던 것은 아니다. 그렇다고 해서 아름답다고 할 정도도 아니다.
>
> 나는 이제 일본에 큰 희망을 가질 수가 없다. 이대로 간다면 「일본」은 사라지고마는 것이 아닌가하는 우려를 심각하게 하고 있다고 말하고 싶다. 일본은 사라지고 그 대신에 무기적(無機的)인, 텅 빈, 생소한 중간색의, 부유하고, 빼어난 것이 없는 어떤 경제적 대국이 극동의 한편에 남아있을 것이다. 그래도 좋다고 말하는 사람들과 나는 말을 하고 싶지 않게 되었다.

미시마는 전후 25년간을 되돌아보면서 스스로의 삶을 전면적으로 부정한다. 작가 생활은 배설물을 쌓아둔 것에 지나지 않았고 일본의 미래는 전혀 희망을 가질 수가 없다. 「무기적인, 텅 빈, 생소한, 중간색의, 부유한, 빼어난 것이 없는」라고 하면서 전후 일본을 가차 없이 단죄한다.

그러나 전후 일본은 작가 미시마를 본인도 자각하고 있는 것처럼 그에게 갈채를 보내고 지지하고 시대를 대표하는 작가로서 대우하였다.

그런데 미시마가 그 전후를 부정하는 것은 동시에 또한 작가로서 총아였던 자신의 존재를, 그리고 그 삶을 부정하는 것이 된다.

미시마는 궐기 이외의 모든 것을 부정한다

간단히 말해서 미시마는 전후 일본을 부정하고 작가 미시마를 부정하는 것만이 아니다. 문학을 부정하고 사색을 부정하고 待機를 모든 모라트리움(moratorium)을 부정하고 미래를, 기대할만한 미래가 없다고 부정하는 것이 된다. 미시마는 궐기(蹶起) 이외의 모든 것을 부정하는 것이 된다.

> 우리는 옹호할만한 일본의 문화, 역사, 전통의 최후의 保持者이도 최종의 대표자이고 또한 그 정화(精華)라는 것으로 스스로 임한다. 「좀 더 낳은 미래사회(未來社會)」를 암시하는 모든 사상과는 우리는 첨예하게 대립한다. 왜냐하면 미래를 위한 행동이라는 것은 문화의 성숙을 부정하는 것이고, 전통의 고귀함을 부정하는 것으로, 소중한, 둘도 없는 현재에서의 모든 혁명에로의 과정으로 바꾸게 하기 때문이다. 자기 자신을 역사의 화신으로 하고 역사의 정화를 여기에서 구현하여 전통의 미적 현실을 체현하여 자기 스스로를 최후의 者로 하는 행동원리야말로 神風특공대의 행동원리이고 특공대원은 「뒤를 이을 자 있음을 믿는다」라는 유서를 남기는 것이 되었다.[6] – 「反혁명선언」

선언

미시마는 「미래를 위하여 행동한다」라는 사고를 부정한다.

여기서 부정한다고 기술하는 「미래」라는 것은 변증법적인 역사관에 바탕을 둔 「미래」이고 마르크스주의가 의거하고 있는 시간개념을 부정하는 것인데 미시마는 그것을 라디칼한 전개에 진력하면서 모든 「미래를 위한 행동」을 부정한다.

그는 미래를, 내일을 기다리면서 바라는 것이 아니고 스스로를 이미 이 현재에서 실현되는 「역사의 化身」으로 하는 것, 현재라는 것을 졸렌[7]

6 三島由紀夫, 『文化防衛論』, 2015, 390-391쪽.

하여 이념의 현실화로서 진력하는 것을 외치는 것으로 나간다.

> 일본정신의 清明, 활달, 정직, 도의적인 고귀함은 우리들의 것이다. 다시금 그 유효성이라는 것은 문제는 아니게 된다. 왜냐하면 우리의 존재 및 행동을, 미래에의 과정이라고는 생각하지 않기 때문이다. – 반혁명선언(反革命宣言)

> 미래를 부정하는 것으로 미시마는 행위라는 그 자체의 「有效性」을 버린다. 현재, 그것이야말로 「역사의 정화」라고 한다면 내일 같은 것 등은 필요하지 않다. 그 정치행동은 무엇인가의 현실적 목적을 하는 것이 아니고 「역사의 화신」이 되는 것이기 때문에 그 행동이 어떠한 의미를 갖는가 결과를 가져오는가 같은 사소한 것에 매달릴 필요는 없다. 내일을 잊고 어떤 유효성을 따지지 않는 것으로 해서 그 행동은 한없이 순수한 것이 된다.

신풍특공대(神風特攻隊)[8]는 손해를 주는 것을 목적으로 한 것이 아니다. 신풍특공대는 '皇國이 위기에 처하고 있어 그 역사의 정수(精髓)라는 것은 무엇인가를 체현하기 위하여 무척이나 순수한 행위를 한 것이다'가 된다.[9]

---

7 졸렌(독, Sollen, 當爲 ↔ 자인, Sign, 실재, 현실, 본체, 본질, 存在) – 철학에서 도덕적인 의무 · 理想으로부터 행동하여야 할 것, 있어야 할 것을 하여 의지나 행동에 강제나 구속을 하는 일.

8 神風連의 亂. 1876년 10월, 態本의 사족(士族)이 일으킨 반란. 유신신정부의 개명전책 등에 불만을 품고 반대하여 신풍련이 결집하여 보수적 士族이 일으킨 반란.

9 三島由紀夫, 『文化防衛論』, 2015, 392쪽.

전투는 단지 한 회에 한할 수 있는 것이고 생사를 거는 전투가 되지 않으면 안 된다. 생사를 거는 전투 후에 판정을 내리는 것은 역사이고 정신의 가치이고 도의성이다…… 천만명 사람이라고 말해도 나의 기개로서 혁명 대중의 추로(醜虜)에 임하지 않으면 안 된다. 민중의 매도 비방, 조롱, 도발, 그러한 것을 개념하지 않고 그들이 지니는 일본정신을 각성시킬만한, 하나의 死・죽음으로 이것에 임하지 않으면 안 된다.

미시마는 「전투」는 一回만이라고 한다. 유효성을, 즉 적을 쓰러뜨리든가 현실을 개변(改變)한다든가 하는 것 같은 실효성은 처음부터 염두에 두지 않는다면 그 투쟁은, 그 행위는, 얼마나 순수하고 얼마나 결정적인 것인가, 그렇지 아닌가 라고 하는 것만이 물어지는 것이다. 여기에서 정치는 흔적도 없이 사라진다.

패전후 일본과의 결별이라는 것과는 미시마에 있어서는 순수한 一回性의 회복이외의 아무 것도 아니었다. 결정적인 일회성을 상척(賞揚)하는 일은 그대로 실천하지 않으면 안되었다. 왜냐하면 내일이 없다면 기다릴 이유도 연장할 이유도 없고 유효성이 있는가 없는가를 문제시 하지 않는다면 타이밍을 계산할 의미도 없기 때문이다.

더구나 순수한 행동에 대해서의 결의는 그 실천과의 격벽(隔壁)을 가질 필요도 없을 뿐만 아니라 타자와의 구별도 사라진다. 한사람 한사람의 사정이나 경우같은 것은 무의미한 것이고 단하나의 다른 점은 하는가 안하는가, 일어서는가 일어서지 않는가 뿐이기 때문이다.

「일어서느냐 일어서지 않느냐」하는 두 가지에서의 선택을 독자에게 밀어붙이는 것으로서 미시마는 불길한 선동자가 되었다. 그러나 그는 이상한 선동자였다. 정치적인 선동자 등으로 치부되지 않는 것일까. 절망을 이야기 하는 것은 쉽다. 그러나 희망을 이야기 하는 것은 위험하다. 그러나 희망이란 어떠한 희망인가. 내일이라는 꿈을 산정하지 않은 正氣의 희망.

2. 민병대 조직

미시마는 처음에 민병대 조직을 「국토방위대」라고 이름 하였다. 그는 1967년 말경에 「국토방위대」라는 것을 제작하여 그 대원과 약간의 관계자에게 타이프를 쳐서 인쇄물로 나누어주었다.

「국토방위대」에는 지휘명령 계통이나 예산까지도 포함되어 있다. 그래서 이 때 미시마는 제도로서의 민병(民兵)의 설립을 기획한 것임을 알 수 있다. 이는 자위대(自衛隊)를 보완하는 일본의 국가의 민병이어서 후일 그가 창설한 「楯의 會(방패의 회)」와는 성격이 달랐다. 미시마가 「국토방위대」를 설립하고자 뜻한 것은 그는 자위대는 얼마간의 예비자위관을 제하고는 뒷받침을 할 후방병력이 없어 만일의 경우 현재의 인원수로 싸워야 하는 결점이 있다고 생각하였기 때문이다.

그러나 미시마가 잘 못 알고 있었던 것은 자위대는 간부 중심이라 만일의 경우 얼마든지 민병을 모울 수 있는 체제로 되어 있다. 즉 말하자면 「24만명의 자위대는 간부 중심이기 때문에 유사시에는 그 10배 가량으로 팽대하여 200만명의 대 규모의 군대로 발전한다」는 사실이다.[10]

「국토방위대」 → 「조국방위대」

「조국방위대」는 왜 필요한가? 라는 책자(1968년 1월 1일)도 있다.

---

10 김경민, 『甦る軍事大國ニッポン』, 德間書店, 1996, 7쪽.

미시마는 자위대에는 얼마간의 예비자위관을 제외하고는 그 배후를 받쳐 줄 병력이 없고 만일의 경우에는 현재의 사람 수만으로 전쟁을 하지 않으면 안 된다고 우려하였다. 보충의 병력이 없는 것이 자위대의 최대의 약점이라고 생각하고 있었다. 자위대에 들어가서의 체험입대에서 그 일을 통감하였던 듯하다.

「조국방위대」에 앞서서 「국토방위대」가 있었는데 「국토방위대」의 계획에 관하여서는 미시마가 쓴 원고가 남아 있다.(499쪽.) 그러나 아무 곳에서도 발표되어 있지 않다.

「국토방위대」초안에는 영국, 스웨덴, 노르웨이의 민병조직이나 프랑스가 당시 민병대안(民兵隊案)은 정규군을 최소한으로 하고 그 대신에 침략을 당하였을 적에 레지스탕스 조직을 평상시부터 군의 지도 하에 만들어 둔다는 사고에 근거를 둔다.

1968년 11월, 미시마는 〈논쟁 저널〉의 청년들 중 몇 사람을 자기 집으로 불러 민병대의 결성을 정식으로 고하였다. 이 달은 베트남전쟁에 반대하여 젊은이가 수상관저 앞에서 분신자살을 기도하는 사건이 있었고 하네다(羽田)공항 앞에서는 佐藤수상이 미국에 도미하는 일에 반대하는 소동을 일으켜 한 사람이 사망하는 일도 있었다.

미시마는 베트남전쟁에 반대하여 수상관저 앞에서 분신자살을 한다는 일에 감명을 받은 듯하다.(501쪽). 이즈음의 미시마의 대명(隊名)은 「조국방위대」로 바뀌고 있었다. 미시마의 생각은 그의 「조국방위대」는 당연히 앞으로 만들어지고 자신은 그곳의 간부가 될 것이고 자신은 청년들의 양성에 힘을 쓸 생각이었다.

그의 환상적이라고 할만한 조국방위대의 이름은 외부에는 알려져 있지 않았고 자위대 체험입대의 제2기생을 내고 난 뒤에도 그 대명을 알려져 있지 않았다.

미시마의 민병대 구상은 단지 직접 간접 침략을 위한 준비만을 목적으로 하고 있었던 것은 아니다. 그는 기회가 있을 적마다 기술하고 있었던 것처럼 미시마의 관심은 군사력(軍事力)보다는 국민의 정신(魂) 쪽에 있었다. 일본인의 자립정신과 무(武)의 전통과를 민병대라고 하는 조직을 통하여 재생시키려 하였다.

「조국방위대」의 「강령초안」에는 다음과 같이 기술되어 있다.(503쪽)

一, 우리는 일본의 문화와 전통을 검(劍)으로 사수(死守)하는 군대이다.

一, 우리는 평화로운 일본인의 생활을 자력으로 외적이나 내적으로부터의 적으로부터 지키는 군대이다.

一, 우리는 시민의, 시민을 위한 시민의 군대이다. 평화로운 일본인의 생활을, 자력으로 외적 · 내적으로부터 방위하여 그것으로 일본의 문화와 전통을, 검으로서 사수하려고 하는 유지시민(有志市民)의 전사공동체(戰士共同體)이다.

4개조 중에서 3개조까지가 전통의 옹호와 「문무 두 길의 참으로의 국체」의 회복을 칭송한다. 일본의 일왕주의의 아름다운 직물이 패전과 함께 연기(煙)가 되고 말았다고 하고 현재의 정기(正氣)에는 성(誠)이 없다. 「볼만한 날개를 갖추고 있어도 그 정기(正氣)는 결코 비상하지 않는다」라고 탄식한다.

미시마는 「1기에 100명씩 훈련시킨다」고 최초부터 말하고 있었다.

미시마의 생각은 자민당 정부는 일본인의 혼을 잊고 패전 후의 체제를 유지하려고 하는 적(敵)이었다.

미시마의 「楯의 會」는 佐藤榮作 수상으로부터 지원의 제안도 받았다. – 매월 100만엥(약 1200만원)을 기부한다고 당시의 관방장관을 통하여 통보를 받고 있었다. 당연히 미시마는 당시의 자민당정부를 반대하고 있었기 때문에 그 기부를 사절하였다.

3. 吉本隆明의 '일왕관'

'일본인의 문화에 있어 일왕에 의미를 두는 것은 어떠한가'라는 문제를 일찍이 정직하게 대답한 일이 없는 문제를 제기 한 사람이 미시마라고 한다면 그 일 바로 다음에 전혀 다른 말로 '일왕'에 대하여 제언한 자가 吉本隆明(요시모토 타카아키, 시인, 평론가, 1924–)이다. 隆明은 독자적인 사상의 입장에서 인간의 자유와 예술의 본질을 철저하게 추구한 것으로 알려져 있다. 吉本은 「일왕 및 일왕제에 대하여」에서 다음과 같이 말하였다.[11]

> 적어도 전후의 나에게 있어 〈국가〉는 이론적으로 해명하지 않으면 안되는 과제라고 하는 것 이전에 제대로 통로를 찾지않으면 안되는 어느 방향으로 탈출구를 찾아야하는지가 혼란에 빠지는 하나

11 吉本隆明, 『天皇および天皇制』, 「日本の將來」, 潮出版社, 1971年 9月.

> 의 문제였다. 다분히 그런 의미에서 패전후는 나에게 있어 〈해방〉도 아니면서 〈평화〉도 아닌 무척 긴 기간을 통과하지 않으면 안되었다.[12]

여기서 기술되고 있는 패전 후의 상실감은 어떤 의미에서 동시대의 미시마와도 공통되는 부분인지 모른다. 吉本에 의하면 〈국가〉란 무엇인가?를 개인사적으로 물어나가면 전쟁 중에는 일왕과 바꾸어 놓는 문제가 되고 '국가를 위하여'라기보다는 '일왕을 위하여' 죽는 일에 死(사)에 명분을 두는 일에 吉本은 안도감을 표하고 있었다.

> 나의 당시의 〈일왕을 위하여서〉에는 일왕 개인의 인격이 어떠한가에 대하여서는 관계가 없었다. 또한 일왕이 현인신(現人神)이라는 것에 대하여 과학적으로 믿고 있었던 것도 아니었다. 단지 나에게 있어서는 「절대감정」의 대상이 되어 있기만 하면 좋았던 일이다. 실제로 일왕 자신이 바보인가 저능인가에 관하여서는 아무래도 좋았다. 이런 의미에서 현재 미시마가 〈인간 일왕〉이라는 관념에는 불만하고 문화적인 미적 가치로 받아들이는 면으로서의 일왕에 대하여 절대관념을 집약적으로 쏟아 부으려는 발상을 알수 있게 한다.

전후의 吉本의 경우는 미시마의 사고와는 상당히 다르다. 吉本은 일왕 및 일왕제의 성립과 계승 사정에 관하여서의 「계략」- 즉 일왕제가 정치권력의 유무와 관계없이 세습되고 존속되어 계속되고 있는가에 대

---

12 吉本隆明, 『天皇および天皇制』, 「日本の將來」, 潮出版社, 1971年 9月.

하여 독자적으로 고찰한 것이고 미시마의 『문화방위론』에는 없는 것으로 감지되는 스케일로서의 획기적인 '일왕론'이고 '일본문화론'이다. 즉 전시 중의 일왕에의 '절대감정'으로부터 출발하였으면서도 미시마와는 180도 다른 방향으로 전개하여 나갔다. 그것은 국가론이나 역사론에 관하서는 유효해 보이지만 문학이나 예술의 영역에서 되돌아볼 적에는 참으로 유효한가 어떤가에 대하여 생각하여 보게 한다.

물론 吉本 자신이 밝히고 있는 바와 같이 「역사학적, 민속학적, 고고학적으로 연구와 조사」가 필요하기는 하지만 일단 일왕을 무화(無化)시키고 모든 데이타를 명료하게 하면서 일본의 문화사를 생각하려하는 방법은 「일본인은 무엇인가」를 생각하는 면에서 새로움을 보여주는 경향이 있다.

미시마의 『문화방위론』은 吉本의 일본문화론·일왕론에 비교하면 훨씬 현대적이기는 하지만 과학적이지는 못하다. 吉本의 「天皇 및 天皇制에 대해서」는 일왕제와 일본문화에 대하여 예리하게 파헤친 역작이다. 미시마의 허구(虛構)라고도 말할 수 있는 세계를 당당히 분쇄하고 있다. 그래서 吉本의 논의, 그리고 사물을 보는 시점은 미시마와는 상당히 거리가 있다.

Ⅲ. 야비(우아함 =風雅)를 체현하는 일왕

미시마가 이 문화방위론을 집필한 2년 후에 육상자위대 주둔지에 강제로 들어가 할복자살을 하였다. 그때의 궐문에는 자위대원을 향하여 「무사도의 혼」을 외치는 것만이 있었던 일에서도 미시마의 「문화방위론」의 성격이 확실하게 추측된다.

미시마가 무사도의 이상으로서 생각하며 그려내고 있는 「엽은(葉隱)」은 바로 무사도의 이상을 일본의 일왕이라고 하는 틀 조직에 바꾸어 놓았다는 점에서 근대의 작위라고 할 수 있다.

미시마는 문화로서의 무사도(武士道)를 일왕을 지키기 위한 「검의 원리」로 맞추고 있다. 즉 「윤리의 美化, 또는 미의 윤리화의 체계」인 무사도는 '「행동양식 자체를 예술작품화 하는 특수한 전통」을 짊어지는 것이다. 지키는 것과 지켜지는 것과의 「同一化」즉 「문화와 같은 모양의 再歸性」이 무사도에 의하여 실현된다'고 미시마는 주장한다.

그러나 이것은 명확히 「문화」론에 「정치」론을 가져오는 의론일 것이다.

무사도에 있어 忠의 대상으로서의 主君은 원칙적으로는 일왕이 아니고 무사단의 동량(棟梁)이었다. 그래서 일왕에 대한 충성을 무사도에 고정시키는 일은 근대의 일왕제에 대한 작위일 뿐이다. 즉 미시마가 무사도의 이상으로서 생각하며 그려내고 있는 「엽은(葉隱)」은 바로 일본의 일왕이라고 하는 틀 조직에 무사도의 이상을 바꾸어 놓았다는 점에서 근대의 작위라고 할 수 있다.

미시마가 「서구적 입헌군주정체를 고집하는 昭和기의 일왕제는 2·26사건의 「아취」를 이해하는 힘을 상실하고 있다」고 스스로 규정하고 있는 것처럼 근대에 일왕과 군대의 관계는 어디까지나 정치성을 포착하는 것이라면 일왕과 무사가 「문화」적으로 맺어졌다고 하는 것은 도대체 언제부터인가.

1. 미시마와 石川淳

「문화방위론」을 발표한 직후 미시마와 石川淳(이시카와 쥰)과 대담을 한 일이 있다.

川端康成을 제외하면 石川淳은 미시마가 마음으로부터 심복하는 몇 사람 안 되는 소설가이다. 미시마와 川端, 그리고 石川淳 3사람은 연명으로 중국의 문화혁명을 비판하는 성명을 발표한 일도 있다.

당시 프랑스 문학을 연구하고 난뒤 한학(漢學)을 연구하는 경향은 인텔리들의 특이한 코스였다. 그 중에서도 石川淳은 그러한 경향의 손꼽히는 대가였다.

미시마와의 대담에서 石川淳은 「문화방위론」을 「졸업논문」이라고 하면서 어떻든 졸업은 하였다고 했다. 조금은 야유조로 들리는 말이었다.

그런데 미시마는 의외로 유쾌하게 받아들였다. 자신은 확실히 졸업논문에 통과하였다는 태도였다.

2. 생사를 초월하는 '무사도 정신'

미시마는 10대경에서부터 조숙한 재능을 보여 일본낭만주의를 대표하는 蓮田善明, 保田與重郎 등과 교우하였다. 蓮田은 일본의 무조건 항복을 거부하고 자결하여 그후 미시마에게 영향을 준 인물이다. 일본패전후 미시마는 소설과 희곡을 차차로 발표하여 노벨수상후보자로 거론되기도 하였으나 차츰 '우국'의 신념이 깊어져 스스로 자위대에 입대하여 체험을 하였다.

다시금 그와 같이 자위대에 입대하여 체험을 쌓은 대학생들과 楯의 회를 결성하였다. 1970년 11월 25일, 육상자위대 주둔지에 들어가 자우대원들에게 「무사도정신을 호소하는 연설을 하고 난후 할복자살을 하였다.」

미시마의 소설관은 그의 『엽은』(葉隱, 하가쿠레)에 있다고 필자는 믿는다. 『엽은』의 한 구절 「무사도라고 하는 것은 죽을 자리를 발견해내는 일이다」는 저자, 山本常朝가 한 너무나도 유명한 말이다. 이 한 구절은 이 책 전체를 상징하는 언설이 되고 있다. 미시마는 이 한 구절에서 '살아가는 삶의 힘을 받는 최대의 이유를 발견하였다'고 『葉隱入門』의 서문에서 밝혔다.

『엽은』은 일본의 근세 중기의 무사의 수양서다. 1716년 山本常朝(야마모토 쓰네토모)의 담화를 기록한 책이다. 주군을 섬기는 봉공을 인생의 제1로 하여야 한다는 것을 강조하고 있고 생사의 관념을 초월한 무사도 정신을 가르친 무사의 수양서이다. 극단의 충성심과 상무정신을 설파하였다.

3. 황국소년 井上光晴의 '일왕제' 비판

황국소년 井上光晴에 있어 일왕제라고 하는 것은 美적 원리가 아니고 처음에는 平等원리였다. 일본 국적에 들어있는 자들은 차별하여서는 안된다는 것으로 그러한 것이 평등원리가 되어 있었다. 그런데 한편으로 현실적으로는 조선인들이 강제노동을 당하고 있다.[13]

이렇게 되면 井上의 경우에는 일왕3제는 미학적이 되는 것이 아니고 문자 그대로 현실사회의 원리로서 받아들여지게 되어 평등원리에 입각하여 볼 때 그것은 실제로는 일왕제라는 것은 다름아닌 차별원리였다.

그래서 井上은 다시 역으로 일왕제 비판으로 달리게 되었다. 그것이 그가 전후에 공산당에 참가하는 계기로 작용되었다. 井上은 미시마와 거의 동년 연배이다.

4. 山岡鐵舟의 '무사도'

교육칙어 속의 '무사도 정신'

불교(선을 중심으로 하는)와 검(劍)의 道와 왕실(내지 國體)과의 3가지가 山岡鐵舟의 사상의 원형을 만든 요소 —무사도 정신이다.

교육칙어의 원안을 작성할 때 中村正直(나카무라 마사나오, 1832-1892)와 井上毅(이노우에 코와시)는 山岡의 「무사도 강화」를 청취하였다. 이들은 교육칙어 작성자들이었다.

---

13 佐藤勝等, 『戰後文學』, 學生社, 1977, 183쪽.

井上毅는 헌법과 황실전범(皇室典範, 코시츠텐반)을 제정하는 일의 중심 인물이었고 中村正直은 유신신정부 시대의 계몽학자로 민권 사상에 영향을 주었다.

이들 작성자들은 山岡鐵舟의 「무사도 강화」에서 어휘랑 사고방식을 채용했다. 그래서 교육칙어의 사고의 기본틀은 무사도의 정신이 들어 있게 된다. 山岡의 '무사도'를 한마디로 말하면 山岡의 무아(無我)의 자각의 계기가 된 것이 왕의 존재, 황실의 존재라는 것과 깊이 연관되어 있다. 물론 무아의 자각의 계기로서 칼(*劍)도 있다.

山岡의 신앙은 좁은 의미의 민족종교인 신도가 아니고 넓은 의미의 세계종교인 불교에 뿌리를 두고 있다. 山岡의 사상은 진리는 불교에 있어서의 무아의 실현이고 그 무아의 실현은 일본의 역사에 있어서의 왕과 왕실에 대한 충성심이라고 거듭 역설한다. 그 무아의 실현이야말로 일본의 무사도 그것이고 검도의 극의(極意), 선(禪)의 깨달음이라는 관념을 내포하고 있다. 불교(선을 중심으로 하는)와 검(劍)의 道와 왕실(내지 國體)과의 3가지가 山岡의 사상의 원형을 만든 요소다. 무사도가 불교와 검과를 매개로 파악하는 것은 극히 자연스럽고 이해할 수 있는 것이다. 그러나 무사도가 고대로부터 왕에게 충성하는 것과 함께 발달했다고 하는 해석은 사상사 적으로 볼 때 말이 되지 않는다.

무사도는 鎌倉(카마쿠라)막부 성립 전후의 무사집단의 발생과 더불어 발달했다는 것이 상식적인 해석이다. 山岡은 궁중에 몰입하여 내재적이고 막부신하적인 면모를 극복하여 전국민적인 입장, 그것도 그 중심에 있는 왕이 무아(無我)의 실현이라고 하는 國의 자각으로까지 도달하고 있다. 그러나 山岡은 황실 중심의 사고를 채택하면서도 결코 신도(神道)적은 아니고 어디까지나 불교에 의해 이를 뒷받침하려는 것이 그의 특색이다.

미시마 사후, 10년 경에 발표한 그의 논술의 표제는 「무사도와 군국주의」이고 「정규군(正規軍)과 비정규군(非正規軍)」이라는 부록이 붙어 있었다.(563쪽.) 미시마가 여기서 설파하고 있었던 것은 「문제제기(일본국헌법)」와 그 외의 것을 말하고 있었던 것과 마찬가지로 「일왕의 전통의」 부활과 무사도(武士道) 정신의 존중이었다. 「문학의 언어」라는 표현으로 그가 말하고자 한 것은 예컨대 「일본인의 혼의 회복」이었다. 미시마의 할복자살은 일본 사회에 큰 영향을 주었다.

미시마는 早稲田대학, 동경대학, 京都대학 등의 학생들을 불러 모아 자신이 만든 조직을 「民間防衛組織」이라 칭하고 90여명의 순진하고 다감한 청년들을 모았다. 미시마는 이 사상과 결의를 구체화하기 위하여서는 일상적인 부단의 단련을 축적시켜 두어야 한다고 하였다. 여기서 미시마는 자위대에 「체험입대」를 자주 하면서 소총을 사용하여서의 전투훈련 등을 받았다.

미시마는 다음과 같이 말한다.

> 나는 (태평양전쟁)전쟁 중부터 읽기 시작하여 현재도 가끔 『엽은』을 읽는다. 大儒적인 역설이 아니고 행동의 지혜와 결의가 스스로 역설을 생성시킨다. 예를 찾아볼 수 없는 상상을 초월한 도덕서다. 얼마나 큰 정기(精氣)에 넘쳐흐르고 얼마나 경쾌하고 인간적인 서책인가 …… 봉건도덕이라는 기성개념으로 「葉隱」을 읽는 사람에게는 이 상쾌함 · 신선함을 거의 맛보지 못할 것이다. 이 책에는 하나의 사회에 대한 확고한 윤리 하에 사는 사람들의 자유가 넘쳐흐르고 있다. 그 윤리도 사회도 경제의 모든 강목을 통하여 살고 있다.

大전제가 하나 주어지고 그 전제 하에서의 모든 정력과 정열의 찬미이다. 에네르기는 선이고 무기력은 악(惡)이라고 설파한다.

「무용(武勇)은 나에게는 일본의 제1이 아니면 안 된다.」「무사는 무용에 큰 자만을 지니고 死에 미치는 각오가 긴요하다.」…… 올바른 미침이라는 것이 있는 것이다.

행동인의 편의주의(便宜主義)라고도 말할 수 있는 것이 「엽은」의 생활도덕이다. 유행에 대하여서는 「그러니까 그 시대 시대에 따라 좋도록 하는 것이 긴요하다」라고 아무렇지도 않게 말하고 있다. 편의주의라는 것은 색다른 · 이상한 洗練에 대한 윤리적 결백성에 지나지 않는다. 「대단한 남자가 되는 것을 꾀하는 자」가 되지 않으면 안 된다. 고래의 용사는 대개 그러한 남자였다. 기력(氣力)을 강력하게 하고 용기가 있었다.

「엽은」에 대한 사고는 지금도 많은 것이 생각나거나 하지 않는다. 오히려 「엽은」을 썼을 때에 처음으로 나(미시마) 자신 속에 확실하게 굳어지고 이후는 '「엽은」을 살리고 「엽은」을 실천하는 일에 정열을 쏟았다'고 말할 수 있을 것이다. 즉 점점 더 깊이 있게 「엽은」에 심취하게 되었던 일이다. 그와 함께 예술을 질타하고 있는 「예능」의 길을 걷고 있는 나는 자신의 행동윤리와 예술과의 상극에 자주 고뇌하게 되었다.(「엽은」, 14쪽.)

예술가는 철학가의 세계는 차츰차츰 자신의 주위로 넓은 동심원을 겹쳐나가는 것 같은 구조를 갖고 있다. 그러나 만일 死가 다가왔을 때 행동가와 예술가에 있어 어느 쪽이 완성감이 강렬할 것인가?

> 미시마는 이 물음에 대하여 자신은 상상하건데, 단지 한 점을 첨가하는 것으로 한순간에 그 세계를 완성하는 死의 편이 훨씬 완성도가 강렬하다고 생각한다.
>
> 행동가의 최대의 불행은 그 오류가 없는 한 점을 첨가한 후에도 죽지 않는 경우다. 「엽은」의 死의 교훈은 행위의 결과보다는 단지 행동가의 참으로의 행복을 가르치는데 있다. (『葉隱入門』, 13쪽.)

미시마 사후, 10년 경에 발표한 그의 논술의 표제는 「무사도와 군국주의」이다.

「정규군(正規軍)과 비정규군(非正規軍)」이라는 부록이 붙어 있었다.(563쪽.) 미시마가 여기서 설파하고 있었던 것은 「문제제기(일본국헌법)」과 그 외의 것을 말하고 있었던 것과 마찬가지로 「일왕의 전통에로의 부활」과 무사도(武士道) 정신의 존중이었다. 「문학의 언어」라는 표현으로 그가 말하고자 한 것은 예컨대 「일본인의 혼의 회복」이었다.

상기와 같은 것이 미시마가 「문화란 무엇인가」에 대하여 논한 내용이다. 미시마의 문화론이다.

Ⅳ. 三島由紀夫의 미카도이즘

1. 일본

패전한 전후의 일본은 평화국가의 모습을 보이고 있기는 하지만 이는 어디까지나 美占領 치하에 있어 그렇게 보일 뿐이었다.

전후의 일본인의 근대의 전쟁에 대한 인식에 대해서는 다음과 같은 견해가 주류를 이루고 있다고 믿어진다.

① 일본의 경우 점령군이 일본의 정부를 부정하지 않고 이를 활용하는 '間接점령의 방식을 취한 때문에 정치 지도자의 레벨에서 戰前과 戰後가 연속되었다'라는 것이 확인된다. 그 가장 좋은 예가 '일왕'의 건재이고 미카토이즘(日王制)이라고 본다.

② 패전일본에서의 외교에 있어서의 「大아시아주의」는 바로 전쟁 전의 「대동아공영권(大東亞共榮圈)」과 일치하는 면이 크다. 즉 일본은 태평양전쟁을 대동아전쟁(大東亞戰爭)이라고 칭하면서 태평양전쟁을 긍정하는 입장을 지키는 정객들이 많았다. 그들이 주장한 정책에서의 대동아공영권은 일본이 중국이나 동남아시아를 침략하는 전쟁을 합리화하기 위하여 태평양정쟁 바로 전부터 외치던 슬로건이다. 일본의 아시아 지배를 정당화하기 위하여 외친 슬로건이다.

즉 구미의 식민지지배와 바꿔어 일본이 아시아의 모든 민족을 위한 아시아민족의 공존공영(共存共榮)의 신질서를 확립한다는 것이다.

(1) 일본의 군인, 군속(軍屬)의 복권(復員)과 점령지에서 생활하고 있던 일본인의 귀환은 일본국내의 인구를 급증시켰다. 1947년 7월 발표의 『경제실상보고서』(經濟白書)는 1947년 5월말까지의 21개월 사이에 해외에서 돌아온 복원병 · 인양자의 합계는 536만 명이라는 후생성(厚生省)의 자료를 인용했다.

이러한 대량의 복원병 · 인양자들로 해서 식량과 그 외의 필수물자를 보장하고 취업기회를 보장하는 일이 가능한가 어떤가가 패전 직후의 최대의 사회문제의 하나였다.

(2) 일본은 전전부터 주요 식량인 쌀을 자급하는 일이 불가능하여 점령지였던 대한반도와 대만으로부터 대량으로 대부분 무상으로 가져오다시피 하여 충족시켜 왔었다. 이러한 역사적 사실에 향수를 느끼고 있는 것 같이 보인다.

'1881년의 정변' 다음해 우리나라 조선에서 임오군란(1882년)이 일어나자 일본의 내정과 외정의 교차선상에서 미카도를 유신신정부(*領閥專制政府)의 외형적 핵으로 위치시키는 동시에 군국주의적 국권확장의 선두에 서게 만들었다. 미카도가 '天皇'이라는 호칭으로 정착되는 것은 이 시기부터다.

마침내 일왕을 정점으로 놓으면서 국력확장에 광분한 일본의 군국주의는 침략전쟁으로 이어졌고 그 침략의 성공은 우리나라의 경우는 일본과의 강제 합방으로 이어졌다.

(3) 대량 실업의 발생

일본은 패전과 함께 군수산업(軍需産業)이라고 하는 취업기회가 한꺼번에 소멸했다. 전전의 민수산업(民需産業), 유통업, 서비스업 등의 취업자는 전쟁경제와 물자통제의 강화로 직장을 잃어 실업자는 증가추세였다. 패전직후의 각 관청과 도도부현(都道府縣)의 보고에 의하면 당시와 가까운 장래의 실업자 수는 400만 명에 달한다고 기술했다.[14]

이러한 일본의 패전 후의 실업의 발생은 결국은 우리나라에서의 6·25전쟁 발발로 6·25전쟁 특수를 맞아 대체적으로 해결을 보았다.

2. 일본 우익의 과격성

일본학생우익의 사고의 특징은 작가 미시마[15]를 마스터 마스터 한 것에서 나온 것 같은 '황국사관'과 연결되어 있어 '암살 긍정설'까지 미화시킨다.

1969년 〈월간 펜〉 11월호에 게재된 미시마의 「지켜야 할 만한 가치」와 같은 해 〈제군(諸君)〉 11월호의 「전공투여자학생운동과 우익청년」에서의 령목진일랑(鈴木眞一郎)의 말을 비교해보면 곧 드러난다.

---

14 正村公宏, 상계서, 113쪽.

15 三島由紀夫는 일본의 소설가, 극작가로 다수의 작품이 있다. 특기할만한 것은 그가 '天皇 만세'를 부르면서 1970년 할복자살을 하여 세인을 놀라게 한 일이다. 이는 그가 우익계열이라는 것을 단적으로 나타내 주는 일이다.

• 남녀동등권에 대해서의 견해

미시마는

“남자는 확실히 원리이고 여자는 원리가 아니다. 여자는 존재이니까.”

령목진일랑은

“그래, 나보고 말하라면 남존여비라는 말을 확실히 기억하고 있으니까”라고 했다.

• 미카도이즘에 대한 견해

미시마는

“최후로 지켜야 할 것이 무엇인가 하면 3종의 신기(神器)밖에 없다.…… 미카도(日王)이데올로기라는 한가운데에 두지 않으면 일본문화라고 하는 것은 어디로 갈는지 모르게 된다.”

령목진일랑은

“내가 황실을 존경하고 군주를 존경하는 것은 개인개인의 경우도 있겠으나 대체로 하나의 황통에 있다. 그래서 만일 지금의 황태자가 왕위에 올라도 나는 역시 존경한다고 생각한다.…… 군주가 어떤 말을 하든가 어떤 행동을 하든가 나는 문제로 하지 않기 때문이다. 우리들이 황실에 대해 어떤 일을 하는가가 문제가 될 뿐이다. 그것만이 문제가 된다.…… 군주가 스스로 정치를 장악하지 않아도 …… 군주의 곁에서 우수한 인간이 일본의 국정을 담당할 것이라고 생각한다.…… 하나의 커다란 정신적인, 뭐라고 할까 인간이 그곳밖에는 돌아갈 곳이 없는 마지막 보루가 필요하다고 생각한다.”

• 암살과 관계되는 문제에 대해서의 견해

미시마는 다음과 같은 과격한 말을 하였다.

"절대, 멸사(滅私)에 달하지 않는 사상이라고 하는 것은 비겁한 사상이다.…… 그러한 것을 나는 무척 싫어한다.……

그대(石原愼太郎[16]을 보면서)가 공화제(共和制)를 주장한다면 나는 그대를 죽인다".

렁목진일랑은

"타협이 안 되는 극한이라고 하는 것에서는 서로 죽이는 것이다 라고 생각하니까. 자신의 정당성을 주장하기 위해서는 타의 적대물을 말살하는 것이 가장 효과적이라고 나는 생각한다. 테러이즘에 여러 가지 형태가 있다.…… 나라고 해서 자민당이 강행 체결한다든가 어쩐다든가를 가지고 테러를 감행하지 않는다. 가장 서민적인 가치가 침해하여 들어온다고 할 때, 예를 들어 일본에서 아이누족이 인종차별을 받아 根室이나 어느 만의 작은 섬에서 밀고 들어온다고 하는 그러한 정말로 서민적인 인간을 부정하는 것 같은 일이 실제로 역사상에 일어나는 일이 있지 않은가? 나는 그러한 때에 행동을 감행한다고 생각한다."

20명 있으면 20만명 죽인다

이외에 〈제군〉 같은 호 지상에 게재된 東京의 각 대학의 우익계 서클의 長野현 합숙에서의 토론의 중요 요지는 다음과 같다.

---

16 石原愼太郎(이시하라 신타로)은 작가출신의 정치가, 현재 東京道知事.

민주주의라는 것은 인간의 약함을 드러낸 정치의 기술에 지나지 않는다. 히틀러를 배출하지 않는 것 같은 째째함이 있으니까. (A청년)

민주주의 국가라고 하는 것은 항상 무법자를 쌓아두게 된다. 우리들은 확실히 무법자들이니까. 내가 민주주의를 부정한다고 말하는 것은 일본국헌법을 뒤집고 있으니까…… 나는 지금의 권력자에 부수하는 것이 아니고 즉 자본주의 정치사회를 긍정하는 것이 아니고 일본의 경우에는 우리들을 구속하는 것은 일본의 황실이고 天皇이라고 하는 것을 확실히 하고 싶은거야…… 天皇은 단지 말없이 일본이라는 나라를 통합해 온거다. (B청년)

> 여기에 20명 있으면 20만명 죽일 것이다. 저 쪽 국회의사당 앞에서 인해전술을 쓰려고 한다면 우리가 생각하는 대로 처치할 수 있다는 거다. 지금부터 나는 공산당에게 경고해 둔다. (A청년)

3. 일본의 장기정권의 자민당(자유민주당)
– 자유와 민주주의의 문제

자민당원이 아니면 일본의 정치가가 아니라는 말이 있을 정도로 일본의 자민당의 범위나 권력구조는 대단하다.

자민당은 1955년 자유당과 일본민주당이 합동하여 결성한 보수정당이다. 결당이래 장기정권을 유지하여 온다. 재계(財界)의 강력한 지지가 기반이 되고 있다.

자민당의 집권기, 자민당은 선거정책을 내놓으면서 초두 부분에

「자유와 민주주의의 이념」「의회제 민주주의의 옹호」를 내걸고 제1항을 「민주적 의회정치의 옹호」를 내세우면서도 은밀하게는 일본공산당과 혁신통일세력에 공격을 퍼부었다. 자민당은 선거에 무척 강력한 정당이다.

자민당은 정책에서도 헌법개정을 「국가최고의 과제」로 검토할 것을 내세우고 있다.

佐藤(영작)수상은 선거에서 개헌에 필요한 「안정세력」을 확보할 일을 공공연히 발설하였다.

군국주의(軍國主義)의 전면 부활을 겨냥하는 자민당의 이 개헌의 겨냥은 일왕의 원수화(元首化)와 전력(戰力) 확보를 금지한 헌법 제9조의 폐지와 일본군대의 공인, 국민의 기본적 권리의 제한 등 총체적으로 일본의 신헌법에서의 평화적, 민주적 조항을 말살하려는데 있다. 또한 「사법권의 독립존중」이나 「사법권의 행사에 개입하는 일을 배제한다」는 자민당의 임의대로 자민당의 내각이야말로 최고재판소의 장관과 판사를 사법특권 관료와 외무부 관료를 임명하여 자민당의 독재정치에 영합하고 추수하는 「최고재판소의 체제」를 만들어 왔다.

현재 일본정부 자민당은 재판관에 대한 「미너시냥」을 실행히고 함께 학술회의에 관하여서도 편향적이 되어 자민당의 의향에 맞지 않는데 대해서는 차차로 탄압하는 파쇼적인 자세를 강화하고 있다. 자민당의 주장은 자민당에 대한 국민의 정당한 비판을 말살하는 경향이 강력하다.

이러한 자민당의 행위는 일본국민의 사상이나 신조의 자유를 억압하여 일본의 민주주의의 경향을 근본부터 뿌리 뽑으려 하려는 행위이다. 자민당은 「의회제 민주주의」와 「자유와 민주주의의 옹호」가 아니라 그 파괴자이다. 1971년의 참의원 선거에서는 자민당후보자들 중에는 태평양전쟁 중에 정치탄압에 혈안이 되었던 당시의 내무성경보 국장이나 내무성경보국보안과장 등의 이름은 말할 것도 없고 「대동아전쟁」 대신을 지내면서 일본인을 전쟁으로 내몰던 전쟁범죄자도 끼어 있었다. 민주주의와는 거리가 먼 자들이 수없이 포함되어 있었다.

자민당은 「자유」나 「민주주의」를 말할 자격이 없는 정당이다. 어떤 면에서는 미시마의 사상과 일맥상통하는 점이 있다. 그러나 미시마의 사상이나 주장과는 완전히 일치한다고는 볼 수 없다.

V. 문화방위론의 유효성

1. 「訝」의 원류는 '일왕'

미시마는 「雅(미야비)는 궁정의 문화적 정화(精華)이고 그것에의 동경이었다」.

「雅(雅趣)」의 원류가 일왕이라는 것은 미적 가치의 최고도를 「雅」에서 구하는 전통을 이야기 하는 것이고 좌익의 민중문화론이 시사하는 것으로서 일본의 민중문화는 일견해서 「雅를 망치는 것」으로 發하게 한다. 그래서 시대시대의 일본문화는 「雅」를 중심으로 한 위성적인 미적 원리, 「유현(幽玄)」 「화(花)」 「(한적한)정취(侘び)」 「寂(한적의 정취)」 등을 성립시켰는데 이 독창적인 신생의 문화를 생성한 모태야말로 고귀하면서 진부한 雅의 문화이고 문화의 反독창성의 極, 고전주의의 극치의 秘庫가 일왕이다.

즉 미시마의 주장에 의하면 '일왕이 「진부하고」 「反독창」적인 型으로서의 「雅」를 체현하고 있는 연유로 사람들은 그것을 「모방」 「코피」하여 「독창적인 신생의 문화」를 취득하는 것을 할 수 있다'가 된다.

이러한 일은 일왕이 「개인적인 재능이나 교양과는 거의 상관이 없는」 문제로 일왕은 각 「문화의 전체성」을 「남김없이 示現」하는 존재로서 「흡사 伊勢神宮의 式年造營처럼」 오리지널성을 계속하는 것이고 그것이야말로 「문화개념으로서의 일왕」이다.

「문화방위론」은 1968년 7월 〈中央公論〉에 게재하였다. 이 「문화방위론」에서의 미시마의 견해를 탐색하면 다음과 같이 나타난다.

미시마는 「창조적 주체의 자유와 그 생명의 연속성을 지키기 위하여서는 정체(政體)를 선택하지 않으면 안 된다」고 한다. 왜냐하면 「언론의 자유」가 「그 자체가 때로는 문화를 부패시키는 일은 현재의 일본을 보는 그대로다」라 하고 「문화의 전체성을 지탱하는 기술적 요건인 동시에 정치적 요건」이고, 그렇다고 한다면 「문화의 제1의 적은 언론의 자유를 최종적으로 보장하지 않는 정치체제」이기 때문이다. 역시 미시마가 상극하는 것은 공산주의 정권을 말한다. 미시마는 공산주의 정권에 의하여 「문화개념으로서의 일왕」이 「정치적 상징으로서 이용되어」「전체주의의 정치개념에 포괄되게 된다」로 보는 것이고 그것이야말로 「일본 또는 일본문화의 참으로의 위기」이기 때문에 「일왕과 군대를 영예(榮譽)의 틀 안에 묶어두는 일이 급선무」라고 주장한다.

2. 문화로서의 '무사도'

미시마가 「문화방위론」을 집필한 2년 후에 육상자위대 주둔지에 강제적으로 들어가 할복자살을 하였다. 그때의 궐문에는 자위대원을 향하여 「무사도의 혼」을 외치는 것만이 있었던 일에서도 미시마의 문화방위론은 「무사도」와 연관이 많다.

미시마에 의하면 「지킨다(守る)」는 항상 검(劍)의 원리여야 하고 「문화가 문화를 지킨다」 등을 생각하게 되는 곳에 문화주의의 한계가 있다.

그러나 이것은 명확히 「문화」론에 「정치」론을 가져오는 의론일 것이다. 미시마는 문화로서의 무사도(武士道)를 일왕을 지키기 위한 「검의 원리」로 맞추고 있다. 즉 「윤리의 美化, 또는 미의 윤리화의 체계」인 무사도는 「행동양식 자체를 예술작품화하는 특수한 전통」을 짊어지는 것이다. 지키는 것과 지켜지는 것과의 「同一化」 즉 「문화와 같은 모양의 再歸性」이 무사도에 의하여 실현된다고 미시마는 주장한다.

무사도에 있어 忠의 대상으로서의 主君은 원칙적으로는 일왕이 아니고 무사단의 동량(棟梁)이어서 일왕에 대한 충을 무사도에 고정시키는 일은 근대의 일왕제에 대한 작위일뿐이다.

즉 미시마가 무사도의 이상으로서 생각하며 그려내고 있는 「엽은」은 바로 일본의 일왕이라고 하는 틀 조직에 바꾸어 놓았다는 점에서 근대의 작위라고 할 수 있다.

미시마가 「서구적 입헌군주정체를 고집하는 昭和의 일왕제는 2·26 사건의 「아취」를 이해하는 힘을 상실하고 있다」고 스스로 규정하고 있는 것처럼 근대에 일왕과 군대(軍隊)의 관계는 어디까지나 정치성을 포착하는 것이라면 일왕과 무사가 「문화」적으로 맺어졌다고 하는 것은 도대체 언제부터인가.

일본에서는 오늘날에 있어서도 「무사도」를 일본의 고유의 전통정신(傳統精神)이라고 주장한다.

상기한 바와 같은 것이 미시마가 「문화란 무엇인가」에 대하여 논한 내용이다. 미시마의 문화론이다.

5장. 표절사태

'신경숙의 표절 사태'

작가 '신경숙의 표절사태'를 부른 그녀의 『전설』의 일부 문장이 미시마의 『憂國』을 일부 표절한 것이라는 비난이 일어나면서 이 문제는 상당한 사회문제로 퍼져나갔다. 금번(1915년 6월 16일 발단)에 신경숙은 표절작가로 혹독하게 비판받으면서 우리 국문학계는 물론 사회문제로까지 번지면서 '표절'이 국문학계의 하나의 이슈로 떠올랐다. 비평의 무능에 대한 많은 지적들이 나오고 있고 이 문제는 그리 쉽게 끝날 상황도 아닌 것 같았다.

작가 이응준(李應準)이 신경숙을 표절작가라고 고발한 일이 계기가 되었다. 이응준은 신경숙의 「전설」의 일부 문장을 제시하면서 이는 미시마의 「憂國」에서의 표절이라고 강변하였다. 이 일이 계기가 되어 신경숙은 곧바로 상습적인 표절작가로 단죄되었다.

원로작가인 『태백산맥』의 저자 조정래(趙廷來)씨는 표절사실을 당연시하면서 신경숙에게 아예 절필하라고 일갈하는 일이 생기고 신경숙을 검찰에 고발한 현택수 한국사회문제연구원장은 '정신적 도둑도 처벌받아야 할 심각한 범죄행위라는 것을 알 수 있도록 '표절' 대신 '盜作'이라는 용어를 써야 한다'고 주장하였다.

표절사태를 부른 문장은 두 작품 모두에서 무척 색정적이고 에로틱한 장면으로 그려져 있고, 별로 중대하다고 볼 수도 없는 구절들이다.

그러나 필자는 그 표절사태를 야기한 부분들이 의외로 두 작품의 핵심으로 떠오르고 그 문제된 부분만으로도 『憂國』과 『전설』 두 작품의 각기의 테마와 두 작가의 작가상이 선명하게 드러난다는 점은 무척 놀랄만하다고 생각한다.

1. 신경숙의 「전설」은 미시마의 「憂國」의 표절이라는 격열한 주장

다음은 우리나라의 주요일간지들의 신경숙 비판론이다.

> 1994년에 발표한 「전설」이 일본작가 미시마 유키오의 「憂國」을 표절하였다는 논란에 휩싸였다…… 대형출판사들은 주요문학잡지들을 발간하고 있다…… 돈을 중심으로 대형출판사와 비평가, 작가가 카르텔을 이룬 모양새다.
>
> – 〈한겨레〉 한국문학계의 성찰 계기 돼야 할 '신경숙 표절' (2015. 6. 24.)

신경숙의 답변

『우국』의 문장과 '전설'의 문장을 여러 차례 대조해 본 결과 표절이라는 문제제기가 맞겠다는 생각이 들었다…… 혹 표절이어도 의도적인 표절은 아니다 라는 애매한 답이다.

이번 신경숙의 표절 사례는 단지 작가 개인의 윤리, 작가의식 차원을 넘어 한국문학출판계의 부끄러운 민낯을 드러냈다. '전설' 이외에도 신씨가 연루된 표절의혹사례가 많았고 '전설'의 경우만하여도 이미 15년 전에 문제가 제기되었다는 사실이 밝혀졌다. 이런 의혹을 받고도 제대로 된 논쟁 한번 없이 국내 대표작가로서 건재해 왔다는 사실이 당혹감마저 안겼다. 이날 작가회의 긴급토론회의에 참가한 이명원 경희대 교수는 '의식적이고 명백한 표절'이라는 평가를 하였다.…… 이번 사태가 가뜩이나 위축된 한국문학에 대한 대중의 불신과 외면을 가속화 할 수 있다는 점이다.

– 〈중앙일보〉 2015. 7. 7.

시장을 살리려면 당장 손해를 보더라도 규칙을 일정하게 지키고 윤리를 올곧게 세워야 한다. 이 점은 문학에서도 마찬가지다. 도덕이 사라진 곳에는 독자도 관심도 사라진다.…… 이점에서 '진지한 성찰과 함께 이번 사건이 한국문학의 존재조건을 바꿔놓는 문학사적 사건이 될 수 있어야 한다'는 오창은 중앙대교수의 말은 울림이 크다.

– 〈중앙일보〉 2015. 7. 7.

이하는 조선일보 2015. 6. 25. 국제부장 선우정의 글

선우정 – 신경숙의 일본소설 표절지적에 한국대표출판사가 말하였다. 「우리작품이 우위」라고. 과거사 문제로 일본과 날카롭게 대립하는 상황이기 때문이다. 한·일정상화50주년임에도 우리가 비판을 멈추지 않는 데엔 한국이 일본에 도덕적 절대 우위라는 믿음이 깔려 있다. 한국의 간판작가가 일본대표작가의 작품을 표절하

였다는 논란은 그런 믿음을 뒤흔든다. 게다가 오히려 신경숙작가의 묘사가 (일본작가의 작품보다) 비교우위에 있다고 평가한다는 창비 출판사의 반론은 우리가 주장하는 도덕적 우월성이 얼마나 허술한 기반위에 있는 가를 가감 없이 드러낸다. '베껴도 하필 그 작가인가' 부터 성찰하여야 한다. 지금 SNS의 농지거리로 전락한 '기쁨을 아는 몸' 표현이 어떤 중층적 含意를 가졌는지 고민하였다면 작가 신경숙은 감히 그의 문장을 性愛의 표현도구로 갖다 붙이지는 못했을 것이다. 사실 한국 문화계의 일본 모방은 어제오늘 만의 일이 아니다. 역사학자 이광란은 1895년 출간된 유길준의 '西遊見聞'에 대하여 후쿠자와 유키치의 '서양사정'을 베낀 것이라고 지적하였다. 한국의 첫 근대화 서적이 표절로 출발한 것이다.

지난 16일 소설가 이응준씨의 문제제기로 시작된 소설가 신경숙씨의 일본 소설 표절논란이 한 고비를 넘은 듯하다. 열흘이 안되는 짧은 기간이었지만 문학독자들은, 아니 한국사회는 참 좋은 걸 보고 듣고 느꼈다.

-〈중앙일보〉 2015. 6. 25.

신경숙은 23일자(〈경향신문〉)의 언론인터뷰에서 '표절이라는 문제제기를 하는게 맞았다는 생각이 들었다. 아무리 기억을 뒤져봐도 (일본 작가 미시마 유키오)의 『우국』을 읽은 기억은 나지 않지만 이제는 나도 내 기억을 믿을 수 없는 상황이 되었다.' 같은 석연치 않은 해명으로 또한번 공분을 샀다.…… 힘들겠지만 다시 한번 공개석상에서 충분히 납득할만한 해명을 하여야 한다. 독자들은 아직도 '표절의 진실'을 원한다.

-〈중앙일보〉 2015. 6. 25. 신준봉

그러나 『憂國』의 문장을 베껴 쓴 것으로 단죄된 부분을 표절로 단정하고 그 베껴 쓴 부분만으로 곧바로 신경숙을 표절작가로 몰아가는 것은 옳지 않다. 『憂國』이나 「전설」에서의 두 작가의 작품동기에서 무엇인가 공통점이 있는가가 문제시 될 수 있는데 이 두 작품은 작품의 동기·테마(主劑)에 관하여서 탐색하여 보면 너무나 다른 차이점을 보이고 있다. 「전설」에서 표절사태를 부른 문제된 문장부분은 외형적으로는 같지만 그 실질적인 의미는 전혀 다르기 때문이다. 두 작가의 특유의 시점과 개성이 전혀 다르게 드러나는 부분이다.

미시마의 전체상이나 신경숙의 소설에 임하는 소신에서 뚜렷하게 나타나고 있듯이 두 작가는 확연히 다르고 마찬가지로 미시마의 전체상이나 신경숙의 소설에 임하는 소신에서 뚜렷하게 나타나고 있듯이 두 작가는 확연히 다르고 마찬가지로 「憂國」과 「전설」, 두 작품도 확연히 다르다.

2. 「憂國」의 작가가 심혈을 기울인 에로스 장면

다음은 두 작품, 「憂國」과 「전설」의 표절사태를 부른 문제된 부분이다.

(1) 「憂國」 – ① 두 사람 다 실로 건강한 젊은 육체의 소유자였던 탓으로 그들의 밤은 격렬했다. 밤뿐 아니라 훈련을 마치고 흙먼지투성이의 군복을 벗은 동안마저 안타까워하면서 집에 오자마자 아내를 그 자리에 쓰러뜨리는 일이 한두번이 아니었다. 레이코도 잘 응했다. 첫날밤을 지낸지 한 달이 넘었을까말까 할 때 벌써 레이코는 기쁨을 아는 몸이 되었고, 중위도 그런 레이코의 변화를 기뻐하였다.

……② 「나는 모르고 있었어. 그 녀석들은 날 불러내지 않았어. 필경 내가 신혼중인 걸 생각했던거야. 카노오(加納)녀석도 혼마(休間)녀석도, 야마구치(山口) 녀석도야」. (김후란 번역본, 三島由紀夫, 『憂國』, 218쪽).

(2) 「전설」– ① 그들의 밤은 격렬하였다. 남자는 바깥에서 들어와 흙먼지 묻은 얼굴을 씻다가도 뭔가를 안타까워하며 서둘러 여자를 쓰러뜨리는 일이 매번이었다. 첫날밤을 가진 뒤 두달 남짓 여자는 벌써 기쁨을 아는 몸이 되어 있었다. (신경숙, 「전설」, 『감자 먹는 사람들』, 창비, 248쪽.)

……② "내가 신혼이라 친구들은 내게 말도 없이 자원했소." (상게서, 249쪽)

(1)의 ① 인용문에서 보이는 선정적이고 색정적인, 에로스의 장면으로 읽혀질 수 있는 구절이 오히려 작가 미시마의 전 사상이 흡입되어 있다는 점을 주목하여야 한다. 미시마의 의도가 투입된 부분이다. 즉 「憂國」에서의 중위와 처와의 정사 장면의 묘사는 상당히 중요한 비중을 차지하고 있다. 미시마가 상당히 심혈을 기울여 표현하였다고 볼 수 있다.

(2)에서의 베껴쓰기에서도 에로스의 장면으로 읽혀질 수는 있지만 결코 미시마와 같은, 작가의 사상이나 그 사상을 표하기 위하여 삽입된 부분은 전혀 아니다. 단지 「전설」에서는 청춘남녀 주인공들의 육체적 교섭의 행위를 나타내기 위하여 베껴 쓴 것에 지나지 않는다.

(1)의 ② …… 「나는 모르고 있었어. 그 녀석들은 날 불러내지 않았어. 필경 내가 신혼중인 걸 생각했던거야. 카노오(加納)녀석도 혼마(休間)녀석도, 야마구치(山口) 녀석도야」.

이 대목은 중위가 반란군으로 몰리게 된 동료들의 거사에서 자신이 소외되었다는 생각에서 나온 말이다. 중위는 자신이 신혼 중이라는 것을 동료들이 배려하여 자신을 거사에서 배제하였다는 점, 그리고 그 일로 해서 자신이 동료들을 처단하는 입장에 서게 된 일에 고뇌하였다. 그는 마침내는 처와 함께 할복자살 할 결심을 하기에 이르렀다. 그러한 중위의 처 레이코는 남편의 할복자살 결심에 아무런 반대도 의견도 말하지 않는다. 단지 남편의 뒤를 따라 스스로 자살할 결심을 한다.

> "나는 오늘 밤 할복한다." 레이코의 눈은 움찔하지도 않았다...... "각오는 하고 있었습니다. 당신을 따라가게 해 주세요" ...... 어째서 이렇듯 중대한 응낙이 그처럼 홀가분하게 나올 수 있는지 모를 지경이었다.
>
> (김후란 번역, 「憂國」, 218-219쪽)

『憂國』은 완벽하게 일본의 근대 －태평양전쟁전인 전전(戰前)을 소설로 표현하였다고 본다. 그 시기의 여자라는 존재는 「흰색(白色)」으로 상징되었을 뿐이다. 『憂國』에서의 처 레이코는 다만 흰색일 뿐이다. 주인남자 · 남편을 위하여 식사를 준비하고 목욕물 준비하고 그리고 섹스의 대상이라는 의미밖에 주어져 있지 않았다. 마침내는 남자 · 남편이 할복자살 한 후 자신도 그 뒤를 따라 자살하였다.

미시마는 '여자'에 대해서는 큰 존재 가치를 인정하지 않고 있었던 일에서도 확인된다. 미시마는 〈월간 펜〉 1969년 11월호에 「지켜야 할 만한 가치」와 같은 해 〈제군(諸君)〉 11월호의 「전공투여자학생운동과 우익청년」에서의 령목진일랑(鈴木眞一郎, 스즈키 신이치로)의 말에서 미시마는 "남자는 확실히 원리이고 여자는 원리가 아니다. 여자는 존재이니까."라고 단언하고 있었다.

소설은 어느 것이든지 무엇인가에 대하여 이야기 한다. 그 이야기에는 중심이 되는 사건(a matter), 일, 사항이 있다. 최초의 포인트는 이 소설이 무엇에 대하여 쓰고 있는 가를 예측하면서 읽는 것이다. 이러한 의미에서는 제목이 붙어 있는 때는 그 제목이 유력한 길잡이가 된다.

먼저 『憂國』과 『전설』은 두 작품 모두 제명(title)을 키워드로 하여 테마가 파악될 수 있다는 점은 주목된다. 「憂國」은 한자 '憂國'의 뜻 그대로 자국의 '일본이라는 나라를 근심한다'가 테마가 되고 「전설」은 한자 '傳說'의 뜻 그대로 무엇인가 전설적인 것이 테마가 되어 있다는 것을 쉽게 파악할 수 있다.

더구나 미시마는 실제로 스스로 할복하여 자살하면서 「天皇폐하 만세」를 외치면서 생을 마쳤다. 때문에 그의 할복자살사건은 그의 작품 '우국'이 어떠한 의미를 지니고 있는지를 대체로 추정할 수 있게 한다. 실제로 미시마는 『憂國』의 초고에서는 유서로서 「황군(皇軍) 만세, 육군중위 武山信二!」라고 썼었다.

또한 미시마는 독자들에게 '자신의 모든 작품 중에서 단지 「憂國」하나만이라도 읽어주었으면 하는 희망을 갖고 있다고 토로'한 일이 있다. 미시마에 있어 「憂國」이 얼마나 자신의 전체를 드러내는 작품인가를 말해주는 예가 되어 있다.

반면 신경숙에게서는 미시마와 같은 이념을 찾아볼 수 없다. 또한 신경숙의 청년에게서는 미시마와 같은 것의 아무 것도 찾아 낼 수 없다. 남녀 주인공은 '그들은 누가 봐도 어울리는 청춘의 한 쌍이다'.(「전설」, 245쪽.) 신경숙은 그냥 대중의 일상성이 짙게 보일뿐인, 대중성을 띤 작품을 쓴 작가에 지나지 않는다.

(2)의 ②에서 남자가 6·25전쟁 발발로 전선에 나가겠다고 하자 오히려 그 남자 주인공을 향하여 여주인공은 '던진다'로 남자의 입대 지원에 적극적인 반대 의사를 표한다. 사실로 신경숙은 동족간의 바람직하지 못한 6·25전쟁 같은 전쟁에 나가는 남자를 향하여 특별히 할 말은 없었을 것인지도 모른다. 그리고 여주인공은 남자주인공의 행방을 생각하며 기다릴 뿐이라고 하였다. 이 기다림은 남자의 입대 자원에 자발적으로 따른 동의에서 온 것도 아니고 물론 남자의 전공(戰功)을 기다린다는 뜻에 있는 것도 아니다. '기다린다'는 전쟁에서 살아 돌아오기를 바라는 마음의 발로다. 전쟁의 결과나 과정과는 아무런 상관이 없다. 다만 남자, 남편은 그녀, 아내와 함께 있기로 굳게 약속한 처지였으므로 함께 있기 위하여 '기다린다'가 이야기되고 있을 뿐이다.

「전설」에서의 남녀주인공의 대화를 보면,

> "다시 한번 말해줘요."
> "뭘?"
> "전쟁이 터져도 우리는 변함없다고. 우리는 함께 있을 거라고"
> "우리는 변함없이 우리는 함께 있을 거야."……
> 두달 후, 여자는 방바닥에 소국이 담긴 항아리를 내던진다. 항아리를 내던지기 전의 여자는 결혼 전보다 한층 아름다움에 세련되어 보였다. 달밤의 백합같이 환하기도 했다. 소매끝으로 나와 있는 손가락에조차 비 내린 뒤의 백합 밭에서 풍겨 나오는 향기가 밴 듯싶었다. 두 사람 다 건강한 육체의 주인들이었다.……
> "그건 절대로 안돼요."
> "친구들은 다 떠났소."

그런데, 지금 남자는 국군이 되겠다고 한다. 전쟁터로 가겠다고 한다.

"전쟁이 터져도 우리는 변함없다고, 우리는 함께 있을 거라고 했잖아요."

"내가 신혼이라 친구들은 내게 말도 없이 자원했소."……

"제게 시간을 주세요"

태연하게 말하지만 밀려드는 슬픔으로 여자의 눈엔 눈물이 흠뻑 고인다. 대답을 하지 않는 남자가 야속해진다.……

사람이 주었던 기쁨들은 그저 조각이불처럼 영혼바깥에서 펄럭이고 있음을. "가도록 하세요." 이윽고 여자는 문틀을 잡으며 말한다. 이윽고 여자는 다시 말한다. 소식을 끊지 말아요. 꼭 돌아와야 해요. 나는 여기에서 한발도 움직이지 않고 기다릴거예요.

여자는 전장에 가는 남자를 기다리겠다고 한다. 남자는 자신과 함께 있을 것이라고 약속하였으니 꼭 돌아와서 자기와 함께 있어야 한다고 한다. 작품의 내용으로 보아 전쟁은 6·25전쟁인 것으로 나타난다. 그런데 여사는 남자에게 꼭 돌아오라고 한다. 소식을 끊지 말라고도 힌디. 작가 신경숙은 전쟁터를 무슨 멀리 가는 일터정도로 이야기하고 있는 듯 하다. 여주인공 부탁대로 남자가 전장의 격렬한 전투에서 죽지 않고 돌아오려면 남자는 전쟁에서 비겁자가 되어야 가능할 수 있는 일이기도 하다. 작가의 국가관이 의심될 정도이다.

'누군가는 은혜를 갚고 누군가는 담요를 팔러나가고 누군가는 아이를 낳고 누군가는 돌아오고 누군가는 외국어를 배우고 누군가는 떠나다. 그 후로도 오랫동안 사과꽃 피고지다.'

「전설」의 끝부분에 이어서 '누군가는 사랑을 하고 누군가는 기다리고……'에 해당하는 것이 「전설」작품의 내용이 되고 '전설'의 모티브라고 보여진다.

금번에 표절사태를 부른 「선정적이고 색정적인 대목으로 읽히기 쉬운 구절들에 관하여 미시마는 독자들이 올바로 감상하여 주기를 작가로서 바라고 있다고 토로하였다. 결코 에로틱한 것만이 아니라는 주장이다. 이 부분은 신경숙의 그 표절사태의 발단이 되었는데, 미시마는 이 부분을 통해 그의 인간상을 드러내고 그의 사상을 표현하지만, 신경숙은 그녀의 인간상이나 이념과는 무관한 평범한 일상을 묘사할 뿐이라는 차이가 있다. 또한 미시마의 『憂國』에는 건강한 청춘이 있지만 『憂國』을 표절했다고 매도된 소설가 신경숙의 작품 『전설』의 주인공 청춘 남녀는 있는 그대로의 미남미녀일 뿐이다. 신경숙 소설에서 나타나는 작가는 깊은 사색도 폭넓은 지식의 소유자도 아닌 것 같아 아쉬움으로 남는다.

3. 신경숙의 소설관

신경숙은 자신의 소설의 목적에 관하여 다음과 같이 썼다.

> 제게 소설은 보이는 것과 보이지 않는 것을 헤치고 나가 언젠가는 제 존재의 빛을 보게 해주리라 믿는 것입니다. 당신이나 저나 그 빛을 보게 되는 때가 너무 늦지 않길 바라지만, 아주 늦어도 괜찮은 일이라고 생각합니다. 제 빛을 본 사람과 보지 못한 사람과는 다를 테니까요. 또 약속하려 합니다. 현실과 상상력이 지닌 운명을 헤치

고 나가서 먼저 저를 보고 꼭 당신에게 가겠다고.

(신경숙, 『감자먹는 사람들』, 창비, 2005, 작가의 말에서)

그리고 다음과 같이 계속하여 말한다.

저 비는 가을비겠지요. 세상에 또한번 가을이. 이 새벽에도 태어나고 죽고 사랑하고 배반하는 일이 동시에 이루어지고 있겠지요. 살아가는 일에 매번 홍역을 치루고 있지만 마지막으로 가닿는 마음은, 찰나에 최선을 다할 수밖에 없다는 자각입니다. 아직 미혹이라 매번 이 평범한 자각에 이르기까지 가슴이 확 뒤집어지는 과정을 겪고 있습니다만 섬광처럼 지나가는 순간순간을 아로새기는 일에 최선을 다하려 애쓰겠습니다.……

(신경숙, 『감자먹는 사람들』, 창비, 2005, 작가의 말에서 – 1996년 초가을에)

1) 「전설」에서의 「사과나무」

「전설」: 사직동 가는 길에 우연히 집 한 채를 보았다. 적산가옥 좁은 뜰에 아름드리 사과나무 한그루가 심어져 있었다. 머리를 말아올려 금색 핀으로 목덜미 뒤로 고정시킨 늙은 여인이 그 아래서 졸고 있었나.…… 나는 밀을 칫아다니는 사람, 그 좁은 뜰의 아름드리 사과나무가 내 메마른 삶 속으로 생수처럼 흘러들어와 사과꽃을 떨어뜨렸다. 꽃이 다 지기 전에 그 사과나무에게서 다음과 같은 말을 찾아내 전하기로 했다.

『전설』의 서두에서 주목되는 부분은 「사과나무」와 「그 사과나무에서 다음과 같은 말을 찾아내 **전하기로 했다**」라는 구절은 바로 이 작품의 제목이 되는 「전설」을 뜻한다는 점이다. 「전설」은 '옛날부터 말로 전해내려 오는 이야기'라는 뜻이기 때문이다. 그리고 「전설」의 서두에서뿐만 아니라 나머지 내용에서도 사과나무는 여러 번 등장하는데 여주인공과 밀접한 상황을 연출한다. '사과나무'는 '전설'의 증인같은 존재이다.

'여주인공이 사과나무를 향해 페달을 밟는다' '사과나무 건너건너에 유모가 살고 있다' '저만큼 사과나무가 보인다' '사과나무 옆에 세워둔 남자의 자전거가 보이고 그보다 조금 멀리 유모 집에서 걸어 나오는 남자가 달려오는 여자를 향해 손을 흔들고 있는 것이 보인다' 등등.

두 남녀 주인공은 사과나무와 밀접해 있다. 특히 여주인공에게는 사과나무의 존재는 크게 부각되어 있다.

2) 구약성서에서의 '사과'와 「전설」에서의 '사과나무'

전설로서의 구약성경

인류의 역사를 신과 인간과의 관계로 취급한 것이 성서다. 영원한 서책으로 너무나 잘 알려져 있다. 구약의 창세기 이야기는 본질적으로는 물리학·과학과는 다른 것이라는 언설은 확실히 옳다. 여기서 구약의 창세기 이야기는 전설로 남을 수밖에 없다. 현대의 진화론이나 우주론을 너머선 차원의 내용을 포함하고 있어서다. 성서에서 가장 먼저 시작된 것이 「창세기」다. 옛날 사람들은 천지의 시작이나 인간의 발생에 대하여 무척 특별한 사고를 하였다.

아담과 이브

이스라엘 사람들(히브류 사람, 유태인이라고도 함)은 독특한 신화를 남겼다. 이에 대하여 창세기에는 다음과 같이 전하고 있다. 그래서 이는 전설에 속한다고 볼 수 있다.

> '최초에 신은 하늘과 땅을 만들었다...... 그 땅 위에 푸른 풀과 여러가지 열매를 여는 나무(木)를 땅 전체에 심으셨다...... 신은 지상을 바라보시다가 최후로 「나의 형태를 닮은 인간 남녀를 만들자, 낳아라, 번식하라, 땅에 충만하라」라고 축복하셨다.' (창세기 Genesis 3:6)
>
> '여자가 그 나무를 본 즉 먹음직도 하고 보암직도 하고, 지혜롭게 할 만큼 탐스럽기도 한 나무인지라 여자가 그 실과를 따 먹고 자기와 함께한 남편에게도 주매 그도 먹은 지라.'

Apple은 원래의 뜻은 눈동자인데 매우 소중한 물건이나 사람을 비유할 때 사용한다. 남자 목에 튀어나온 목젖을 Adam's apple이라고 한다. 여기서 왜 하필 '아담의 사과'라고 하는 것일까?

이 용어의 기원은 이브가 아담에게 금단의 열매를 건넨(give Adam a forbidden fruit) 성서 속의 사건까지 거슬러 올라간다. 아담이 사과를 먹다가 한 조각이 목구멍에 걸려 혹을 만들었다는 것이다.

그러나 아담과 이브가 먹은 것은 사과가 아니었다. 단 한 그루 있었던 선악과 나무의 과일(a fruit from the Tree of the Knowledge of Good and Evil)이었다. 사과나무는 자가수분(自家受粉)을 하지 못한다. 사과가 열리려면 두 그루 이상이 있어야 한다. 따라서 사과가 아니었다는 얘기다.

그런데 왜 아담과 이브를 에덴동산에서 쫓겨나게 한 것이 사과라고 믿게 된 것일까? 역사가들은 2세기 때의 번역가 아킬라 폰티쿠스가 구약성서를 히브리어(語)에서 그리스어로 번역하면서 원문에는 나오지도 않는 사과나무(an apple tree)라고 번역한 탓이라고 말한다. 그리스신화에서 사과는 욕망과 파멸의 상징으로 여겨지기 때문에 폰티쿠스가 짐짓 사과라고 의역했을 것으로 추정된다. 이스라엘에는 사과나무는 없다고 한다.

구약성경에는 아담과 이브가 지혜의 나무의 열매를 먹어 낙원에서 추방되었다고 하였는데 그 나무가 사과나무이고 그 열매가 사과(Apple)라는 말이 전하여지고 있다. 그래서 이 이야기는 전설이 되고 있다.

신경숙은 별로 의식하지 않고 베껴 쓴 부분에 지나지 않으나 −신경숙은 미시마의 『憂國』의 문장을 베껴 쓴 것이 아니라 김후란 번역본의 『우국』에서 베껴쓴 것으로 확인됨 − 신경숙의 「전설」의 전모가 드러나고 있다는 점은 매우 흥미로운 일이다.

『憂國』이나 「전설」에서 보여지는 두 작가의 작품동기에는 너무나 다른 차이점이 보인다. 표절사태를 부른 문제된 「전설」의 문장부분은 외형적으로는 같지만 실질적으로는 두 작가의 특유의 시점과 개성을 드러내고 있다.

4. 표절 (Plagiarism)이란 무엇인가?

표절은 글의 핵심이 되는 글귀를 도려내어 자기 것인양 이용하는 일이라고 볼 수 있다. 다른 사람이 창작한 저작물의 일부 또는 전부를 도용하여 사용하여 자신의 창작물인 것처럼 발표하는 것을 말한다. 보통 학문이나 예술의 영역에서 출처를 충분히 밝히지 않고 다른 사람의 저작을 인용하거나 차용하는 행위를 가리키며, 기본적으로는 도덕적·윤리적 문제로 간주하는 경향이 짙다. 표절은 표적(剽賊)이라고도 하는데, 완곡한 표현인 '표절' 보다 '도작(盜作)'이 더 적확한 표현이라고 생각된다.

복사(Copy) 원본을 그대로 베낌.
모방(Immitation) 모방은 형태나 형식을 본떠 흉내를 내는 일이다. 논문의 형식이나 틀을 따라하는 일이다.
인용(Quotation) 남의 말이나 글을 빌려 쓰는 것을 말한다.

남의 견해를 인용할 때에는 반드시 인용 출전을 밝혀야 한다. 인용하는 장면의 시작과 끝을 반드시 밝히고 작은 따옴표(' ')나 큰 따옴표(" ") 등의 인용 부호를 붙인다. 인용을 효과적으로 활용하기 위해서는 평소에 자기가 좋아하는 글을 기록해 두는 것이 좋다. 그리고, 용하는 글이 너무 잘 알려진 경우에는 그 출처를 구태여 밝히지 않는 경우가 흔하다. 예를 들면, 맹모삼천지교, 관포지교 같이 잘 알려진 고사성어 등은 그 출처를 가리키지 않고 인용한다. 영미 고전의 하나인 죤 번얀의 천로역정(Pilgrim's Progress)은 성경에서 나오는 이야기를 전혀 언급하지 않고 그대로 인용하여 사용한 경우가 거의 매 페이지 마다 있다.

한 작가가 다른 작가의 한 두 문장을 그 출처를 밝히지 않고 사용했다고 표절이라고 단정하는 데는 무리가 있다고 생각한다. 영미 유명한 작가들을 보면, 자기가 존경하는 작가의 작품을 베끼고 외우면서 그 문체를 모방하려고 했다는 것이 자주 나온다. 그 예를 들면, 영국의 소설가

서머셋트 모옴(William Sommerset Maugham, 1874-1965)은 그 자서전적인 수필집 – 서밍업(Summing Up)에서 『걸리버 여행기(Gulliver's Traverls)』의 저자인 죠나탄 스위프트(Jonathan Swift, 1667-1745)의 글체를 모방하려고 무척 노력하였다고 고백하였다.

유명한 작가의 문체를 흉내 내고, 배우고 익힌 후, 이로 부터 자기 스타일의 문체를 형성하는 것은 창의성의 한 기법으로 잘 알려진 사실이다. 겉보기에는 표절인 것처럼 보여도, 표절이 아니거나, 표절이 아닌 것 처럼 보여도 표절인 경우가 흔히 있다. 표절여부는 신중히 판단할 문제다.

표절(剽竊) · 盜作 · 盜載(plagiarism)

자신이 이미 발표한 논문을 무척 길게 인용한 경우 '자신이 쓴 것이기 때문에 「타인의 작품」은 아니다'라고 생각하는 것은 잘못이다. 「이미 쓰여진 일」이기 때문에 그것을 알수 있도록 해 둘 필요가 있다. 역시 인용의 형식을 취하여야 한다. 「타인의 작품」을 사용하였을 경우에는 「타인=자신이 아닌 사람」이라는 것에 중점이 되는 데 그 이외에도 「그것이 이미 쓰여져 있는 것」인가 아닌가라는 곳도 중요하다는 것을 알 수 있다. 즉 그 정보가 새로운 것인가 여부가 중요한 점이 된다.

저작권법에는 「공표된 저작물은 인용하여 이용할 수가 있다. 이 경우에 있어 그 인용은 公正한 관행에 합치하는 것이고 한편 보도, 비평, 연구 기타의 인용의 목적상 정당한 범위 안에서 행하여지지 않으면 안된다」. 라고 명기하고 있다.

한문에서의 「창작(創作)」은 중국 戰國時代의 서책인 『墨子』에서 사용되었는데 중국에서는 전거(典據)를 지닌 언어가 존중되었기 때문에 〈자신이 생각하여 처음으로 만들어졌다〉는 〈제마음대로 휘두르며 선례에 따르지 않는다〉고 하여 평가되지 않았다.

「같은가 다른가」

도작인지 여부를 저작권법 안의 틀에서 가리고자 한다면 「창작성」이 있는지 여부를 언어차원에서 분석하지는 것이 필요하다. 이제까지 쓰여진 어떤 저작물과도 다른 것으로 판단되면 그 저작물은 넓은 의미에서 「독창성=오리지널리티 originality」을 지니고 있는 것이 된다.

5. 표절의혹이 제기되던 작품

1) 최남선의 「해(海)에게서 소년에게」와 테니슨의 「Break, break, break」

– 「해(海)에게서 소년에게」는 테니슨의 「Break, break, break」의 표절이라는 견해

최남선(崔南善)의 시, 「해(海)에게서 소년에게」는 테니슨의 시, 「Break, break, break」[1]의 표절이라는 의혹이 제기된 적이 있었다. 그러나 「해(海)에게서 소년에게」는 테니슨의 시 「Break, break, break」의 표절은 결코 아니다. 표절의 의혹제기는 「해(海)에게서 소년에게」에서의 '텨…ㄹ썩, 텨…ㄹ썩, 텩, 쏴–아,' 이 테니슨의 '철썩, 철썩, 철썩'이 같다는 데에 연유가 있는 듯하다. 그러나 「Break, break, break」를 '철썩,

1 「Break, break, break」는 1837년에 쓰여져 『詩集』(1842년) 안에 게재된 시다.

철썩, 철썩'으로 옮기고 있는 점[2]은 필자로서는 이해가 가지 않는다. 「해(海)에게서 소년에게」(〈少年誌〉게재)는 오히려 미국인 클라크박사(William Smith Clark, 1826－1886)의 「소년이여, 큰 뜻(大志)을 품어라(Boys, be ambitious!)」에 자극을 받아 지은 것으로 필자는 확신한다.

'소년이여, 큰 뜻을 품어라'는 클라크박사가 일본에서 체재하다가 귀국하면서 당부한 말인데 이 말은 당시 일본의 청년들에게는 물론 후세에까지도 대단한 영향을 끼쳤다.[3] 클라크박사의 그 말이 얼마나 유명하고 센세이션 하였는가는 아직도 현대의 일본사전에 게재되어 있는 데서도 확인된다.[4]

다시 말해서 「해(海)에게서 소년」은 바다를 의인화하여 무한한 가능성을 지닌 소년에 대한 기대를 노래한 작품이다. 때문에 이 시는 최남선도 당시 센세이션을 일으키고 있던 클라크박사의 말에서 민족적 정신의 발로가 작용되었을 것임이 확실히 추정된다. 최남선은 황실파견유학생 50명에 선발되어 동경부립제일중학교에 입학한 일이 있고(1904년) 와세다대학고등사범부 역사지리과에 입학하였었다(1906년). 최남선은 일본유학 중에 일본청년들과 같이 클라크박사의 말에서 큰 영향을 받았을 것이다.

최남선은 〈少年〉 잡지를 창간하였다(1908년 10월). 당시의 우리나라 사정으로는 소년이 주인공들이었다. 그는 〈소년〉의 발간취지에 「우리 대한(大韓)으로 하여금 소년의 나라로 하라」[5]고 썼었다.

---

2 〈월간문학〉 2015년 11월호, 196-197쪽.

3 (日本)外務省外交史料館編著, 『日本外交史辭典』, 山川出版社, 1992, 254쪽.

4 『日本語大辭典』, 講談社, 1991, 958쪽. 참조.

5 李秉岐 · 白鐵共著, 『國文學全史』, 新丘文化史, 1957, 260쪽.

「해(海)에게서 소년에게」 – 최남선 작

텨...ㄹ썩, 텨...ㄹ썩, 텩, 쏴–아, 저 세상 저 사람 모두 미우나/ 그 중에서 똑 하나 사랑하난 일이 있으니/ 담 크고 순정한 소년배들이/ 재롱처럼 귀엽게 나의 품에 와서 안김이로다/ 오나라 소년배 입맞춰 주마/ 텨...ㄹ썩 텨...ㄹ썩, 텩, 튜르릉 꽉 ……

〈소년〉 제1년 제1권, 1908년 11월

「Break, break, break」 – 테니슨 작

Break, break, break, On thy cold gray stone, O Sea!
And I would that my tongue could utter
The thoughts that arise in me …………
부셔라, 부셔라, 부셔라. 그 차가운 회색의 바위를 겨냥하여, 오 바다여!
그리고 나도 너에게 뒤지지 않게 있는 목소리를 다 내어
이 가슴의 끓어오르는 사념을 외치고 싶다!……
하지만 나는, 사라져 없어진 친우의 손을 잡는 것도
이제는 그의 소리를 들을 수도 없구나!
부셔라, 부셔라, 너의 세찬 파도의 울림으로, 오 바다여!
그 돌출 바위산(岩山) 끝자락을 겨냥하여, 오 바다여!
하지만 죽음으로 사라진 그 그리운 날들은
두 번 다시 나에게로 돌아오지 않는구나! (졸역)

테니슨(Alfred Tennyson, 1809－1892)은 영국 빅토리아왕조의 대표적 시인이다. 테니슨은 친우 하람(Hallam)의 사망(1833년)을 계기로 생과 사, 신에 대한 회의와 인간 등등에 관하여 심하게 고뇌하며 사색의 늪에 빠져 있었다. 그래서 「부셔라, 부셔라, 부셔라」시에는 죽은 친우를 애도하며 추도하는 성격이 현저하다. 또한 이 시에는 그가 기독교에 대하여 회의하면서 사념에 빠져 있던 일이 있어 자신의 신앙에 대한 회의와 갈등에서 강력하게 벗어나려는 의도도 다분히 함유되어 있다.

그의 시집 *In Memoriam*(추억의 시)은 걸작으로 알려져 있는데 당시의 가장 전통적인 기독교 신앙을 명확하게 읊은 것으로 회의를 거쳐 긍정에 달한 심경이 표해져 있는 것으로 알려져 있다. 일본의 찬미가(제275번)에도 도입되어 있다.[6]

육당이 문학으로 활약하던 시기는 1900년대로 그의 대표시로 유명한 〈해(海)에게서 소년에게〉는 1908년 2월에 발표되었고 〈태백범〉 시는 1909년 11월에 발표되었다.

육당의 문학이나 역사가로서의 그는 오직 우리민족의 주체성을 확고히 하며 민족의 문화적 긍지를 드높이는 데에 치중했다. 1925년 육당이 발표한 [不咸文化論]에서는 동방문화의 발상지로서의 대한을 거론하고 있었는데 그 시원을 단군신화에 두고 무대를 백두산으로 잡고 언어비교론에 입각하여 그 의의를 해명했다.

"밝"(옛 글자)을 태양, 광명, 왕 등의 뜻으로 추정되어 그 어원이 여러 명칭에 두루 쓰이는 것에 주목하여 태양숭상의 사상이 대한민족의 근원적 신앙임을 밝히고 있다.

6 平井正穂編, 『イギリス名詩選』, 岩波書店, 1990, 233쪽.

이 글에서는 일본의 신화적 근저도 대한의 그것에 연원됨을 고증적으로 해명하고 있었다. 이러한 육당의 고증을 근저로 하는 연구들은 야비한 일제의 군국주의와 우리문화말살 정책에 항의하는 우리민족의 기상이었다.

2) 정지용의 「향수」와 森鷗外 번역의 「미그논의 노래」

정지용(鄭芝溶)의 「향수」는 오늘날까지도 무척 유명하다. 필자는 「향수」는 괴테(Johan Wolfgang von Goethe, 1749－1832)의 시 「미그논의 노래(Mignon)」를 연상시키기에 충분하다고 생각한다. 「미그논의 노래」는 어렸을 적의 기억에 남아 있는 고향의 숲의 풍경, 집의 풍취, 또는 그곳에 돌아가기 위해 지나가야만 하는 알프스의 산의 풍경 등을 노래하면서 멈출 수 없는 고향에의 정경을 표백하고 있다.

「향수」도 시인의 유년시절의 고향이 펼쳐지고 있다. 더욱이 「미그논의 노래」는 「그 곳에 그대와 함께 가고 싶네」라는 리프레인(refrain, 되풀이 반복)으로 한층 더 그 서정성을 끌어 올리고 있다고 할 수 있는데 「향수」에서도 각 연마다에서의 /－그곳이 차마 꿈엔들 잊힐리야/의 리프랜이 한층 더 「향수」의 서정성을 끌어 올리고 있다.

「미그논의 노래」는 일본근대문학의 대표작가 森鷗外(모리 오가이, 1862－1922)가 자신의 번역시집 『於母影』(1889년)에 발표하였다. 정지용은 1925년 전후경 문단에 데뷔하였는데 일본에 유학하여 영문학을 전공하였다.

「향수」

넓은 벌 동쪽 끝으로/ 옛이야기 지줄대는 실개천이 회돌아 나가고
얼룩백이 황소가/ 해설피 금빛 게으른 울음을 우는 곳,
– 그 곳이 차마 꿈엔들 잊힐리야.
…………짚베개를 돋아 고이시는 곳
– 그 곳이 차마 꿈엔들 잊힐리야.
…………

정지용의 「향수」는 「미그논의 노래」에서 어떤 영감을 받았을지 모른다는 추정은 할 수 있다. 그러나 「향수」는 「미그논의 노래」의 표절은 결코 아니다.

미그논의 노래
一, 레몽의 나무는 울창한 숲 속에서
레몽의 나무는 꽃향기 품으며 황금색 레몽을 가지 가득 매달고
청명한 하늘에서 불어오는 따뜻한 바람을 맞으며
밀테의 나무는 어찌나 의연하게, 라우엘 나무는 높이 높이 하늘로 뻗어있는데
그러한 나라를 그대 알고 있는가. 그곳에 그대와 함께 가고 싶네.
二, 높은 기둥 위에 든든하게 언친 지붕은 우뚝 하늘 높이 솟아 있고
그 드넓은 곳도 그 좁은 곳도 모두 따뜻한 햇볕을 받으며
사람 모양으로 새긴 조각은 미소 지으며
'아아, 귀여운 아이야'라면서 위로해 주는 듯한데
그러한 그리운 집을 그대는 아는가, 저 아득한 그곳에 그대와 함

께 가고 싶네

三, 그곳, 하나 가득 펴져 있는 안개 속으로
당나귀가 이곳 저곳 길을 찾으며
히힝하고 힘차게 울어대며 헤매는
넓은 동굴 속에는 백년 넘는 세월을 보낸 용(龍)이
그 동굴의 주인인 것처럼 어찌나 의젓하게 버티고 있는
하얀 파도는 바위와 바위 사이를 오고 가는
그 그리운 산길을 그대는 알고 있는가, 그곳에 그대와 함께 가고 싶네.

이전에 일본에서는 「그대는 아는가 남쪽나라를」라는 소녀 소설이 유행하였다. 그 제명은 미그논의 노래가 거의 무의식적으로 함유되어 있는 것으로 나타난다.

「미그논의 노래」는 어렸을 적의 기억에 남아 있는 고향의 숲의 풍경, 집의 풍취(風趣), 또는 그곳에 돌아가기 위해 지나가야만 하는 알프스의 산의 풍경 등을 노래하면서 멈출 수 없는 고향에의 정경을 표백하고 있다. 물론 원시는 정렬적인 소녀의 노래에 맞는 높고 아름다운 낭만주의 시로서 독일 서정시 중에서도 가장 품격 높은 명품으로 알려져 있다.

이 시를 번역한 森鷗外는 자신의 독일 유학 중 읽은 「괴테 전집」의 「미그논의 노래」에

「미그논의 노래」의 一절에서는 남국의 자연의 풍성함과 휘황찬란함을, 二절에서는 그 자연 속에서 활기에 넘치는 생활로 힘쓰는 가정들을, 三절에서는 다시금 자연의 웅대함의 전개를 노래하면서 어디에서나 「그 곳에 그대와 함께 가고 싶네」라는 리프레인(refrain, 되풀이 반복)으

로 한층 더 그 서정성을 끌어 올리고 있다고 할 수 있다.

이 시는 일본의 1879년대의 어디에서도 찾아 볼 수 없는 정취였다. 그러한 것은 서양시라는 속에 담겨 있는 것으로 일본에서의 한시나 화가(和歌)와는 전혀 다른 발상의 이질적인 것이 당시의 사람들에게 청신한 자극을 주기에 충분하였다.

이 시는 일본의 서양시 번역으로서 쌍벽을 이루는 上田敏의 『海潮音』 중에 있는 칼 붓세(Karl Busse, 1872－1918)의 「산 저멀리(Ueber den Bergen)」「산 저편의 하늘 저 멀리/ 행복이 깃든 곳이라고 말하는/ 오, 나 한번 찾아 나서나/ 눈물을 머금고 돌아오네/ 산 저편의 하늘 저 멀리/ 행복이 깃든 곳이라고 말하는/

「산 저 멀리」에서의 애수는 이룰 수 없는 것을 원하는 인간의 서글픔의 인간의 업보를 말한다. 크게 말하면 인간의 「존재의 서글픔」라고도 할 수 있는 것이다. 영원한 이상향을 희구하는 동경의 대상을 노래한 것이다. 붓세의 시집(1892년)에서 인정되고 애창되었다.

진정한 의미의 표절은 윤리적으로나 도덕적으로나 결코 용납할 수 없는 문제다. 표절을 저지하려는 움직임은 무척 바람직한 일이다.

그러나 표절이 아닌 경우를 표절로 단죄하고 소동을 일으켜서는 안 된될 것이다. 잘못된 표절시비로 문학인들의 창작의욕을 위축시키고 둔화시키는 일은 무척 우려될 수 있는 심각한 문제다.

필자는 「비평력은 지식량에 비례한다」는 견해를 갖고 있다. 따라서 어느 작가나 어느 작품을 '표절'로 단정할 경우에는 깊이 있는 탐색이 필요하다고 강조한다.

6장. 끝맺음

전설이 많은 작가 미시마

미시마 유키오(三島由紀夫)만큼 '전설'이 많은 작가는 현대일본문학사상 없을 것이다. '우익전설' '동성애 전설' 같은 것이다.

미시마는 자기 자신을 작품화 하려 하였다. 그리고 정신적으로나 육체적으로나 건전한 인간이 되려고 노력하였다. 또한 자신이 되고 싶다는 몇 개인가의 구체적인 인간상에 대하여 열중하였고 그것을 작중 인물로 표하였다.

1) 충격적인 사건이 일어났다. 현대일본의 대표작가의 한사람으로 알려져 있는 미시마가 자위대의 건물 안에서 할복자살 한 일이다.

미시마는 자신이 이끄는 우익단체(楯の會)의 회원 4명과 함께 1970년 11월 25일, 東京・市ヶ谷의 自衛隊東部방면 총감부에 몰려가 총감에게 면회하여 줄 것을 갈로 위협하며 총감을 감금하였다. 감금의 요구는 먼저는 「미시마의 '자위대원들에게 고한다'」는 연설에 자위대대원들을 불러 모으라는 것이었다.

미시마는 의회제민주주의 체제의 지지자는 아니다. 그의 작품에 나타나는 가치관은 민주주의의 이념과는 관계가 없다.

미시마는 약 1000명의 자위대원들을 발코니에 모우고 「일본국헌법개정의 필요」에 대하여 목소리를 높이며 외쳤다. 「일본국헌법개정」을 강력하게 요구하였다. 그러나 청중 가운데서는 큰 소리의 야유가 터져 나와 미시마의 연설은 거의 들려지지 않을 정도였다.

그의 할복자살의 동기는 자신의 저서 『葉隱入門』(新潮文庫, 1983년)에서 「무사도(武士道)라고 하는 것은 죽을 자리를 발견하는 일이다」에 큰 의미를 두었던 것에서 찾아낼 수 있다고 필자는 본다. 그는 자위대의 건물 안이 자신의 '죽을 자리'로 위치시킨 것이다. 자신이 쓴 『葉隱入門』은 미시마의 인생론이고 그 자신의 도덕서이고 그 자신의 문학적 사상적 자서전이다.

2) 미시마는 '우국', 즉, 일본에 대한 근심의 발로에서 실제로 스스로 할복하여 자살하였는데, 자살하는 순간에도 「天皇폐하 만세!」를 외치며 생을 마쳤다. 그의 자살의 동기는 일왕주의(미카도이즘)의 예찬이라고 볼 수 있다. 패전 후의 일본의 전후민주주의를 무척 비판하던 그는 다시 전전(戰前)의 국가 형태로 회기 할 것을 외치고 있었기 때문이다. 패전 후의 승전국 미점령 하에 있으면서의 일본 국가체제에 대한 부정과 비판이었다. 미시마는 자신의 그러한 주장들을 작품 속 주제로 삼아 심도 있게 작품화했다.

3) 미시마는 기독교를 부정하면서 다음과 같이 묻는다. 「정신을 부정하는 것은 좋다. 그러나 거기서부터 어디를 향하여 걸어가는 것인가?」이 문제에 대해 그는 '일왕주의'에서 답을 찾고 있었다.

4) 『潮騷』에서는 '건강한 남자상'을 보여 주려 하였다. 미시마는 '건강한 남자'를 동경하였다. 남자다움에 집착이 컸다. 어린 시절부터 병약한 체질에 몸이 작아 절대적으로 강인한 것에의 동경을 갖게 되었다. 육체적 힘과 정신적 미를 소유하고 있는 젊음에의 동경을 품게 되었다. '남자라 할지라도 완전한 육체를 가짐으로서 정신을 고착시키고 정신의 완전성을 지향하는 것으로 육체를 향상시켜야 한다'고 생각한다.

미시마는 해외여행을 했는데 그 여행에서는 그가 육체미를 새롭게 깨닫는 계기를 주었다. 이 여행에서 특히 고대그리스의 고전적인 정신을 재발견하고 폐허의 미(美)에 감동하고 귀국하였다. 미시마는 고대그리스를 동경하였다. 즉, 미시마의 '건강한 남자상'은 히브리이즘을 거부하고 헬레니즘에 적극적으로 경도한 일에서 찾아질 수 있다. 히브리이즘의 기독교 정신의 발견으로 추방된 〈육체〉의 광영(光榮)을 회복하여 인간의 내면과 외면이 항상 좌우상칭(左右相稱)을 견지하고 있었던 고대그리스적 세계에의 동경을 말한다. 그러한 동경을 자신의 작품 속에서 드러내고 있었다.

그는 고대 그리스의 소설 『나프니스와 크로에』를 그대로 바탕으로 하는 일본판 『다프니스와 크로에』를 제작하였다. 그것이 그의 작품 중에서는 무척 이질적인 것으로 알려진 『潮騷』이다.

5) 『金閣寺』는 「인간의 벽(壁, 청춘의 벽)」을 그려냈다고 볼 수 있다. 즉 「참으로의 자신」으로 다시 태어나고 싶다는 「청춘고뇌 드라마」이다.

『金閣寺』는 1950년, 국보 금각사가 방화로 전소되는 사건이 있었는데 이 사건을 제재로 하여 방화라고 하는 악(惡)을 작가는 직시하였다. 인간은 「악」이라는 것을 알면서 방화를 하는 것일까. 『金閣寺』의 마지막 장면에 주인공이 붉은 화염에 휩싸이는 금각사를 뒤로 하고 도망가는 방화승의 심중을 다음과 같이 썼다.

「나는 살고자 생각하였다」「나는 死를 멀리한 것이 아니다. 살고 싶었다. 살기 위하여 불을 붙이지 않으면 안되었다」.

6) 『憂國』은 간단히 말해서 미시마의 전체적 인간상, 즉 그의 사상이라든지 그의 인생은 「죽을 자리를 찾는다 → 『憂國』 → 할복자살」이라고 축약될 수 있다.

미시마는 사망할 때까지 항상 미래를 내다보려고 하면서 살았다. 그는 45살에 자신의 신념을 연출하였다. 그는 자신을 추종하는 청년 4명과 함께 육상자위대(陸上自衛隊) 동부방면(東部方面)을 점거하고 자위대의 궐기를 촉구하였다. 그러나 이 일에 실패하자 곧바로 할복자살하였다.

미시마는 『風流夢潭』에 자극을 받아 일거에 『憂國』을 쓴 것이라는 어느 평가의 지적은 설득력이 있을 수 있다. 미시마는 『風流夢潭』을 읽은 직후 『憂國』을 썼는데, 때문에, 양 작품은 서로 관계가 전혀 없다고는 할 수 없다. 실제로 미시마는 『風流夢潭』 사건과 관계되어 우익으로부터 미시마의 집에 협박장이 날라 들었고 경찰은 미시마에게 호위병을 붙였었다. 그러나 『憂國』을 깊이 있게 탐색하면 우익들이 미시마를 오해하고 있었다는 것이 판명된다. 미시마 자체도 그들과 같은 '우익'측이라는 것을 미처 파악하고 있지 못했던 결과라 할 수 있다.

미시마는 『憂國』에서의 「에로스 장면」은 주인공 청년 중위의 심정, 즉 '할복(자살)의 통고(痛苦)가 있고 그 통고에의 예상이 두 사람, 두 부부의 육체의 교섭을 훨씬 더 격렬하고 감미로운 것으로 하였다'를 묘사하기 위한 설정이다.

즉『憂國』의 작품배경은 2·26사건이 되고 있는데 2·26사건은『憂國』에서「지복(至福)」의 사랑(愛)과 죽음(死), 그리고 젊은 두 사람을 이끌어가기 위한 무대였다. 미시마는『憂國』을 쓰는 것으로서 새삼 2·26사건에 대해 더욱 흥미를 느끼고 청년 장교들의 심중에 강한 공감을 하였다. 2·26사건을 배경으로 하여『憂國』에서의 궐기 장교들과 자신을 거의 동화시켜 나간 것이다.「지복」의 이야기로서의『憂國』은「지복」에 다다르는 길의 출발점이었다.

7) 신경숙의 표절사태를 부른 문제의 부분은 미시마의『憂國』에서의 미시마의 문장을 그대로 베껴 쓴 것은 결코 아니다. 신경숙은 미시마의『憂國』의 김후란 번역본『우국』에서 베껴 쓴 것이다. 번역본에서 베껴 쓴 것은 표절로 간주되지 않는다.

8) 신경숙의『전설』은 미시마의「憂國」의 표절 아니다

신경숙의「전설」은 그녀가 자신의 소설관·소설의 목적에 대하여 기술하고 있듯이「평범한 일상에서 섬광처럼 지나가는 순간순간을 아로새기는 일에 최선을 다하려 애쓰는 일」에 해당하는 예의 한편에 속한다.

「憂國」의 작가 미시마는 할복자살하면서까지「天皇폐하 만세」를 외쳤다. 이러한 사실은『憂國』은 미시마의 사상전부가 밀집되어 있고 자신의 사상을 작품화한 것이었다고 보인다. 미시마는 독자에게 바라는 말에서 자신의 많은 작품들 중에서 유독『憂國』하나만을 직접 거론하면서『憂國』하나만은 곡 읽어주기를 바란다고 말한 일에서도 확인된다.

9) 일본근대 이후의 저명한 작가들은「청년」들에 관한 작품들을 많이 남겼다.「憂國」도 결국은 일본의 청년에게 고하는 성격이 강하다.

반면 신경숙에게서는 미시마와 같은 방식의 애국주의는 찾아볼 수 없다. 또한 신경숙의 '청년'에게서는 미시마의 인물들과 같은 이념을 찾아볼 수 없다. 일반 대중의 일상성이 짙게 보일뿐이다. 신경숙은 대중성을 띤 작품을 쓴 작가에 지나지 않는다.

10) 미시마의 「문화방위론」에서는 미시마 자신이 밝히고 있듯이 문무(文武) 양도(兩度)를 정치적 어휘로서 기술하고 있다.

그의 「문화방위론」은 패전 후의 일본의 고도성장이 실현을 보고 있으면서, 또한 전후문화가 난숙기에 접어들고 있을 때, 또한 학생운동이 최고조에 달하고 있던 1969년에 간행된 책이다.

미시마는 「문화방위론」에서 「雅」의 원류는 '일왕'이라고 하였다.

「雅(雅趣)」의 원류가 일왕이라는 것은 미적 가치의 최고치를 「雅」에서 구하는 전통을 이야기 하는 것이라고 한다. 좌익의 민중문화론이 시사하는 것으로서의 일본의 민중문화는 일견해서 「雅를 망치는 것」을 發하게 한다고 한다. 그래서 시대시대의 일본문화는 「雅」를 중심으로 한 위성적인 미적 원리, 「유현(幽玄)」 「화(花)」 「(한적한)정취(侘び)」 「寂(한적의 정취)」 등을 성립시켰는데 '이 독창적인 신생의 문화를 생성한 모태야말로 고귀하면서 진부한 雅의 문화이고 문화의 反독창성의 極, 고전주의의 극치의 비고(秘庫)가 일왕이다'고 하는 논리를 펼친다.

일본은 지리적으로 우리나라와 근접하여 있고 역사적으로도 상당히 밀접한 관계에 있다. 우리나라는 일본의 강제합방으로 우리 민족은 약 36년이라는 오랜 기간을 일본의 폭정 하에서 시달렸다. 그런데 미시마는 그 일본의 폭정기의 체제를 동경하고 그 체제로 회기하기를 강력하게 외치고 있다. 또한 미시마의 할복자살은 일본의 전전체제에의 자신의 동경을 끔찍한 자해(自害)를 감행하면서 일본인들에게 경고한 것이 된다. 멀지도 않은 40－50년 전의 일이다.

이 책은 일본의 한 우익 성향의 작가 미시마와, 그의 우익성향 작품들을 분석하여 보면서 일본인들에게 일반적으로 흐르고 있는, 주류를 이루는 우익의 하나의 주된 경향을 통찰하는 계기가 되었다.